OUSE ser DIFERENTE

E ENRIQUEÇA

Os segredos dos bem-sucedidos

Rainer Zitelmann

OUSE ser DIFERENTE

E ENRIQUEÇA
Os segredos dos bem-sucedidos

Tradução de
Mariana Diniz Lion

São Paulo | 2023

Título original: *Dare to be different and grow rich — The secrets of self-made people*
Copyright © 2022 — Dr. Rainer Zitelmann

Os direitos desta edição pertencem à LVM Editora, sediada na
Rua Leopoldo Couto de Magalhães Júnior, 1098, Cj. 46 - Itaim Bibi
04.542-001 • São Paulo, SP, Brasil
Telefax: 55 (11) 3704-3782
contato@lvmeditora.com.br

Gerente Editorial | Chiara Ciodarot
Editor-Chefe | Marcos Torrigo
Tradução | Mariana Diniz Lion
Revisão e preparação de texto | Alexandre Ramos da Silva
Capa | Mariangela Ghizellini
Projeto gráfico | Mariangela Ghizellini
Diagramação | Décio Lopes

Impresso no Brasil, 2023

Dados Internacionais de Catalogação na Publicação (CIP)
Angélica Ilacqua CRB-8/7057

Z65o	Zitelmann, Rainer
	Ouse ser diferente e enriqueça: os segredos dos bem-sucedidos / Rainer Zitelmann; tradução de Mari Diniz Lion – São Paulo: LVM Editora, 2023.
	320 p.
	Bibliografia
	ISBN 978-65-5052-074-8
	Título original: *Dare to be different and grow rich: the secrets of self-made people*
	1. Autoajuda 2. Sucesso 3. Riqueza I. Título II. Lion, Mari Diniz
23-1829	CDD 158.1

Índices para catálogo sistemático:

1. Autoajuda

Reservados todos os direitos desta obra.

Proibida a reprodução integral desta edição por qualquer meio ou forma, seja eletrônica ou mecânica, fotocópia, gravação ou qualquer outro meio sem a permissão expressa do editor. A reprodução parcial é permitida, desde que citada a fonte.

Esta editora se empenhou em contatar os responsáveis pelos direitos autorais de todas as imagens e de outros materiais utilizados neste livro. Se porventura for constatada a omissão involuntária na identificação de algum deles, dispomo-nos a efetuar, futuramente, as devidas correções.

Sumário

Introdução | 7

Capítulo 1. DESEJANDO MAIS | 13

Capítulo 2. COMO GANHAR CONFIANÇA | 33

Capítulo 3. APRENDA A ACOLHER PROBLEMAS | 43

Capítulo 4. FOCANDO | 69

Capítulo 5. OUSE SER DIFERENTE | 85

Capítulo 6. APRENDA A GANHAR TERRENO | 111

Capítulo 7. NUNCA ACEITE NÃO COMO RESPOSTA | 135

Capítulo 8. PROGRAMANDO SEU GPS INTERIOR | 147

Capítulo 9. A FÓRMULA DO SUCESSO: RESISTÊNCIA + EXPERIMENTAÇÃO | 157

Capítulo 10. A INSATISFAÇÃO COMO MOTOR | 183

Capítulo 11. IDEIAS O ENRIQUECERÃO | 201

Capítulo 12. A ARTE DA AUTOPROMOÇÃO | 221

Capítulo 13. ENTUSIASMO E AUTODISCIPLINA | 243

Capítulo 14. EFICIÊNCIA | 253

Capítulo 15. VELOCIDADE É ESSENCIAL | 265

Capítulo 16. DINHEIRO IMPORTA | 285

Capítulo 17. TENSÃO E RELAXAMENTO | 297

Bibliografia | 309

Sobre o Autor | 313

Introdução

Howard Schultz nasceu filho de um trabalhador com poucas qualificações, no Brooklyn de 1953, e cresceu em um bairro carente. Este livro conta a história de como ele transformou sua empresa, a Starbucks, em uma marca líder com mais de 27.000 filiais em todo o mundo. Em 1997 ele prefaciou sua autobiografia aconselhando os leitores: "Sonhe mais do que os outros pensam ser prático. Espere mais do que os outros pensam ser possível"[1]. Larry Page, que criou o Google, é um forte defensor do que ele chama de um *desrespeito saudável pelo impossível*: "Você deve tentar fazer coisas que a maioria das pessoas não faria"[2]. Sam Walton, o fundador do Walmart, que já foi a maior corporação do mundo, explicou o segredo de seu sucesso dizendo: "Sempre mantive o padrão muito alto para mim: estabeleci metas pessoais extremamente altas"[3].

Outro lendário empresário e bilionário, Richard Branson, afirmou concisamente: "A lição que aprendi ao longo de tudo isso é que nenhum objetivo está além do nosso alcance, e até mesmo o impossível pode se tornar possível para aqueles que têm visão e acreditam em si mesmos"[4].

Esse é o tema deste livro. Estudei as carreiras de vários homens e mulheres extraordinariamente bem-sucedidos — a maioria deles empresários, mas também incluí altos executivos, atletas e outras pessoas que tiveram sucesso em várias áreas. Ao analisar suas histórias de vida, descobri que aquilo que os distingue, acima de tudo, é a coragem de

---

1. SCHULTZ, Howard; YANG, Dori Jones. *Pour Your Heart Into It*: How Starbucks Built a Company One Cup at a Time. Nova York, 2007, p. 1.
2. VISE, David A.; MALSEED, Mark. *The Google Story*. Nova York, 2005, p. 11.
3. WALTON, Sam. *Made in America*. My Story. Nova York, 1993, p. 15.
4. BRANSON, Richard. *Screw It, Let's Do It*. Lessons in Life and Business. Londres, 2007, p. 196.

8 | Introdução

ser diferente da maioria das pessoas ao seu redor e de questionar as formas tradicionais de pensar. Eles também estabelecem suas metas e ambições consideravelmente mais alto do que a maioria das pessoas. Este livro analisa os exemplos de homens e mulheres como Arnold Schwarzenegger, Madonna, Steve Jobs, Bill Gates, Jack Ma e Warren Buffett, a fim de obter os segredos cruciais de seu sucesso. Suas histórias servem como diretrizes que podem ensiná-lo a almejar muito mais e alcançar muito além do que você jamais imaginou ser possível.

Raramente encontrei alguém que estabeleceu metas muito altas. A maioria das pessoas vive suas vidas sem nenhum objetivo real ou estabelece metas muito baixas, e considero que esta é a principal razão pela qual não conseguem alcançar mais conquistas e ficam aquém do seu potencial.

Por que algumas pessoas são muito mais bem-sucedidas do que outras? Educação ou privilégio social dificilmente podem explicar a diferença entre vencedores e perdedores — muitas das personalidades de sucesso apresentadas neste livro tiveram infâncias difíceis: a estilista Coco Chanel, o fundador da Oracle, Larry Ellison, o fundador da Apple, Steve Jobs, para citar apenas alguns. Entre os bilionários que se fizeram sozinhos, a cota de desistentes do ensino médio ou da faculdade pode ser ainda maior do que na sociedade em geral.

Uma lenda bem conhecida, que por razões óbvias é especialmente popular entre as pessoas que fracassaram na vida, diz que o sucesso é simplesmente uma questão de sorte. De acordo com essa teoria, as grandes corporações também poderiam realizar sorteios para preencher cargos de gestão. O sortudo vencedor seria promovido a CEO, enquanto os perdedores teriam que trabalhar na sala de correspondência.

É claro que pode haver um elemento de sorte envolvido, embora superestimar seu significado seja um erro — ninguém tem sempre sorte ou sempre azar. Ao longo de vários anos ou mesmo décadas, o equilíbrio entre incidentes afortunados e infelizes tende a se igualar. A maioria dos que se tornam milionários por puro acaso perde suas fortunas mais tarde. No intervalo de apenas alguns anos, muitos dos maiores ganhadores da loteria estão em pior situação financeira do que antes do prêmio. Por quê? Porque lhes falta a resiliência mental necessária para construir e *reter* riqueza. Por outro lado, são inúmeros os exemplos de pessoas que perderam toda a fortuna — pela qual trabalharam muito — e conseguiram reconstruí-la em poucos anos.

Ser bem-sucedido significa alcançar resultados muito melhores do que o concorrente médio em uma determinada área, e significa atingir seus objetivos. Este livro trata de certas atitudes e maneiras de pensar que todas as pessoas bem-sucedidas compartilham. Em nossa cultura, imitar os outros e copiar o que eles fazem é desaprovado, embora até mesmo as crianças aprendam principalmente imitando as pessoas ao seu redor — e as crianças geralmente aprendem mais rápido e com mais sucesso do que os adultos. Em sua autobiografia, o fundador do Walmart, Sam Walton, confessa: "Quase tudo o que fiz, copiei de outra pessoa"[5].

Para ter objetivos elevados na vida, evite seguir os conselhos daqueles que não alcançaram nenhum sucesso esmagador. Certifique-se de receber orientação apenas dos vencedores e estudar as atitudes que os ajudaram a atingir seus objetivos.

Este livro é baseado em um estudo sistemático das autobiografias e biografias escritas por e sobre mais de 50 homens e mulheres bem--sucedidos, todos os quais demonstraram força de vontade e coragem para alcançar sucessos além do que outros consideravam possível. Ele também contém algumas das minhas próprias experiências — não porque eu jamais me consideraria igual a essas grandes personalidades, mas como leitor de autoajuda frequentemente me pergunto se os autores desses livros experimentaram e testaram, com sucesso, suas próprias receitas. Na minha opinião, aqueles que obtiveram sucesso em várias áreas estão em uma posição muito melhor para dar conselhos confiáveis do que os que nunca alcançaram nada digno de nota.

Do lado de fora, as carreiras de sucesso muitas vezes parecem ser uma progressão irrefreável, indo de um sucesso fenomenal para o sucesso seguinte. Essa visão não leva em conta os enormes problemas e obstáculos aparentemente intransponíveis que muitas pessoas bem--sucedidas tiveram de superar, e ignora os fracassos e contratempos

---

5. WALTON, Sam. *Made in America*. My Story. Nova York, 1993, p. 47.

10 | Introdução

que muitas vezes essas pessoas sofreram ao longo do caminho e que, longe de desanimá-los, os estimularam a estabelecer metas ainda mais altas. Os homens e mulheres de sucesso apresentados neste livro tiveram a coragem de abordar e resolver problemas de maneiras não convencionais e de assumir posições impopulares em oposição à maioria. Além disso, eles frequentemente tinham grande prazer em se distinguir de seus concorrentes fazendo as coisas de maneira diferente, em vez de seguir as convenções do que era considerado o caminho adequado. Se você se depara com problemas e contratempos, essas histórias estimularão o seu próprio esforço. E vão ajudá-lo a entender a força mental que é o segredo do seu sucesso, permitindo-lhe resolver problemas aparentemente impossíveis.

Este livro conta as histórias de empreendedores, investidores, atletas e artistas de sucesso. A maioria deles também conseguiu construir grandes fortunas. Mas se seu objetivo é apenas ficar rico ou também se tornar um músico, atleta ou escritor de sucesso, isso é realmente irrelevante. De qualquer forma, o caminho para o sucesso pessoal começa com a definição de metas mais altas do que você mesmo e as pessoas ao seu redor considerariam sensatas. Este livro destina-se a incentivá-lo a almejar mais e a começar a realizar seus sonhos. "Se você jogar sem objetivos de longo prazo, suas decisões se tornarão puramente reativas e você estará jogando o jogo do seu oponente, não o seu", adverte Garry Kasparov. "Ao pular de uma coisa para outra, você será desviado do curso, preso no que está bem à sua frente, em vez de lidar com o que precisa alcançar"[6].

Se você seguir as regras básicas estabelecidas neste livro e aplicar as leis do sucesso com base na análise, com certeza terá sucesso. Você sabia que a maioria das pessoas extremamente bem-sucedidas são leitores insaciáveis? Warren Buffett, o investidor mais bem-sucedido da história das finanças, sempre foi questionado sobre o segredo de seu sucesso. Esta é a sua resposta: "Leia tudo o que puder"[7]. Nas lendárias

---

6. KASPAROV, Garry. *How Life Imitates Chess*. Londres, 2007, p. 23-24.
7. MATTHEWS, Jeff. *Warren Buffett*. Pilgrimage to Warren Buffett's Omaha. A Hedge Fund Manager's Dispatches from Inside the Berkshire Hathaway Annual Meeting. Nova York, 2009, p. 76.

Ouse ser diferente e enriqueça | Rainer Zitelmann | 11

reuniões de sua empresa, Berkshire Hathaway, sediada em Omaha, ele vem dando esse mesmo conselho há muitos anos. Buffett está convencido de que foram as leituras que fez em seus anos de formação que moldaram sua abordagem de investimentos e prepararam o terreno para os próximos 50 anos de sucesso sem precedentes[8]. Ele mesmo diz: "Aos 10 anos, eu já tinha lido todos os livros da biblioteca pública de Omaha com a palavra *finanças* no título — alguns deles, duas vezes"[9]. Em uma sessão de autógrafos, ele mencionou casualmente ter 50 livros em casa esperando para serem lidos[10].

A leitura de Buffett não se restringia a livros sobre finanças — ele também lia manuais de autoajuda, tais qual *Como fazer amigos e influenciar pessoas*, de Dale Carnegie, e desenvolveu seu próprio sistema para implementar os conselhos que extraiu desse livro. Muitas pessoas leram livros como o de Carnegie — na verdade, você pode estar entre esses leitores. Mas a leitura sozinha não garante o sucesso de ninguém. Depois de estudar os métodos de Carnegie, Buffett decidiu realizar uma análise estatística para testar o que aconteceria se os aplicasse em sua própria vida. "As pessoas ao seu redor não sabiam que ele estava realizando um experimento com elas no silêncio de sua própria cabeça, mas ele observava como elas reagiam. Ele acompanhou seus resultados. Cheio de alegria crescente, ele viu o que os números provavam: as regras funcionavam"[11].

O parceiro de negócios mais próximo de Buffett, Charlie Munger, com quem passou décadas construindo um império de bilhões de dólares, foi apelidado de "livro com pernas" por seus filhos, porque estava sempre lendo livros sobre as realizações de outras personalidades de sucesso[12]. Há boatos de que Munger lê um livro por dia.

---

8. *Ibid.*
9. *Ibid.*
10. *Ibid.*, p. 77.
11. SCHROEDER, Alice. *The Snowball.* Warren Buffett and the Business of Life. Londres, 2008, p. 99.
12. *Ibid.*, p. 226.

Este livro é sobre personalidades notáveis e os segredos de seu sucesso. Episódios exemplares de suas vidas servem para expor e ilustrar esses segredos, e episódios frequentemente lidam com as dificuldades enfrentadas por esses homens e mulheres em sua ascensão, além de apresentar as maneiras pelas quais eles as dominaram. O segredo do sucesso deles se revelará a você assim que — seguindo o exemplo de Buffett — você deixar de estudar apenas as regras e padrões inerentes a essas histórias e começar a aplicá-los à sua própria vida. O momento certo para começar a seguir este conselho é *agora*.

Dr. Rainer Zitelmann

Capítulo 1

Desejando mais

Em 1966, quando Arnold Schwarzenegger tinha apenas 19 anos, ele conversou com Rick Wayne durante o campeonato *Mr. Universe*, em Londres. O jornalista, ele próprio um fisiculturista, lembrou mais tarde que Schwarzenegger lhe perguntou: "Você acha que um homem pode conseguir o que quiser?". A pergunta intrigou Wayne, que respondeu: "Um homem precisa conhecer suas limitações". Schwarzenegger não concordou com ele: "Você está errado". Wayne, que era mais velho e experiente e tinha viajado muito, ficou cada vez mais irritado com o arrogante e determinado jovem austríaco: "Como assim, estou errado?". Ao que Schwarzenegger respondeu: "Um homem pode conseguir o que quiser — desde que esteja disposto a pagar o preço por isso"[13].

Esse episódio foi retirado da biografia escrita por Laurence Leamer, *Fantastic: The Life of Arnold Schwarzenegger*. Quando o livro de Leamer foi publicado, em 2005, Schwarzenegger era governador da Califórnia. Antes de embarcar na carreira política, ele era uma estrela de Hollywood ganhando US$ 20 milhões (ou mais) por cada um de seus filmes, um dos atores mais bem pagos do mundo. Schwarzenegger, que se mudou para os Estados Unidos aos 21 anos, tornou-se multimilionário investindo em imóveis.

O próprio Schwarzenegger atribui seu sucesso em grande parte à determinação e ao comprometimento com que persegue seus objetivos. "Eu estabeleço uma meta, visualizo-a com muita clareza e crio o impulso, a fome, para transformá-la em realidade"[14]. Ele não disse:

---

13. LEAMER, Laurence. *Fantastic.* The Life of Arnold Schwarzenegger. Nova York, 2005, p. 39.

14. ANDREWS, Nigel. *True Myths*. The Life and Times of Arnold Schwarzenegger. Nova York/Londres, 1995, p. 23.

14 | **Desejando mais**

"Bem, seria bom se eu pudesse fazer isso funcionar, talvez eu devesse tentar". Esse tipo de atitude não o levará a lugar nenhum. "A maioria das pessoas", ele observa, "faz isso de maneira condicional. Não seria bom se isso acontecesse? Isso não é suficiente. Você tem que fazer um grande compromisso emocional com isso, que você quer muito, que você ama o processo e vai dar todos os passos para alcançar seu objetivo"[15].

Schwarzenegger, seus músculos, seus filmes ou sua política podem não agradar a todos. Mas isso não vem ao caso. A questão é: como foi possível para o filho de um policial de uma pequena cidade da Áustria, cuja infância não foi nada fácil, realizar tanto em tantas áreas diferentes — nos esportes, nos negócios, no *show business* e na política?

Vamos dar uma olhada na brilhante carreira de Schwarzenegger. Há lições a serem aprendidas com sua ascensão sobre as maneiras pelas quais as pessoas de sucesso pensam e agem — acima de tudo, são lições sobre a importância de metas ambiciosas e inequívocas.

Mesmo quando adolescente, na Áustria, o jovem Arnold acreditava fervorosamente na promessa do *Sonho Americano* de enriquecer. "Meus amigos queriam trabalhar para o governo para receber uma pensão. Sempre me impressionei com histórias sobre grandeza e poder", diz Schwarzenegger[16]. Ele gastava seu dinheiro em revistas, devorando qualquer matéria ou artigo sobre os Estados Unidos que encontrava. Ex-colegas se lembram dele constantemente falando sobre a América. Seu biógrafo, Marc Hujer, escreve: "Ele sempre levou sua carreira um passo adiante, de fisiculturista a estrela de Hollywood e depois a político — sempre havia um novo objetivo, uma nova surpresa. Ele estava sempre pensando adiante, ele só se movia para trás para dar uma boa corrida para o próximo salto"[17].

O próprio Schwarzenegger descreve sua receita para o sucesso da seguinte forma: "Estabeleço uma meta, visualizo-a com muita clareza e crio o impulso, a fome de transformá-la em realidade. Há uma espécie de alegria nesse tipo de ambição, em ter uma visão diante de você. Com esse

---

15. *Ibid.*, p. 24.
16. HUJER, Marc. *Arnold Schwarzenegger*. Die Biographie. Munique, 2009, p. 46.
17. *Ibid.*, p. 201.

tipo de alegria, a disciplina não é tão difícil, negativa ou sombria. Você adora fazer o que tem que fazer — ir à academia, trabalhar duro no *set*. Mesmo quando a dor faz parte de alcançar seu objetivo, e geralmente faz, você também pode aceitar isso"[18]. Ele até desenvolveu uma alta tolerância à dor, o que, segundo ele, é normal se você quiser ter sucesso.

Aos 30 anos, ele explicou seus sucessos dizendo: "O que mais me deixa feliz é que posso me concentrar em uma visão de onde quero estar no futuro. Posso vê-lo tão claramente à minha frente, quando sonho acordado, que é quase uma realidade. Então eu tenho essa sensação fácil e não preciso ficar tenso para chegar lá, porque já sinto que estou lá, que é apenas uma questão de tempo"[19].

Na juventude, Schwarzenegger já havia estabelecido para si mesmo o objetivo de se tornar o melhor fisiculturista do mundo. "No primeiro dia que Arnold treinou", lembra seu ex-treinador, "ele disse: 'Eu serei Mr. Universo'. Ele treinava seis, às vezes sete dias por semana, cerca de três horas por dia. Dentro de três ou quatro anos ele ganhou vinte quilos de puro músculo"[20].

Arnold treinou como um homem obcecado. Houve momentos em que seus braços doíam tanto que ele não conseguia nem pentear o cabelo direito. Nos fins de semana, quando a academia estava fechada, ele forçava a abertura de uma janela, como um ladrão, para entrar. Sempre que seus amigos lhe pediam para jogar futebol com eles depois da escola, ele recusava — porque correr rápido teria interferido no desenvolvimento de seus músculos.

Seu herói era Reg Park, um dos fisiculturistas de maior sucesso da época. Alguns anos depois, Schwarzenegger o venceria em uma competição, mas enquanto adolescente ele admirou Park, que interpretou Hércules em vários filmes. "Se ele pode fazer isso, eu também posso. Eu me tornaria o Mr. Universo. Eu seria uma estrela de cinema. Eu

---

18. LEAMER, Laurence. *Fantastic.* The Life of Arnold Schwarzenegger. Nova York, 2005, p. 174.

19. *Ibid.*, p. 175.

20. ANDREWS, Nigel. *True Myths.* The Life and Times of Arnold Schwarzenegger. Nova York/Londres, 1995, p. 18-19.

16 | **Desejando mais**

seria rico. Eu havia encontrado minha paixão. Eu tinha um objetivo", lembrou Schwarzenegger, mais tarde[21].

Na época, o fisiculturismo não era levado a sério como esporte. Não havia grandes academias de ginástica em todas as cidades do mundo. Em vez disso, havia quartos dos fundos empoeirados, habitados por personagens duvidosos. Schwarzenegger não se importava que a maioria das pessoas pensasse que o fisiculturismo era um passatempo estranho. Ele estava determinado a se destacar no esporte que escolheu.

Seus pais desaprovavam o *hobby* de Arnold. Sua mãe perguntou: "Por que, Arnold? Por que você quer fazer isso consigo mesmo?". Seu pai o desafiou: "O que você fará com todos esses músculos, quando os tiver?". Arnold não se intimidou com suas objeções: "Quero ser o homem mais bem construído do mundo. Então, quero ir para a América e estar no cinema". Seu pai o achava simplesmente maluco: "Acho melhor irmos ao médico, ele está doente da cabeça"[22].

Quando Schwarzenegger viajou para os Estados Unidos, em setembro de 1968, para uma competição de fisiculturismo, ele estava cheio de confiança. Afinal, ele acabara de ganhar seu segundo título de Mr. Universo em Londres. Mas, embora os músculos de Schwarzenegger fossem muito maiores do que os de seu oponente, Frank Zane, e ele pesasse mais de 50 libras, ele ainda perdeu. O corpo de Zane era mais bem proporcionado e seus músculos mostravam mais definição. Para Schwarzenegger, foi uma derrota devastadora. Desesperadamente infeliz, ele chorou a noite toda. Ele não conseguia se livrar da terrível sensação: "Estou longe de casa, nesta cidade estranha, na América, e sou um perdedor"[23].

Depois disso, Arnold não quis voltar para a Europa. Ele aprendeu a lição e passou a entender as razões pelas quais havia perdido. Começou a enfrentar suas fraquezas, sistematicamente. Por ver os músculos da panturrilha como sua maior fraqueza, ele começou a usar um agasalho para cobrir todos os seus *bons* músculos, cortando a barra da calça

---

21. HUJER, Marc. *Arnold Schwarzenegger.* Die Biographie. Munique, 2009, p. 52.
22. ANDREWS, Nigel. *True Myths.* The Life and Times of Arnold Schwarzenegger. Nova York/Londres, 1995, p. 18.
23. HUJER, Marc. *Arnold Schwarzenegger.* Die Biographie. Munique, 2009, p. 89.

para que apenas os fracos músculos da panturrilha ficassem visíveis para os outros atletas em sua academia. Os olhares que recebia deles o motivavam a trabalhar esses músculos até que não pudessem mais ser considerados fracos.

Schwarzenegger conquistou todos os títulos importantes do fisiculturismo. Foi 13 vezes campeão mundial e oito vezes vencedor do prêmio de maior prestígio no mundo do fisiculturismo, o *Mr. Olympia*, que é aberto apenas para campeões mundiais — ele alcançou um sucesso fenomenal, mesmo para seus próprios altos padrões.

Mas suas ambições iam além do fisiculturismo. Ele também queria ficar rico. Quando chegou aos Estados Unidos, quase não falava inglês. Teve aulas e depois formou-se em economia, o que esperava fornecer-lhe as habilidades necessárias para fazer fortuna. Ganhar dinheiro tornou-se outra obsessão para ele: mesmo quando tinha pouco dinheiro, começou a poupar para poder investir. Ele comprou imóveis em Santa Monica para reformar e investiu em prédios de escritórios e *shopping centers*. Quando completou 30 anos, já havia feito seu primeiro milhão. Um artigo publicado no *California Business* em 1986 dizia: "Schwarzenegger adquiriu uma reputação nas últimas duas décadas como um empreendedor afiado e como um dos mais prósperos desenvolvedores imobiliários do sul da Califórnia"[24].

Schwarzenegger ainda não estava satisfeito. Ele declarou sua intenção de se tornar um dos atores mais bem pagos de Hollywood — e as pessoas riram dele. Achavam que ele nunca faria mais do que interpretar pequenos papéis em filmes de ação, que não exigiam muita conversa. Seus primeiros filmes pareciam provar que eles estavam certos.

"Esqueça", disseram várias vezes a Schwarzenegger. "Você tem um corpo esquisito, um sotaque esquisito e nunca vai conseguir"[25]. As pessoas o informaram de que ele não tinha chance — afinal, nenhum ator europeu jamais havia feito sucesso em Hollywood, muito menos um fisiculturista musculoso.

---

24. LEAMER, Laurence. *Fantastic.* The Life of Arnold Schwarzenegger. Nova York, 2005, p. 153.
25. ANDREWS, Nigel. *True Myths.* The Life and Times of Arnold Schwarzenegger. Nova York/Londres, 1995, p. 57.

Schwarzenegger começou a ter aulas de atuação. No começo, não foi fácil para ele. Seu professor, que conseguia lê-lo como um livro, disse-lhe na frente de toda a classe: "Suba aí, Arnold". Schwarzenegger se levantou lentamente. "O.k., é óbvio que você está chateado. Qual é o problema?", perguntou o professor. "Eu *estou* irritado! É besteira! Eles não gostam do meu nome, não gostam do meu sotaque, não gostam do meu corpo, mas foda-se! Eu vou ser uma superestrela!". Mais tarde, ele disse: "Eu sei como me tornar uma estrela. Talvez eu não tenha talento para ser ator, mas serei uma estrela"[26].

Explicando o segredo de seu sucesso, ele comenta: "Tem que pensar positivo e se programar para ser um vencedor. Simplesmente não estou programado para ter pensamentos ruins. As pessoas bem-sucedidas têm a capacidade de assumir riscos e tomar decisões difíceis, não importa o que todos ao seu redor digam"[27].

Seus primeiros papéis foram em filmes de ação, como *Conan* ou *O Exterminador do Futuro*, que foram muito bem nas bilheterias, embora o tenham estabelecido como um homem musculoso. Mas Schwarzenegger queria ser levado a sério como um ator *real*, além de ganhar milhões de dólares — ele certamente não queria ser reduzido a interpretar heróis de ação.

Em 1988, ele estrelou em *Twins*[28], uma comédia que se tornou um sucesso surpreendente e o levou ao estrelato. O filme arrecadou 112 milhões de dólares apenas nos Estados Unidos e Canadá, e outros 105 milhões no mercado externo. Ao todo, Schwarzenegger rendeu mais de 20 milhões de dólares. Seu biógrafo, Marc Hujer, comenta: "Schwarzenegger ganha muito ao se distanciar de suas partes anteriores, bastante unidimensionais. Agora o público pode ver seu lado engraçado e simpático. Ele se transformou de máquina a homem"[29]. Para colocar em termos políticos, Schwarzenegger agora tinha *apelo majoritário*. Tendo agora alcançado tudo o que pretendia alcançar na

---

26. LEAMER, Laurence. *Fantastic*. The Life of Arnold Schwarzenegger, Nova York, 2005, p. 128.

27. *Ibid*.

28. *Irmãos Gêmeos*, no Brasil, com Schwarzenegger e Danny DeVito nos papéis principais. (N. T.)

29. HUJER, Marc. *Arnold Schwarzenegger*. Die Biographie. Munique, 2009, p. 158.

indústria cinematográfica, Schwarzenegger começou a procurar um novo objetivo para inspirá-lo. No início de sua carreira, ele já havia pensado em entrar na política. Como ele disse à revista alemã *Stern*, em 1977: "Depois de você se tornar o melhor no cinema também, o que mais há de interessante? Talvez poder. Então você se volta para a política e se torna governador, ou presidente, ou algo assim"[30].

Mas sua popularidade e sucesso como fisiculturista e como ator de Hollywood provaram ter seu ônus, além do bônus. Algumas pessoas se sentiram provocadas por sua imagem machista, e as mulheres o acusaram de assédio sexual. Quando ele anunciou sua intenção de concorrer ao cargo de governador da Califórnia, em agosto de 2003, todos os principais jornais dos Estados Unidos se concentraram nessas histórias. Ele também foi acusado de ter sido um nazista em sua juventude. As observações que ele fez quando jovem foram tiradas do contexto, e o *The New York Times* citou alguns comentários seus para alegar que ele era um grande admirador de Adolf Hitler. A mídia de esquerda uniu forças contra o candidato republicano — mas sem sucesso. Apesar da hostilidade, Schwarzenegger obteve uma vitória fácil, com 48,6% dos votos, enquanto seus oponentes obtiveram apenas 31,5% e 13,5%.

Schwarzenegger assumiu uma tarefa extremamente difícil, porque a dívida da Califórnia era — e continua sendo — substancial. Reformas que poderiam ter ajudado a equilibrar o orçamento foram bloqueadas por numerosos grupos de interesses especiais e pelos sindicatos. Depois de alguns sucessos iniciais, Schwarzenegger começou a perder sua luta contra esses grupos. Em novembro de 2005, ele perdeu um importante referendo. Sua reforma orçamentária foi rejeitada por uma enorme margem de 38% a 62%, e sua proposta de reformar o sistema de estabilidade dos professores por 45% a 55%. O fracasso político parecia iminente e suas chances de reeleição pareciam muito pequenas.

Mais uma vez, Schwarzenegger provou que aprende rápido. Sempre pragmático, ele descobriu a ecologia e as preocupações ambientais, tópicos que lhe renderam apoio até mesmo entre os democratas. O fato de sua esposa, Maria, com quem ele se casou em 1986 e de quem

---

30. *Ibid.*, p. 174.

20 | Desejando mais

se separou em 2011, ser membro do extenso clã Kennedy, certamente ajudou. Durante seu segundo mandato, Schwarzenegger ganhou a reputação de conservador esclarecido, capaz de preencher a lacuna entre os dois partidos — e que fez mais pelo meio ambiente do que qualquer outro governador.

Mas mesmo Schwarzenegger foi incapaz de equilibrar o orçamento enormemente estendido. Seu amigo Warren Buffett comentou: "Ele não tem muito espaço para manobrar. Em Washington, eles podem imprimir dinheiro. Na Califórnia, não. Além disso, o orçamento deve ser aprovado com uma maioria de dois terços. Algumas das pessoas com quem ele tem de lidar são totalmente contra impostos de qualquer tipo, algumas são contra novos impostos e outras são contra cortes de qualquer tipo. Obter uma maioria de dois terços é extremamente difícil"[31]. Em janeiro de 2011, Schwarzenegger deixou o cargo após ter cumprido dois mandatos e passou o governo para um sucessor democrata. Hoje, Schwarzenegger é um campeão global na guerra contra a mudança climática. Ele também desempenhou o papel principal em seis filmes desde que se aposentou da política.

Então, o que podemos aprender com Schwarzenegger? Em sua autobiografia, publicada em 2012, ele enfatiza que nunca teria prosperado como fez se não tivesse sempre colocado seus objetivos por escrito. "Sempre escrevi meus objetivos, como aprendi a fazer no clube de levantamento de peso em Graz. Não era suficiente apenas dizer a mim mesmo algo como 'Minha resolução de ano novo é perder dez quilos, aprender um inglês melhor e ler um pouco mais'. Não. Isso foi apenas o começo. Agora eu tinha que torná-lo muito específico para que todas aquelas boas intenções não estivessem apenas flutuando. Eu pegava fichas e escrevia que iria:

- conseguir mais doze unidades na faculdade;
- ganhar dinheiro suficiente para economizar 5.000 dólares;
- exercitar-me cinco horas por dia;
- ganhar três quilos de massa muscular sólida e
- encontrar um prédio de apartamentos para comprar e me mudar.

---

31. *Ibid.*, p. 286.

Pode parecer que eu estava me algemando ao estabelecer metas tão específicas, mas na verdade era exatamente o contrário: achei libertador. Saber exatamente onde eu queria chegar me libertou totalmente para improvisar como chegar lá".

Schwarzenegger também enfatizou como é importante definir metas muito altas para si mesmo: "As pessoas sempre falavam sobre como poucos artistas estão no topo da escada, mas sempre tive a convicção de que havia espaço para mais um. Achei que, por haver tão pouco espaço, as pessoas ficavam intimidadas e se sentiam mais à vontade ficando na base da escada. Mas, na verdade, quanto mais pessoas pensam assim, mais lotada fica a base da escada! Não vá aonde está lotado. Vá para onde está vazio. Mesmo que seja mais difícil chegar lá, é onde você pertence e onde há menos competição".

Ele era intransigente quando se tratava de atingir seus objetivos, e ignorava algumas oportunidades aparentemente sólidas e lucrativas sempre que sentia que não o ajudariam a atingir seus objetivos fixos: "Nada iria me desviar do meu objetivo. Nenhuma oferta, nenhum relacionamento, nada"[32].

Quanto sucesso você alcança na vida depende muito de quão alto você define seus objetivos. A carreira de Arnold Schwarzenegger testemunha a veracidade dessa observação. Outros exemplos podem ser encontrados nas histórias de muitas das grandes corporações internacionais.

Em muitos casos, o fundador e criador de uma empresa não é a pessoa a quem essa empresa deve seu sucesso e expansão. Mais comumente, a força motriz por trás do sucesso comercial fenomenal acaba sendo outra pessoa, que pensa em dimensões maiores do que os fundadores da empresa.

O capítulo 3 conta a história da rede Starbucks, cujos fundadores ficaram muito felizes com as cinco lojas que possuíam em Seattle. Foi preciso o gênio empreendedor de Howard Schultz para reconhecer o potencial de sua ideia de negócio e vislumbrar sua expansão em escala

---

32. SCHWARZENEGGER, Arnold (com Peter Petre). *Total Recall.* My Unbelievably True Life Story. Nova York, 2012, p. 137, 138, 298, 299 e 142.

22 | **Desejando mais**

nacional. Hoje, ele é justamente creditado como o criador da Starbucks, enquanto os fundadores originais há muito foram esquecidos.

Algo semelhante aconteceu com o McDonald's. A empresa foi fundada por dois irmãos que alcançaram uma série de inovações revolucionárias na indústria de *fast-food*. Embora o restaurante que eles abriram em San Bernardino em 1948 tenha se saído muito bem, a honra de ser o verdadeiro fundador do McDonald's cabe a Ray Kroc, que viu o potencial desse novo tipo de restaurante muito antes de qualquer outra pessoa, e estava disposto a fazer o que quer que fosse necessário para transformar essa nova ideia em uma indústria crescente.

Mas vamos começar do começo. Em 1937, os irmãos McDonald abriram um pequeno restaurante *drive-in* no leste de Pasadena, seguido por um maior em San Bernardino, alguns anos depois. Construído em formato octogonal, o restaurante rendeu tanto que os dois irmãos logo ingressaram no alto escalão da sociedade local. Eles se mudaram para uma das casas mais espetaculares da cidade — uma vila de 25 quartos — e ficaram muito orgulhosos de serem os primeiros a possuir o último modelo de Cadillac. Em 1948, eles eram ricos além de seus sonhos mais loucos.

Mas havia tempos difíceis pela frente para o restaurante, assim como para muitos outros locais de *drive-in*. Seus clientes eram principalmente adolescentes, o que significava muitas quebras e alta rotatividade de pessoal. Os irmãos relutavam em gastar tanto dinheiro para substituir pratos e talheres roubados ou quebrados. Acima de tudo, eles estavam interessados em atrair um tipo diferente de clientela — na época, os *drive-ins* tinham má reputação, como locais favoritos para os adolescentes se encontrarem e causarem problemas.

Eles fecharam o restaurante por três meses para repensar seu conceito. O que eles criaram foi o protótipo do restaurante McDonald's como o conhecemos: as cozinhas eram voltadas para produção em massa e atendimento rápido. Os irmãos abraçaram qualquer inovação técnica que pudesse ajudar a agilizar os processos em seus restaurantes. A qualidade dos pratos do cardápio não dependia mais da experiência de *chefs* individuais. Em vez disso, eles foram pioneiros em uma maneira completamente nova de produzir uma seleção estritamente limitada de itens. Assim como Henry Ford revolucionou a indústria automobilística dividindo o processo de produção em uma sucessão de etapas automatizadas, os irmãos criaram uma abordagem para a preparação de alimentos, dividindo o processo em uma série de pequenas tarefas rotineiras que não exigiam nenhuma experiência anterior na cozinha. Eles desenvolveram toda uma gama de utensílios de cozinha, criados especificamente para seus propósitos.

Para atender aos pedidos dos clientes em 30 segundos ou menos, os pratos eram preparados e embalados com antecedência. Nascia um novo tipo de restaurante. Ostentava autosserviço, pratos e talheres descartáveis, atendimento super-rápido e produção de alimentos em "linha de montagem", o que, fundamentalmente, atraiu um novo tipo de clientela: em vez de adolescentes, famílias com crianças passaram a frequentar o McDonald's.

No entanto, a mudança foi gradual e não aconteceu da noite para o dia. A princípio, parecia que os irmãos haviam calculado mal. Eles tiveram que esperar seis meses inteiros até que as receitas do restaurante voltassem ao que eram antes da reestruturação. Mas os irmãos se recusaram a desistir — e, finalmente, sua aposta valeu a pena. Em 1955, eles faturaram US$277.000, cerca de 40% acima de seu faturamento anual antes do relançamento. Em meados da década de 1950, com o aumento da automação, seu faturamento subiu para US$300.000, gerando um lucro de US$100.000, uma soma considerável para a época.

A notícia do sucesso do restaurante se espalhou como fogo. Proprietários e aspirantes a donos de outros restaurantes vieram de todas as partes do país para descobrir o segredo do sucesso dos irmãos McDonald. Orgulhosos do que haviam conquistado, os irmãos ficavam muito felizes em oferecer uma visita guiada pelo restaurante, explicando em detalhes seu conceito inovador. Eles achavam divertido que seus visitantes fizessem esboços do interior do restaurante e perguntassem sobre cada detalhe da rotina de trabalho. Claro, seu sucesso atraiu uma boa parte dos imitadores, que copiaram o conceito do McDonald's da melhor maneira possível — em muitos casos, o melhor que podiam fazer não foi muito bom.

24 | **Desejando mais**

Os irmãos McDonald começaram a vender algumas licenças, e logo havia cerca de uma dúzia de restaurantes operando sob o nome McDonald. Mas quando a poderosa Carnation Corporation se ofereceu para investir em um sistema nacional de franquias, os irmãos recusaram. "Vamos estar na estrada o tempo todo, em motéis, procurando locações, encontrando gerentes... Vejo uma baita dor de cabeça se entrarmos nesse tipo de rede"[33]. John F. Love, autor do impressionante volume de 630 páginas *McDonald's: Behind the Arches*[34], conclui que o único problema em se expandir além de San Bernardino era que eles estavam satisfeitos com a forma como as coisas eram. "Não podíamos gastar todo o dinheiro que ganhávamos", lembram os McDonald. "Estávamos levando as coisas com mais calma e nos divertindo muito fazendo o que queríamos fazer. Sempre quisemos independência financeira, e agora a tínhamos"[35]. Se começassem a obter lucros ainda maiores, eles ponderaram, a próxima declaração de imposto se tornaria uma grande dor de cabeça.

A modéstia e a frugalidade têm seu lugar, mas construir um império empresarial requer um tipo diferente de atitude. A honra de ter construído o império McDonald's vai para Ray Kroc, que hoje é considerado o fundador do McDonald's e ainda é venerado dentro da empresa.

Kroc estava trabalhando como vendedor de misturadores de *milkshake*, e a atividade não dava muito retorno. Ele começou a se perguntar por que seus melhores clientes, os irmãos McDonald, compravam mais misturadores de *milkshake* do que qualquer outra pessoa. A propósito, este é um dos muitos paralelos interessantes entre as histórias do McDonald's e da Starbucks. Esta última também foi descoberta por um vendedor — Howard Schultz —, que se perguntava por que um pequeno varejista em Seattle continuava encomendando quantidades tão grandes de um determinado tipo de cafeteira. Ele começou a investigar e assim descobriu a Starbucks, que transformaria na maior rede de cafeterias do mundo. Voltaremos à sua história mais adiante.

---

33. LOVE., John F. *McDonald's*. Behind the Arches. Revised Edition. Nova York, 1995, p. 23.
34. *A Verdadeira História do Sucesso*, publicado no Brasil pela Editora Bertrand. (N. T.)
35. LOVE., John F. *McDonald's*. Behind the Arches. Revised Edition. Nova York, 1995, p. 23.

De volta a Ray Kroc. Ele foi para San Bernardino e, como tantos outros visitantes, foi imediatamente atraído por esse novo tipo de restaurante *fast-food*. Ele reconheceu seu enorme potencial de crescimento muito melhor do que os irmãos McDonald. Como vendedor de produtos para restaurantes, ele viajou por toda parte e desenvolveu um excelente instinto para tendências de mercado e mudanças nas demandas do consumidor. "Kroc", escreve John F. Love, "viu imediatamente o potencial para expandir o McDonald's em todo o país. Ao contrário dos bairristas irmãos McDonald, ele havia viajado muito e podia imaginar centenas de mercados grandes e pequenos onde um McDonald's poderia ser localizado. Ele conhecia os negócios de alimentação existentes e entendia como uma unidade do McDonald's poderia ser um concorrente formidável"[36].

Alguns dias depois de sua viagem a San Bernardino, Kroc pegou o telefone para perguntar a Dick McDonald se ele já havia encontrado um agente de franquia. "Não, Ray, ainda não", respondeu McDonald. "Bem, então, e quanto a mim?", Kroc retrucou[37].

No dia seguinte, Kroc voltou a San Bernardino para negociar um contrato com os dois irmãos que lhe dava o direito exclusivo de franquear o restaurante em todos os Estados Unidos. O contrato colocava Kroc como responsável pela expansão da rede, enquanto os irmãos mantinham o controle da produção e tinham direito a uma porcentagem dos lucros. No início dos anos 1960, os irmãos venderam seus direitos sobre a marca McDonald's para Kroc por US$2,7 milhões. Ele havia encontrado investidores para colocar dinheiro no negócio.

Kroc desenvolveu um sistema engenhoso que permitia aos franqueados ter voz em decisões estratégicas importantes, como o planejamento de ações promocionais e campanhas em restaurantes individuais. Seu sistema era muito diferente das práticas usuais de franquia. Para obter lucro rápido, a maioria dos franqueadores cobrava taxas de licenciamento horríveis ou forçava os franqueados a comprar aparelhos e produtos caros. Kroc, por outro lado, estava preparado para

---

36. *Ibid.*, p. 39-40.
37. *Ibid.*, p. 40.

26 | **Desejando mais**

o longo prazo e mirando mais alto. Ele considerava os franqueados como seus clientes, e fazia tudo o que podia para garantir seu sucesso. Afinal, o sucesso da marca McDonald's dependia deles.

Kroc manteve mais controle de supervisão do que outros franqueadores, porque percebeu a facilidade com que as variações de qualidade entre diferentes pontos de venda poderiam destruir uma marca. Os franqueados que não levam a higiene alimentar a sério ou que decidem dispensar procedimentos testados e comprovados podem causar danos reais à imagem da marca.

Como um vendedor muito talentoso, Kroc conseguiu convencer cada vez mais pessoas das virtudes de seu conceito. Curiosamente, ele conquistou os franqueados por sua óbvia honestidade, ao se recusar a fazer promessas impossíveis, como era prática comum na época. Em vez disso, ele fornecia aos franqueados em potencial informações relevantes e precisas. "Quando você vende algo assim, qualquer um pode dizer que você é um vigarista. Mas se eles acharem que você é honesto, então isso é algo diferente", observou Kroc[38].

Hoje, o McDonald's administra mais de 37.000 restaurantes em mais de 120 países. O faturamento em 2017 foi de quase US$23 bilhões. Nem mesmo Kroc poderia prever o enorme sucesso internacional que a empresa teria nas próximas décadas. Mas a diferença entre ele e os fundadores originais da empresa, os irmãos McDonald, estava na escala de seus objetivos e ambições. Nossas ações são determinadas pelos objetivos que estabelecemos para nós mesmos. A carreira de Ray Kroc testemunha essa verdade simples, assim como a história dos relativamente modestos irmãos McDonald.

"Simplificando, Kroc encantou as pessoas no McDonald's", comenta Love em seu livro, "e a fonte definitiva desse encanto foi a crença inabalável de Kroc no futuro do conceito de *fast-food* que ele descobriu na orla do deserto de Mojave [...]. O que motivava Ray Kroc mais do que qualquer outra coisa era a crença de que ele finalmente havia encontrado a ideia que poderia ser a base do grande empreendimento que esperava construir desde [...] o final dos anos 1930. Estávamos em

---

38. *Ibid.*, p. 45.

1954 e, aos 52 anos, Ray Kroc ainda procurava a mágica, algo que lhe permitisse capitalizar suas três décadas de experiência em vendas"[39].

Sim, Kroc já tinha 52 anos quando criou o sistema de franquias do McDonald's. Numa idade em que outros começam a pensar em se aposentar, ou pelo menos se consideram velhos demais para começar algo novo, ele estava disposto a trabalhar 70 horas ou mais por semana. Mais importante: ele gostava do que estava fazendo. Ele não estava nisso para ganhar dinheiro rápido. Por muito tempo, ele teve que viver de suas economias e do dinheiro que ganhava vendendo batedeiras para *milkshake*. Na verdade, ele não ganhou um único dólar da empresa até 1961, sete anos depois de assinar o contrato com os irmãos. No capítulo 10 voltaremos à história de como Ray Kroc tornou o McDonald's um sucesso tão excepcional.

Em 1984, Michael Dell, de 18 anos, estabeleceu para si mesmo uma meta que a maioria das pessoas consideraria completamente *irrealista*. Ainda estudante, e com um capital de apenas US$1.000, ele formou a PCs Limited (hoje a empresa se chama Dell) e anunciou sua intenção de se tornar líder do mercado americano na indústria de TI, posição que a IBM ocupou por muitos anos desde sua criação, em 1924. Em abril de 2001, a Dell Computer se saiu ainda melhor, ao assumir a liderança global no mercado de PCs com uma participação de mercado de 12,8%, superando sua rival mais próxima, a Compaq, por 0,7 ponto, enquanto a IBM ficou apenas na quarta posição, com uma participação de mercado de 6,2%. Michael Dell sempre enfatizou a importância de almejar alto: "Defina seus objetivos e alcance seus sonhos, e faça isso com integridade, caráter e amor. E a cada dia que você avança em direção aos seus sonhos sem comprometer quem você é, você está vencendo"[40].

Dell se destacou mesmo quando estava na escola. Como alguns de seus colegas, ele colecionava selos — mas, ao contrário deles, transformou isso em um negócio ao publicar um catálogo de leilões. Ele ganhou US$2.000 quando tinha apenas 12 anos — uma bobagem

---

39. *Ibid.*, p. 45-47.
40. FRIEDMANN, Lauri S. *Business Leaders*. Michael Dell. Greensboro, 2009, p. 79.

28 | Desejando mais

em comparação com o lucro de US$18.000 que obteve alguns anos depois, identificando grupos-alvo específicos para vender assinaturas de jornais.

Aos 15 anos, Dell se interessou por computadores. Tendo comprado sua primeira máquina — um *Apple 2*, um modelo popular na época — ele começou a desmontá-la completamente, explicando a seus pais, consternados, que queria entender seu funcionamento interno. Trabalhando com o computador, ele descobriu como atualizá-lo e melhorá-lo, depois ajudou seus amigos e vizinhos a atualizar suas máquinas.

Em 1983, ele se matriculou na Universidade do Texas para apaziguar seus pais. Entretanto ele não prestou muita atenção aos estudos, gastando seu tempo atualizando os computadores IBM e vendendo-os por um preço mais alto. Como calouro, ele já ganhava entre US$50.000 e US$80.000 por mês — muito mais do que seus professores.

Em seguida, ele começou a construir seu próprio computador, o *Turbo PC*, como ele o chamava. Enquanto outros fabricantes de computadores usavam varejistas para distribuir seus produtos, a Dell comercializava os seus diretamente pelo telefone para economizar em comissões. Fazendo isso, ele conseguiu oferecer seu *Turbo PC* por 40% menos do que a IBM cobrava por seus modelos.

Seu negócio decolou instantaneamente. A cada poucos meses, ele tinha que mudar a empresa para instalações maiores e contratar mais funcionários para atender à enorme demanda por seus produtos. Ele estava convencido de que os clientes finais que desejavam comprar um computador não tinham nada a ganhar negociando com um varejista. Os varejistas aumentavam as despesas e não tinham o conhecimento e a experiência para poder aconselhar os clientes, que se sairiam muito melhor conversando com um especialista em TI competente por telefone.

Como alguns clientes hesitavam em comprar computadores pelo telefone, a Dell ofereceu a eles a oportunidade de devolver um item comprado em até 30 dias após a entrega, caso não estivessem satisfeitos. Ele também ofereceu uma garantia de um ano e lançou uma linha direta 24 horas para responder a perguntas e dar conselhos sobre solução de problemas.

Dell não considerou sua juventude e inexperiência uma desvantagem — pelo contrário, em muitos aspectos, isso provou ser uma vantagem para ele. "Eu não sabia de todo tipo de coisa, mas isso acabou sendo uma força... Não ficar preso à sabedoria convencional pode ser extremamente útil", afirma ele[41]. Para assuntos de negócios com os quais se sentia incapaz de lidar, ele contratou executivos experientes de outras grandes corporações.

Michael Dell não vendia apenas diretamente aos clientes finais. Não demorou muito para ele descobrir os benefícios de um modelo *business-to-business*. Grandes empresas como Boeing, Arthur Andersen ou Dow Chemical apreciaram os preços baixos e o bom atendimento ao cliente tanto quanto os consumidores individuais. Com uma incrível taxa de crescimento anual de 250% nos primeiros anos, a Dell se tornou uma das empresas de mais rápido crescimento na história americana — superando até mesmo empresas mundialmente famosas como Walmart, Microsoft ou General Electric. Em junho de 1988, apenas quatro anos depois de formar a empresa em seu dormitório, Dell abriu o capital, acumulando outros US$30 milhões, que ele investiu para expandir ainda mais. Ele próprio manteve apenas 35% de participação.

De repente, porém, a Dell foi confrontada com problemas inesperados. Ele tinha acabado de estocar chips de 256 kilobytes quando um chip com uma capacidade muito maior, de um megabyte, entrou no mercado. Como seus chips de 256 kilobytes eram praticamente inúteis, a Dell sofreu um grande prejuízo. Para piorar a situação, sua mais recente linha de produtos daquele momento fracassou no mercado.

No novo mercado de laptops, os produtos da Dell também não tiveram um desempenho muito bom. Eles se mostraram pouco competitivos. Por acaso, ele descobriu que os laptops da Sony vinham com um novo tipo de bateria extremamente duradoura. Depois de integrá-los em seus próprios modelos, ele teve uma enorme vantagem sobre os outros concorrentes. Como os laptops eram usados principalmente

---

41. PETERS, Rolf-Herbert. *Die Puma-Story*. Munique, 2007, p. 29.

30 | **Desejando mais**

para viagens, os tempos de operação mais longos provaram ser um ponto de venda definitivo.

Além disso, Dell logo reconheceu as oportunidades que a internet oferecia para seu modelo de negócios direto. "Se você pudesse encomendar uma camiseta *on-line*, poderia encomendar qualquer coisa — inclusive um computador. E o melhor é que você precisava de um computador para fazer isso! Eu não poderia imaginar uma criação mais poderosa para ampliar nosso negócio"[42].

Adicionar vendas *on-line* aos pedidos por telefone permitiu que a Dell se expandisse ainda mais rapidamente. Em 1996, a empresa vendeu computadores no valor de um bilhão de dólares para clientes em mais de 170 países. Um ano depois, a participação do próprio Dell na empresa, agora com apenas 16%, valia mais de US$4,3 bilhões, tornando-o um dos homens mais ricos dos Estados Unidos.

Nem mesmo a Dell ficou imune a crises. Em 1996, incêndios causados por baterias defeituosas de laptops forçaram a empresa a emitir uma campanha de *recall* em grande escala. A imagem da empresa sofreu danos consideráveis. Em 2006, a Dell foi colocada sob investigação pela autoridade reguladora financeira SEC, por suspeita de fraude. Michael Dell, que já havia deixado o cargo de CEO para ingressar no conselho de supervisão, voltou ao comando em 2007 para conduzir sua empresa com segurança por essas águas turbulentas. Então, em 2013, ele uniu forças com a empresa de *private equity* Silver Lake Partners para comprar a Dell por US$25 bilhões.

Hoje, a Dell é a terceira maior fabricante de computadores do mundo, e, com uma fortuna pessoal de US$28 bilhões, Michael Dell está entre as pessoas mais ricas do planeta. Uma das lições cruciais que seus sucessos lhe ensinaram é ignorar os comentários negativos dos outros. "Acredite no que você está fazendo. Se você tem uma ideia realmente poderosa, basta ignorar as pessoas que dizem que ela não vai funcionar", enfatiza[43]. Quem teria levado a sério as ambições de um aspirante a empresário de 18 anos, por derrotar a gigante de TI

---

42. FRIEDMANN, Lauri S. *Business Leaders*. Michael Dell. Greensboro 2009, p. 64-65.
43. *Ibid.*, p. 90.

IBM em seu próprio jogo? Repetidamente, as pessoas ao seu redor lhe diziam para buscar algo mais realista. Ele irritou seus pais ao abandonar a faculdade, em vez de seguir os passos de seu pai e estudar medicina. Eles queriam que o filho fosse sensato e se dedicasse aos estudos, em vez de mexer em computadores. Quando ele teve a ideia de vender diretamente aos consumidores, esse plano também foi recebido com ceticismo. As pessoas realmente estariam dispostas a comprar máquinas caras, pelo telefone?

Como Arnold Schwarzenegger e Ray Kroc, Dell estabeleceu para si mesmo metas mais altas e desafiadoras do que outras pessoas. Seu sucesso finalmente provou que ele estava certo. Se ele tivesse estabelecido metas menos ambiciosas, provavelmente não teria tido tanto sucesso.

E você? Você passou toda a sua vida almejando o que parece ser *possível, atingível* ou *realista*? Você permitiu que outros o persuadissem a *manter os pés no chão*, preferindo o pássaro na mão aos dois voando? Você sempre ouviu que *os sonhos são apenas sombras*? Em caso afirmativo, agora é a hora de mudar sua visão da vida: ouse sonhar grande e sonhar alto, como fizeram Schwarzenegger e Dell. Este livro mostrará como realizar esses sonhos — mas o primeiro passo depende de você. Você tem que se permitir a coragem de sonhar, de estabelecer metas em vez de limites. Não dê ouvidos aos conselhos daqueles que querem que você busque o que consideram *realista* e que riem de seus objetivos *irracionais* e *impossíveis*. Mas lembre-se: para atingir seus objetivos, você precisa conquistar o apoio dos outros. Você não terá sucesso sozinho. E para ganhar o apoio dos outros, inicialmente você tem que ganhar outra coisa — a confiança deles.

Capítulo 2

Como ganhar confiança

Para provar o papel crucial que a confiança desempenha na consecução de metas ambiciosas, basta olhar para a incrível história de vida do homem mais rico da história, John D. Rockefeller. Para o jovem Rockefeller, perceber que "os velhos tinham confiança em mim desde o início"[44], logo depois de abrir seu primeiro negócio, foi a chave para o sucesso futuro. Ao longo de sua fenomenal carreira nos negócios, ele disse que seu maior problema sempre foi "obter capital suficiente para fazer todos os negócios que eu queria e podia fazer, com a quantia necessária de dinheiro"[45]. Sua capacidade de ganhar a confiança de bancos e outros investidores estava entre seus ativos mais valiosos. "É principalmente à minha confiança nos homens e à minha capacidade de inspirar sua confiança em mim que devo meu sucesso na vida", reconhece Rockefeller[46].

O biógrafo de Rockefeller enfatiza: "Em sua carreira empresarial, John D. Rockefeller foi acusado de muitos pecados, mas ele se orgulhava de pagar suas dívidas prontamente e cumprir estritamente os contratos"[47]. Ao tratar todo e qualquer contrato — seja selado por acordo de cavalheiros ou por escrito — como um pacto sagrado, você ganhará a confiança das outras pessoas. Se, por outro lado, você gosta de reinterpretar o espírito e a letra dos contratos que firmou, ficará conhecido como um parceiro de negócios não confiável e perderá seu capital mais importante — a confiança dos outros.

---

44. CHERNOW, Ron. *Titan*. The Life of John D. Rockefeller, Sr. Nova York, 1998, p. 67.
45. *Ibid.*, p. 68.
46. *Ibid.*, p. 2.231.
47. *Ibid.*, p. 26.

Então, como você ganha a confiança dos outros? Agindo e — ainda mais crucialmente — pensando de uma forma que inspire confiança. Nunca subestime a importância do seu pensamento e do sistema de valores por trás dele. Outras pessoas geralmente podem sentir se você está sendo sincero com elas ou não.

Claro, a história dos negócios teve sua cota de mentirosos e fraudadores engenhosos, gênios em esconder suas verdadeiras intenções e ganhar uma confiança que não merecem. Bernard Madoff, que ao longo de muitos anos conseguiu roubar US$65 bilhões de ricos investidores, corporações e fundações mentindo e trapaceando, é um excelente exemplo. Felizmente, o dom de Madoff para a dissimulação é exceção, e não regra. Sempre haverá pessoas que conseguem ganhar a confiança dos outros, pelo menos por um tempo, mesmo que não mereçam. Mas eles são uma minoria, enquanto para a grande maioria a verdade simples é: quanto mais confiável você for como pessoa e em sua atitude interior para com os outros, mais esses outros confiarão em você. A maioria das pessoas tem boas antenas para perceber se alguém está sendo sincero ou não. Todos nós emitimos uma variedade de sinais diferentes — a maioria deles não verbais — para nossos semelhantes lerem e interpretarem. Inconscientemente, tanto nos negócios quanto na vida pessoal, estamos constantemente avaliando os outros e nos perguntando: até que ponto posso confiar nessa pessoa?

Antes de fechar um negócio importante, os empresários costumam passar horas e horas conversando sobre assuntos que nada têm a ver com o assunto em questão, inclusive detalhes sobre sua vida privada. Essas conversas são uma maneira de descobrir até que ponto eles podem confiar um no outro. Não há confiança sem honestidade, e a honestidade de uma pessoa geralmente não é óbvia até que seja testada. Você prova sua honestidade e ganha confiança dizendo a verdade quando é difícil ou inconveniente fazê-lo: fornecendo o mais cedo possível informações voluntárias que podem ser prejudiciais a você ou à sua empresa. Stephen M. R. Covey fala de uma demonstração impressionante exatamente desse tipo de honestidade: no torneio *Masters* de tênis em Roma, em 2005, após o segundo saque de Fernando Verdasco em uma partida contra Andy Roddick, o juiz de linha disse que a bola estava fora. A plateia já aplaudia a vitória de Roddick quando ele apontou para uma marca na areia que provou que o saque de Verdasco caiu na linha, e não além dela. Muitos na plateia ficaram surpresos ao ver que Roddick revelou voluntariamente informações que levaram seu oponente a vencer a partida[48]. Mas, ao fazer isso, ele se mostrou o tipo de homem que sempre conquistará a confiança dos outros, simplesmente por pensar e agir de maneira que inspira confiança.

Na final da Fórmula 1 de Jerez, em 1997, definitivamente o ponto mais baixo de uma carreira extraordinária e fascinante, Michael Schumacher fez exatamente o oposto. Ele atropelou o canadense Jacques Villeneuve, manobra que lhe custou o título da Fórmula 1 e muito apoio mundial. Demorou vários dias até Schumacher ceder à pressão da Ferrari e admitir que havia feito algo errado. "Até então, ele tentou seriamente culpar seu oponente pelo incidente, fazendo muitos especialistas se perguntarem se a vitória de Schumacher na Fórmula 1 em 1994, após colidir com Damon Hill, foi o resultado de outro ataque injusto intencional"[49].

Schumacher perdeu a confiança dos fãs, não tanto por causa de sua conduta injusta na pista, mas porque tentou encobrir em vez de admitir. Mesmo seus fãs alemães mais leais retiraram sua confiança e apoio e, no inverno de 1997, a publicidade de Schumacher não pôde ser negociada. A decisão de tirar o título de prata e todos os pontos conquistados durante a temporada foi "apenas a cereja do bolo"[50].

O contraste entre a conduta dos dois homens — Roddick, que voluntariamente revelou informações que o fizeram perder a partida, e Schumacher, que negou o próprio erro e tentou colocar a culpa no adversário — e a reação do público mostra como a confiança é conquistada através da honestidade e perdida por conta da desonestidade. Deixe-me dizer novamente: você ganhará a confiança de outras pessoas ao fornecer voluntariamente e o quanto antes informações que podem ser prejudiciais a você ou à sua empresa.

---

48. COVEY, Stephen M. R. (com Rebecca R. Merrill). *The Speed of Trust*. The One Thing That Changes Everything. Nova York, 2006, p. 59.
49. STURM, Karin. *Michael Schumacher, Ein Leben für die Formel 1*. Munique, 2010, p. 119.
50. *Ibid.*

David Ogilvy, um dos agentes de publicidade mais bem-sucedidos de todos os tempos, confirma esta verdade simples: "Sempre digo aos clientes em potencial sobre as brechas em nossa armadura. Percebi que, quando um antiquário me chama a atenção para os defeitos de um móvel, ele ganha minha confiança"[51].

Frank Bettger, que já foi o vendedor de seguros de maior sucesso nos Estados Unidos, conta a história de um colega que lhe ensinou muito sobre o negócio. "Karl Collings", disse Bettger, "tinha um dom raro para ganhar a confiança de outras pessoas. Assim que ele começava a falar, você sentia: 'Aqui está um homem em quem posso confiar. Ele conhece o seu negócio e é confiável'"[52].

O seguinte incidente fez Bettger entender o porquê: os dois homens foram juntos ver um cliente que queria assinar uma apólice de seguro de vida. Bettger estava feliz com o tamanho da comissão que estava prestes a receber. Alguns dias depois, porém, foi informado pela seguradora de que um exame médico havia revelado uma condição preexistente e a apólice do cliente só seria aprovada com restrições.

"Devemos dizer ao homem que não é padrão?", perguntou Bettger a seu mentor. "Ele não vai saber a menos que você diga a ele, vai?", ao que Collings simplesmente respondeu: "Não, mas eu saberei. E você saberá". Então ele disse ao cliente: "Eu poderia dizer que esta apólice é padrão, e você provavelmente nunca saberia a diferença, mas não é. [...] Eu acredito que este contrato lhe dá a proteção de que você precisa e gostaria que você o considerasse muito seriamente"[53]. Sem hesitar por um momento, o cliente assinou a apólice. Bettger teve vergonha de si mesmo por considerar esconder informações importantes do cliente. Ele nunca esqueceria as simples palavras de Collings: "Não, mas eu saberei". Elas ensinaram-lhe que, para ganhar a confiança dos outros, ele precisava contar a verdade sem rodeios sobre seu produto, por mais inconveniente que essa verdade pudesse ser. Essas regras são difíceis de seguir? São, se você carece de valores e princípios básicos; se, sempre que

---

51. OGILVY, David. *Confessions of an Advertising Man*. Londres, 1963, p. 82.
52. BETTGER, Frank. *How I Raised Myself from Failure to Success in Selling*. Nova York, 1949, p. 103.
53. *Ibid.*, p. 104.

você for confrontado com a questão de contar toda a verdade ou apenas parte dela, a resposta não for imediatamente óbvia para você. Se, por outro lado, você tem um conjunto de princípios claramente definidos para viver, não é nada difícil. Melhor ainda, você ganhará rapidamente a confiança dos outros. A verdade é o truque mais inteligente!

Fiquei extremamente impressionado com o principal executivo de uma empresa estrangeira, cuja apresentação a grandes bancos alemães e agências de distribuição eu estava facilitando. Os bancos não conheciam sua empresa, e o objetivo dessas conversas era criar confiança mútua. Embora a empresa estivesse tendo um desempenho muito bom e os números parecessem impressionantes, havia alguns problemas que poderiam gerar preocupações. O executivo estrangeiro me impressionou ao chamar a atenção para essas questões logo na primeira conversa, e sem avisar. Os representantes da outra parte ficaram igualmente impressionados, e senti que sua honestidade os fez confiar nele muito rapidamente. Obviamente, era alguém que não estava tentando deslumbrá-los com exageros e meias-verdades, como acontece com muita frequência.

Durante 15 anos dirigi uma consultoria que assessorava outras empresas em comunicação e contatos com a imprensa. Quando se trata de verdades desagradáveis, muitas empresas com as quais lidamos tendiam a transformar montanhas em montículos, ou a recorrer a eufemismos. Lembro-me de uma discussão acalorada que tive sobre um comunicado de imprensa com um diretor administrativo, que estava determinado a minimizar ou ocultar certos aspectos que poderiam refletir negativamente em sua empresa. "Se os jornalistas descobrirem que você não lhes contou a verdade, eles não verão com bons olhos. Você está fadado a perder a confiança deles". Sua resposta foi: "Não é como se estivéssemos mentindo. Estamos simplesmente omitindo esta questão, que não é tão crucial, afinal". Eu objetei: "Se é crucial ou não é uma questão que você deve deixar para o jornalista decidir. Você sabe muito bem que ele provavelmente chegaria a uma conclusão diferente se essa informação adicional tivesse sido disponibilizada a ele. O que ele vai dizer mais tarde, quando descobrir? O que você pretende dizer quando ele perguntar por que você escondeu isso dele?".

38 | Como ganhar confiança

Certa vez, vi uma empresa perder completamente a confiança da mídia. Tudo começou com algumas mentiras menores e insignificantes que o proprietário contou a um jornalista individual, que se ofendeu e começou a cavar mais fundo. Ele encontrou muitos outros detalhes, que não pareciam se encaixar. Como um cachorro com um osso, ele não desistiu; em vez disso, passou a escrever toda uma série de artigos prejudiciais. Ele disse a colegas que trabalhavam para outras mídias que o proprietário da empresa havia mentido para ele, e as notícias se espalharam rapidamente. Logo, outros meios de comunicação começaram a atacar essa empresa e, finalmente, a cobertura negativa destruiu a sua reputação e sua base operacional. Aparentemente, o jornalista havia acatado a máxima de Albert Einstein: "Quem é descuidado com a verdade em assuntos pequenos não pode ser confiável em assuntos importantes"[54].

Os jornalistas não são os únicos a se sentirem enganados por quem fala sobre os aspectos positivos enquanto tentam esconder os negativos (por mais ínfimos e insignificantes que sejam), na esperança de que nunca sejam descobertos. Claro, você pode ter sorte, assim como pode ter sorte se estiver tentando atravessar a rua com os olhos vendados. Mas seria melhor agir com base na suposição de que, mais cedo ou mais tarde, você sempre será descoberto. E seria melhor você se perguntar o que isso fará com sua imagem.

A confiança é mais comumente ligada a conceitos como honestidade, integridade, veracidade ou sinceridade. Mas em seu notável livro *The Speed of Trust* [*A Velocidade da Confiança*, em tradução livre], Stephen M. R. Covey aponta que a confiança não é apenas uma questão de caráter, mas sim uma função de dois fatores vitais: caráter e competência. Se você acredita que alguém é honesto e sincero, sem ser competente, é improvável que confie nele. Covey usa uma bela imagem para ilustrar sua afirmação: "Minha esposa, Jeri, recentemente teve que fazer uma cirurgia. Temos um ótimo relacionamento — ela confia em mim, e eu nela. Mas quando chegou a hora de fazer a cirurgia, ela

---

54. COVEY, Stephen M. R. (com Rebecca R. Merrill). *The Speed of Trust*. The One Thing That Changes Everything. Nova York, 2006, p. 62.

não me pediu para fazer"[55]. Sua esposa confiava nele, mas sabia que não deveria confiar sua saúde a ele. Para conquistar a confiança dos outros, não basta convencê-los de sua honestidade e sinceridade. Isso é o que os matemáticos chamariam de condição *necessária*, mas não *suficiente*. Além disso, você deve inspirar confiança em sua capacidade de alcançar os resultados que os outros esperam de você.

Como fazer para ganhar esse tipo de confiança? Para fazer isso, você precisa de fatos e referências. Isso pode parecer banal, mas é uma verdade simples que as empresas muitas vezes ignoram por sua conta e risco. Em vez de citar fatos e referências como evidência de conquistas passadas e potencial para desempenho futuro, elas fazem com que seu departamento de marketing crie peças fofas e balões de fala. As empresas usam brochuras e sites de publicidade para elogiar a si mesmas, protestando em vez de provar a qualidade excepcional de seus produtos e serviços, a excelência de seu atendimento ao cliente, sua competência etc.

O que você pensaria de um possível candidato a um cargo em sua empresa que elogiasse seu próprio desempenho e conquistas, sem apresentar quaisquer referências ou fatos para fundamentar sua candidatura? Você acreditaria em alguém que promete grandiloquentemente *os mais altos padrões, resultados impressionantes* e *excelente atendimento ao cliente*? Pessoalmente, eu não contrataria essa pessoa. Eu confio na minha intuição e no meu instinto no que diz respeito a julgar a integridade e honestidade de alguém. Mas quando se trata de julgar sua competência, confio em fatos e referências, assim como a maioria das outras pessoas.

Covey mostrou que longe de ser uma habilidade *suave*, como muitas pessoas supõem, a confiabilidade é definitivamente um fator *difícil* na vida empresarial. Se seus clientes e parceiros de negócios não confiarem totalmente em você, será cobrada uma *taxa de confiança*. Se eles confiarem em você, por outro lado, você se beneficiará de um *dividendo de confiança*. Em meu trabalho como proprietário de uma

---

55. COVEY, Stephen M. R. (com Rebecca R. Merrill). *The Speed of Trust*. The One Thing That Changes Everything. Nova York, 2006, p. 31.

40 | Como ganhar confiança

agência de relações públicas, muitas vezes vi esse princípio em ação: empresas dispostas a divulgar informações potencialmente prejudiciais voluntária e completamente em um estágio inicial criam *contas de credibilidade*, como um jornalista meu conhecido disse sucintamente. "Toda vez que uma empresa compartilha voluntariamente informações sobre aspectos negativos", explicou, "está fazendo um depósito em sua conta de credibilidade". Você deve se lembrar deste termo e lembrar-se de fazer depósitos consideráveis regulares em sua própria conta de credibilidade.

Há algo mais que você precisa fazer para construir confiança: criar redes ativamente. É da natureza humana confiar muito mais em alguém a quem fomos apresentados por um conhecido em comum que já conquistou nossa confiança do que confiaríamos em um estranho. Pense nisso: imagine ser contatado por um completo estranho que gostaria de conhecê-lo. Não seria muito mais provável que você se encontrasse com alguém que foi recomendado a você por um amigo em comum? A confiança que você tem em seu amigo significa que você está disposto a estender uma certa confiança ao amigo ou conhecido dele.

De qualquer forma, não tenha medo de abordar estranhos com quem você nunca teve contato ou conhecidos em comum. Mas construir conexões é muito mais rápido e fácil se você conseguir um amigo ou conhecido em comum para apresentá-lo ou recomendá-lo. Dessa forma, parte da confiança que existe entre seu amigo e o amigo dele será transferida para você antes mesmo de você falar com essa outra pessoa. É por isso que a construção de redes é de vital importância no mundo dos negócios: as redes multiplicam a confiança.

A maioria das pessoas sabe como as conexões são importantes para alcançar o sucesso. Questionados sobre o que consideravam o fator mais importante para enriquecer, a grande maioria (82%) de um total de 5.000 entrevistados em uma pesquisa representativa disse: "Conhecer as pessoas certas, ter contatos"[56]. Mas o que a maioria das

---

56. GLATZER, Wolfgang *et al. Reichtum im Urteil der Bevölkerung.* Legitimationsprobleme und Spannungspotentiale in Deutschland. Opladen/Farmington, 2009, p. 65.

pessoas não percebe é que *conhecer as pessoas certas* não é algo que nasce conosco. Você pode e deve trabalhar na construção de conexões.

Para atingir objetivos elevados, você deve construir e manter redes e conexões. Você tem que agir e pensar de forma a inspirar confiança nos outros. Reserve algum tempo a cada semana e a cada mês para examinar sua própria vida. Pergunte a si mesmo: o que fiz para construir novas conexões e expandir minha rede existente? Além disso: agi de forma a ganhar a confiança dos outros? Se a resposta a ambas as perguntas for *sim*, você está em um bom começo para alcançar seus objetivos.

Ao longo do caminho, haverá enormes obstáculos a serem superados. Quanto mais você tiver sucesso, maiores serão os problemas com os quais você se deparará. Mas isso é uma coisa boa. A prática leva à perfeição: somente praticando com os problemas você será capaz de desenvolver a força necessária para atingir quaisquer objetivos que você mesmo tenha definido.

Capítulo 3

Aprenda a acolher problemas

Para o observador superficial, as histórias de vida de homens e mulheres de sucesso muitas vezes aparecem como uma sucessão constante de triunfos. No entanto, essa perspectiva muitas vezes ignora os enormes problemas com os quais todos os grandes empreendedores tiveram de lidar, problemas que à primeira vista pareciam insuperáveis e que poderiam facilmente ter feito uma personalidade inferior tropeçar e falhar.

Na verdade, muitas pessoas bem-sucedidas devem seu sucesso aos problemas que enfrentaram ao longo do caminho. Veja o magnata do petróleo John D. Rockefeller, cujos vários empreendimentos o tornaram o homem mais rico da história. Em moeda de hoje, sua fortuna é estimada entre US$200 bilhões e US$300 bilhões, muito maior do que a de bilionários contemporâneos como Jeff Bezos ou Bill Gates. Rockefeller enriqueceu explorando engenhosamente as enormes dificuldades enfrentadas pela indústria do petróleo em seus primeiros anos.

Depois de trabalhar no comércio de alimentos, Rockefeller entrou no setor de energia como uma espécie de alternativa. Aos 24 anos, ele abriu uma empresa de petróleo para ganhar algum dinheiro extra. Na época, ninguém poderia imaginar o quão importante o petróleo se tornaria. Ninguém sabia quanto tempo duraria o *boom* — seria uma tendência tão efêmera quanto a corrida do ouro? Ou a indústria do petróleo conseguiria se firmar como um negócio lucrativo? Os preços do petróleo estavam sujeitos a flutuações extremas. Em 1861, um barril valia algo entre US$0.10 e US$10. Três anos depois, em 1864, os preços ainda flutuavam entre US$4 e US$12. Cada vez que um novo

44 | Aprenda a acolher problemas

poço de petróleo era descoberto, os preços caíam, até que o medo de que o petróleo pudesse se tornar escasso os levasse a subir novamente.

Os especuladores viram a nova indústria como uma oportunidade de enriquecer rapidamente e sem esforço. As refinarias surgiram por toda parte e, em 1870, já tinham capacidade para processar três vezes mais petróleo do que era extraído da terra, na época. Três quartos de todas as refinarias estavam operando com prejuízo, e um dos principais concorrentes de Rockefeller ofereceu a ele ações de sua empresa por um décimo de seu valor contábil.

No meio dessa crise, o próprio Rockefeller estava prestes a perder toda a sua fortuna. "Como alguém que tendia ao otimismo, 'vendo oportunidades em cada desastre', ele estudou a situação exaustivamente em vez de lamentar sua má sorte. Ele viu que seu sucesso individual como refinador estava agora ameaçado pelo fracasso de toda a indústria, o que, portanto, exigia uma solução sistêmica", escreve o seu biógrafo[57].

Rockefeller formou a Standard Oil Company como uma sociedade anônima, estabelecendo para si mesmo um grande objetivo: "Um dia, a Standard Oil Company refinará todo o petróleo e produzirá todos os barris"[58]. Seu objetivo era obter o controle sobre toda a indústria do petróleo. Ele colocou um capital inicial de 1 milhão de dólares em sua nova empresa, na época uma quantia sem precedentes, que logo se elevou para 3,5 milhões. Ele recrutou gerentes excepcionalmente talentosos e começou a expandir agressivamente em um momento de grave crise econômica. "Foi um sinal da autoconfiança excepcional de Rockefeller o fato de ele ter reunido fortes executivos e investidores neste momento abismal, como se a atmosfera depressiva apenas fortalecesse sua determinação"[59].

Esta é a diferença crucial entre vencedores e perdedores: os perdedores permitem que o humor geral os afete. Quando os outros ao seu redor estão deprimidos, eles também ficam deprimidos. Os vencedores têm uma perspectiva diferente da realidade. Eles veem

---

57. CHERNOW, Ron. *Titan*. The Life of John D. Rockefeller, Sr. Nova York, 1998, p. 130.
58. *Ibid.*, p. 132.
59. *Ibid.*, p. 134.

oportunidades onde todo mundo vê problemas, e são capazes de se concentrar exclusivamente em explorar essas oportunidades. Eles sabem que uma situação economicamente instável é o momento perfeito para fazer compras — comprar outras empresas, ações ou até mesmo talentos humanos.

Em meio à crise, Rockefeller conseguiu negociar contratos favoráveis com as empresas ferroviárias, que lhe concederam descontos no transporte do petróleo de sua empresa, o que lhe deu uma vantagem importante sobre seus concorrentes. No entanto, os rumores desses negócios foram recebidos com protestos e boicotes maciços contra sua empresa, o que o forçou a dispensar, temporariamente, 90% de sua força de trabalho. A especulação sobre um pacto secreto entre Rockefeller e as companhias ferroviárias aumentou o sentimento geral de medo e incerteza, o que por sua vez permitiu a Rockefeller assumir 22 de seus 26 concorrentes em Cleveland no intervalo de algumas semanas. No início de março de 1872, ele assumiu seis empresas rivais em dois dias. Como a maioria das outras refinarias estava operando com prejuízo, ele as comprou a preços de barganha, frequentemente pagando não mais do que o valor residual pelos ativos das empresas.

Em 1873, a economia dos Estados Unidos estava em grave crise. Vários bancos e empresas ferroviárias faliram e o mercado de ações foi forçado a fechar temporariamente. Esse foi apenas o começo de uma recessão que duraria seis anos. Quem precisava de petróleo em uma situação como essa? O preço do petróleo caiu para 48 centavos — até mesmo a água custava mais do que isso, em alguns lugares. Mais uma vez, Rockefeller viu a crise como uma oportunidade. Ele continuou a comprar empresas rivais a preços ainda mais baixos e levantou capital para futuras aquisições cortando dividendos. Ele ainda não tinha nem 40 anos e já controlava toda a indústria de refino. Até as ferrovias dependiam dele, pois começara a investir na construção de vagões-tanque e logo seria dono de toda a frota.

Mas havia mais problemas pela frente. Os campos de petróleo da Pensilvânia estavam quase esgotados e ninguém sabia se mais petróleo seria encontrado em outro lugar. Ao mesmo tempo, as maiores reservas de petróleo até hoje foram descobertas perto de Baku, no Mar Cáspio.

46 | Aprenda a acolher problemas

Produzindo 280 barris cada um por dia, os poços de petróleo de Baku eram muitas vezes mais produtivos do que os da América, que produziam apenas de quatro a cinco barris diários. A participação americana no mercado global de refinarias — que efetivamente significava a participação da Standard Oil, já que a empresa controlava 90% do mercado americano — caiu drasticamente.

Rockefeller respondeu cortando drasticamente as despesas e investindo grandes somas de dinheiro em pesquisa. Quando novos poços de petróleo foram descobertos em Lima, Ohio, e provaram ser muito ricos em enxofre, a Standard Oil desenvolveu um processo para extrair o enxofre, tornando assim os poços de Lima exploráveis. No início da década de 1890, a empresa de Rockefeller controlava dois terços do mercado global de petróleo.

Mas os problemas de Rockefeller estavam apenas começando. Logo ele foi confrontado com acusações e ações judiciais acusando-o de violar os regulamentos antitruste e tentando construir um monopólio, assim como a Microsoft seria, cem anos depois. Em 5 de maio de 1911, após duas décadas de disputas legais, a Suprema Corte ordenou o desinvestimento da Rockefeller's Standard Oil Company. A empresa teve seis meses para vender suas subsidiárias. Mesmo em meio a essa crise, que destruiu a empresa que construíra durante 41 anos, Rockefeller não entrou em pânico. A notícia da decisão da Suprema Corte chegou a ele enquanto jogava golfe com um padre católico. "Padre Lennon, você tem algum dinheiro?", perguntou Rockefeller. O padre balançou a cabeça e perguntou por que Rockefeller havia perguntado. "Compre Standard Oil", aconselhou-o o empresário de 72 anos[60].

"Exatamente por ter perdido o processo antitruste, Rockefeller foi convertido de um mero milionário, com um patrimônio líquido estimado em 300 milhões de dólares em 1911, em algo próximo ao primeiro bilionário da história. Em dezembro de 1911, ele finalmente conseguiu abandonar a presidência da Standard Oil, mas continuou a manter suas imensas participações acionárias. Como proprietário de cerca de um quarto das ações do antigo fundo, Rockefeller agora tinha

---

60. *Ibid.*, p. 554.

um quarto das ações da nova Standard Oil de Nova Jersey, mais um quarto das trinta e três empresas subsidiárias independentes criadas por essa decisão"[61].

A vida de Rockefeller mostra de maneira exemplar como as pessoas bem-sucedidas prosperam com os problemas. Cada problema constitui um desafio e, ao resolvê-lo, elas se tornam ainda mais fortes. Os problemas são testes pelos quais você deve passar para atingir o próximo nível. Se você se depara com um problema real, abrace-o como fez John D. Rockefeller e procure a oportunidade que vem com ele!

Ingvar Feodor Kamprad, nascido na Suécia, dominou essa arte desde cedo. Filho de um agricultor de ascendência alemã, tinha apenas 17 anos quando fundou a IKEA, em 1943. Quando morreu, em 2018, aos 91 anos, seu patrimônio pessoal (incluindo uma fundação de caridade) foi estimado em 45 bilhões de euros, tornando-o uma das pessoas mais ricas do mundo.

Kamprad sempre teve fixação por ganhar dinheiro. Mesmo quando criança, ele não pescava por prazer, mas na esperança de pegar algo que pudesse vender. "Vender tornou-se uma espécie de obsessão", ele lembraria mais tarde. Aos 11 anos, ele comprava sementes pelo correio e as vendia para pequenos agricultores de seu bairro. "Esse foi meu primeiro negócio genuíno, com o qual realmente ganhei dinheiro". Com os lucros que obteve, o jovem Ingvar comprou uma bicicleta e uma máquina de escrever. "Ambas as compras", escreve Rüdiger Jungbluth em seu estudo *Die 11 Geheimnisse des IKEA-Erfolges* [*Os 11 segredos do sucesso da IKEA*, em tradução livre], "foram de fato investimentos, que permitiriam ao jovem expandir suas atividades comerciais"[62].

Kamprad era severamente disléxico — o que outro homem poderia ter usado como uma desculpa conveniente para sua falta de sucesso. Em vez disso, Kamprad concentrou-se em seus pontos fortes: negócios e comércio. No colégio interno, ele trocava tudo e qualquer coisa. Ele mantinha uma grande caixa cheia de cintos, carteiras, relógios e canetas debaixo da cama. Seu negócio estava indo tão bem que, recém-saído

---

61. *Ibid.*, p. 556.
62. JUNGBLUTH, Rüdiger. *Die 11 Geheimnisse des Ikea-Erfolgs*. Frankfurt, 2008, p. 26.

48 | Aprenda a acolher problemas

da escola, ele decidiu abrir sua própria empresa. Ele o chamou de IKEA — as letras maiúsculas representam suas iniciais — I. K. — e as primeiras letras de *Elmtaryd*, que era o nome da fazenda de seus pais, e de Agunnaryd, o vilarejo no município de Ljungby onde ele cresceu.

Como muitos outros homens de sucesso antes e depois dele, incluindo os empresários Richard Branson e Michael Dell, Kamprad baseou seu negócio no princípio de minar a concorrência com produtos de alta qualidade. Não demorou muito para ele descobrir que móveis de qualidade podiam ser fabricados e distribuídos a preços muito mais baixos do que outras empresas cobravam. Seus concorrentes não gostaram do jovem arrivista. Um deles, Dux, levou-o várias vezes ao tribunal, acusando-o de plágio. No entanto, as acusações não pegaram. A associação nacional de fabricantes de móveis escreveu aos fornecedores da IKEA, ameaçando-os com boicotes de empresas estabelecidas se continuassem a fazer negócios com a IKEA. Kamprad conseguiu contornar o boicote fundando várias subsidiárias com nomes diferentes. Mas ele criou mais problemas para si mesmo vendendo diretamente para clientes finais em feiras. Às vezes, os organizadores até proibiam sua empresa de participar.

Os produtos da IKEA eram tão populares que a empresa logo teve problemas para atender à demanda dos clientes. O problema foi agravado pelo fato de muitos fabricantes se recusarem a vender para a IKEA, por medo de ofender os revendedores de móveis estabelecidos. A reação de Kamprad foi inesperada. Ele escreveu uma carta a um ministro do governo polonês, apresentando sua empresa e declarando seu interesse em colaborar com os vendedores de móveis poloneses. Ele recebeu um convite para ir à Polônia, onde as negociações começaram mal quando lhe foi negada permissão para viajar para fora de Varsóvia a fim de inspecionar fábricas. Kamprad esteve perto de partir, mas finalmente os poloneses cederam.

Em longo prazo, ser boicotado pela indústria moveleira sueca provou ser um golpe de sorte para Kamprad. Ensinou-lhe que todo problema é uma oportunidade esperando para ser explorada. Após alguns contratempos iniciais, sua colaboração com os fabricantes de móveis poloneses provou ser um grande sucesso. Houve um tempo em que metade dos produtos oferecidos no catálogo da IKEA eram fabricados na República Popular Socialista da Polônia. "Foi uma crise que se tornou um impulso porque sempre fomos forçados a encontrar novas soluções", diz Kamprad. "Quem sabe se teríamos tido o mesmo sucesso se eles tivessem lutado honestamente?"[63]. A atitude em relação às dificuldades e problemas que esta declaração testemunha é uma atitude que todas as personalidades de sucesso compartilham. A primeira conclusão de Kamprad foi: *todo problema é uma oportunidade*. Em segundo lugar, ele concluiu: "Nunca há sentido em ações negativas". No mundo dos negócios, desperdiçar sua energia tentando colocar obstáculos no caminho de seus concorrentes, em vez de combatê-los oferecendo alternativas construtivas e convincentes, não o levará a lugar nenhum[64].

Seus concorrentes não compartilhavam de sua visão, mas fizeram o que puderam para tornar a vida de Kamprad o mais difícil possível. Depois que uma revista conhecida publicou um relatório de teste, provando que os produtos mais econômicos da IKEA eram iguais em qualidade aos de seus concorrentes, a indústria moveleira retaliou com um boicote publicitário. No entanto, o editor da revista se recusou a ceder. Num contra-ataque, leu em voz alta, na televisão pública, o boletim da associação moveleira pedindo boicote. No longo prazo, a história funcionou a favor da IKEA, porque as pessoas começaram a torcer por Kamprad como uma simbolização de Davi enfrentando o Golias da indústria moveleira.

Os fabricantes de móveis não eram os únicos adversários de Kamprad. Na época, a Suécia era governada por uma versão peculiar do socialismo que, em sua tentativa de suprimir as forças do mercado, quase esmagou empresários como ele. Aqueles na faixa de imposto mais alta tiveram que pagar 85% de seus ganhos para o Estado. Acrescente a isso o imposto sobre ganhos de capital cobrado sobre sua fortuna privada, e as exigências do governo quase o sufocaram. Para saldar a dívida que tinha com a IKEA, como cidadão privado, ele tentou vender uma das empresas menores que possuía. Na época,

---

63. *Ibid.*, p. 75.
64. *Ibid.*

50 | Aprenda a acolher problemas

esse era um procedimento bastante comum, ao qual muitos empresários recorriam para reduzir a carga tributária do ganho de capital. Mas quando Kamprad estava prestes a prosseguir com a transação, o governo mudou retroativamente as leis tributárias para impedi-lo de fazê-lo. Ele não teve escolha a não ser pagar os impostos, mas seu ressentimento sobre a forma como os empresários de sucesso eram tratados em seu país cresceu.

As políticas econômicas míopes de seu governo acabariam por expulsá-lo do país. Em 1974, Kamprad mudou-se para a Dinamarca e, de lá, para a Suíça. Foi apenas em 2013 que finalmente regressou à Suécia, à sua terra natal, Älmhut, onde viveu até sua morte, em 2018.

Olhando de fora para o sucesso fenomenal da IKEA, as pessoas tendem a esquecer quantos contratempos e problemas Kamprad teve que superar para chegar lá. A certa altura, ele decidiu investir parte de seus lucros em outro setor e comprou uma empresa que produzia televisores. Mas o negócio nunca conseguiu emplacar e, finalmente, Kamprad cortou o mal pela raiz. A aventura em outra indústria custou caro — ele havia investido mais de um quarto do capital da IKEA, que não conseguiu recuperar.

De acordo com a filosofia de Kamprad, não havia nada de errado em cometer erros. "Errar é privilégio de quem está disposto a agir", pregava ele para sua equipe. "O medo de errar é o berço da burocracia e inimigo de qualquer evolução. Ninguém pode jamais afirmar ter decidido a única solução certa. É a vontade de agir de acordo com uma decisão que a torna a certa"[65]. É por isso que Kamprad insiste que as pessoas devem poder cometer erros.

O que a princípio parece um grave revés, muitas vezes pode ser a semente de grandes sucessos. Veja a carreira de Michael Bloomberg, fundador da empresa de *software* financeiro, mídia e dados Bloomberg LP e da emissora de televisão homônima. Com uma fortuna estimada em US$52 bilhões em 2018, Bloomberg é um dos homens mais ricos do mundo. Entre 2001 e 2013, ele também foi prefeito da cidade de Nova York.

---

65. *Ibid.*, p. 92.

Mas tudo começou de forma pouco auspiciosa: ele foi demitido de seu emprego. Quando a empresa de comércio de commodities Philco Corporation adquiriu o banco de investimentos Salomon Brothers de Wall Street em 1981, ele foi informado de que seus serviços não eram mais necessários na empresa. "Numa manhã de verão", lembra ele em sua autobiografia, "John Gutfreund, sócio-gerente da empresa mais badalada de Wall Street, e Henry Kaufman, então o economista mais influente do mundo, me disseram que minha vida no Salomon Brothers havia acabado". Gutfreund disse a ele: "É hora de você partir". Para Bloomberg, isso foi um choque completo. Ele relembra: "No sábado, 1º de agosto de 1981, fui demitido do único emprego de tempo integral que já tive e da vida estressante que eu amava. Isso, depois de quinze anos de dias de doze horas e semanas de seis dias. Demitido!"[66]. Mas se ele não tivesse sido demitido naquele dia, quem sabe o que seria da Bloomberg...

Dez anos depois, o Salomon estava à beira do abismo. Warren Buffett possuía uma participação importante na empresa. No final de 1986, quando a empresa estava sob ameaça de aquisição pelo temido Ron Perlemann, Buffett veio em socorro de seu amigo John Gutfreund. Sem saber mais o que fazer, Gutfreund ligara para Buffett e implorou que ele investisse no Salomon Brothers para salvar a empresa.

Nunca perdendo a oportunidade inerente a toda crise, Buffett concordou, sob a condição de que ele e sua empresa Berkshire investissem 700 milhões de dólares para um lucro garantido de 15%. Como parte do acordo, Buffett e seu sócio, Charlie Munger, se juntaram ao conselho de administração. Foi um acordo que quase provocaria sua queda, mergulhando-o em uma das piores crises de sua vida.

Como na maioria dos eventos dramáticos, essa grave crise parecia bastante inofensiva, a princípio. Na tarde de 8 de agosto de 1991, Buffett dirigiu até Nevada com sua namorada, para passar o fim de semana. Naquela manhã, ele recebeu um telefonema do escritório de John Gutfreund para avisá-lo de que Gutfreund iria telefonar para ele à noite. Buffett estava jantando em uma churrascaria quando o

---

66. BLOOMBERG, Michael. *Bloomberg by Bloomberg*. Nova York, 1997, p. 1.

52 | Aprenda a acolher problemas

diretor do departamento jurídico do Salomon, Don Feuerstein, ligou para ele. O próprio Gutfreund não conseguiu fazer a ligação porque ainda estava no avião.

Feuerstein disse a Buffett que havia um problema. Paul Mozer, um corretor de títulos do Salomon cujo nome Buffett nunca ouvira antes, havia repetidamente tentado ludibriar o poderoso Federal Reserve. O Salomon Brothers era um dos poucos corretores primários autorizados a comprar títulos diretamente do governo, o que lhe dava enorme poder. Como o Salomon havia tentado várias vezes monopolizar o mercado, a parcela de títulos do tesouro que as empresas individuais podiam licitar havia sido restrita a 35%. Mozer havia apresentado duas ofertas ilegais de 35% cada, usando os nomes de dois clientes e depois transferindo os títulos para a conta do Salomon.

Isso não soou bem, mas também não soou *tão* dramático. Mais tarde, descobriu-se que a realidade era muito pior. Mozer havia usado o mesmo truque várias vezes — seus chefes sabiam sobre suas licitações ilegais há meses, e tentaram encobrir tudo. Como acontece em muitas crises, a verdade só veio à tona aos poucos e, tentando mantê-la em segredo, os executivos do Salomon pioraram muito a situação para eles próprios.

Poucos dias depois que Buffett ouviu pela primeira vez sobre o caso, o Federal Reserve Bank ameaçou suspender todas as suas transações comerciais com Salomon, o que teria arruinado a empresa para sempre. Compreensivelmente, o Federal Reserve Bank não gostou de ter sido enganado por um corretor de títulos, cujos empregadores nem o demitiram quando descobriram. O Salomon não demonstrou exatamente sabedoria, responsabilidade ou vontade de aprender com os erros.

Se o Salomon Brothers tivesse falido, os resultados provavelmente teriam sido tão devastadores quanto os do colapso do Lehman Brothers, 17 anos depois. Com um valor patrimonial de apenas 4 bilhões de dólares, 146 bilhões em passivos, bem como derivativos no valor de várias centenas de milhões de dólares e intrincadas ligações com outros bancos de investimento de Wall Street, o tamanho do balanço do Salomon era o segundo maior em todo o mercado dos EUA na época.

A Comissão de Valores Mobiliários (SEC) abriu uma investigação. Mais e mais detalhes se tornaram públicos, com a mídia atualizando seus relatórios sobre o escândalo diariamente e especulando sobre o colapso iminente do Salomon Brothers. Os investidores começaram a sair de fininho e o valor de mercado da empresa caiu drasticamente.

Todos sabiam que havia apenas um homem que poderia salvá-los, um homem que, ao longo dos anos, construiu uma reputação de ser honesto e direto, além de um investidor incrivelmente inteligente. Esse homem era Warren Buffett. O plano era dar uma segunda chance à empresa e torná-lo presidente interino da Salomon Brothers.

Para Buffett, decidir se aceitaria essa ideia foi uma das escolhas mais difíceis que ele teria que fazer. Alice Schroeder, sua biógrafa, assim descreve a situação daquela sexta-feira, 16 de agosto: "Naquela época, Buffett era o segundo homem mais rico dos Estados Unidos [...]. Era um dos empresários mais respeitados do mundo. Em algum momento durante aquela longa e horrível sexta-feira, ele reconheceu com um choque doentio que investir no Salomon, um negócio com problemas sobre os quais ele basicamente não tinha controle, desde o início colocara tudo em risco"[67].

Salvar a empresa gravemente danificada naquele momento parecia quase impossível. Buffett ficou com duas opções: ele "poderia ser um herói ou poderia falhar. Mas ele não conseguia se esconder e ele não podia se esquivar"[68].

Buffett decidiu aceitar o desafio. Mas, poucas horas antes de a notícia ser anunciada em um comunicado à imprensa que já estava preparado, vazou a informação sobre um comunicado que o Departamento do Tesouro planejava divulgar, proibindo o Salomon Brothers de licitar títulos do tesouro. Com ou sem Buffett no comando, o futuro da empresa parecia sombrio.

Buffett tentou desesperadamente contatar os responsáveis pela decisão e convencê-los de que eles não estavam apenas assinando a sentença de morte do Salomon Brothers, mas também desencadeando uma devastadora crise financeira global. Ele estava disposto a assumir

---

67. SCHROEDER, Alice. *The Snowball*. Warren Buffett and the Business of Life. Londres, 2008, p. 582.

68. *Ibid.*, p. 583.

54 | Aprenda a acolher problemas

a responsabilidade em uma situação desesperadora e a arriscar seu bem mais valioso — sua reputação, que passou anos construindo. No entanto, ele não estava disposto a cometer suicídio profissional.

Buffett apostou tudo em uma única chance — e ganhou. O Departamento do Tesouro reconsiderou sua posição e concordou com algumas concessões. No futuro, a empresa não poderia mais licitar em nome de seus clientes, mas poderia fazê-lo em seu próprio nome. Para Buffett, essa foi uma concessão vital.

A tarefa de limpar o caos do Salomon Brothers, ao mesmo tempo em que acompanhava os trâmites legais e mudava a cultura da empresa, levou Buffett à beira da exaustão. "Os eventos podem acabar comigo e eu não conseguia sair do trem. Eu não sabia para onde o trem estava indo"[69].

A tarefa mais difícil de Buffett consistia em criar uma cultura corporativa, na qual a honestidade e a transparência fossem primordiais. Em um discurso para sua equipe, ele disse: "Quero que os funcionários se perguntem se estão dispostos a ter qualquer ato deliberado aparecendo no dia seguinte, na primeira página do jornal local, para ser lido por seus cônjuges, filhos e amigos, com a reportagem feita por um repórter informado e crítico"[70].

Seus funcionários estavam bastante dispostos a obedecer. Mas quando Buffett fez cortes substanciais em seus bônus, por achar errado que eles fossem recompensados enquanto os acionistas eram penalizados, muitos deles decidiram deixar a empresa e procurar novos empregos em outro lugar. Mais uma vez, o futuro do Salomon estava ameaçado. Ao todo, o caso custou à empresa cerca de 800 milhões de dólares em multas, penalidades por quebra de contrato, honorários advocatícios e perda de receita. Mas a eventual sobrevivência do Salomon tornou Buffett um homem ainda mais rico — e não apenas isso, mas também aumentou sua reputação como o maior gênio financeiro de todos os tempos.

---

69. *Ibid.*, p. 808.
70. *Ibid.*, p. 604.

Para o observador superficial, a história de seu sucesso traz todas as marcas de um destino singular e inexorável. Alguém que tivesse investido mil dólares com ele quando Buffett assumiu o fundo teria ganhado 17 milhões de dólares em 2018. O próprio Buffett está classificado entre os três primeiros na lista da *Forbes* das pessoas mais ricas do mundo, há muitos anos. O que essa imagem não mostra é que, acima de tudo, Buffett é um mestre em gestão de crises, que deve grande parte de seu sucesso à sua capacidade de se destacar em situações extremamente difíceis.

Tomemos o exemplo de sua compra do *Buffalo Evening News*. Convencido de que os jornais seriam um bom investimento, Buffett estava procurando uma oportunidade de investimento adequada, que finalmente encontrou em 1977. Ele comprou o *Buffalo Evening News* por 35,5 milhões de dólares, sua compra mais cara até então. Mas ele não conseguia nem imaginar quantas dores de cabeça isso lhe causaria em um futuro próximo.

Em Buffalo, dois jornais travavam uma feroz competição. O *Courier Express*, que saía aos domingos, havia praticamente monopolizado o mercado de jornais de domingo. Os proprietários apresentaram ações legais contra os planos de Buffett de publicar uma edição de domingo do *Evening News*. Ele foi retratado como um forasteiro com a intenção de arruinar um negócio local rico em tradição, por meio de práticas injustas.

No tribunal, os advogados do *Courier* citaram uma declaração na qual Buffett havia comparado um monopólio no mercado de jornais locais com uma ponte de pedágio não regulamentada — ambas aquisições igualmente cobiçadas. O tribunal impôs condições completamente inaceitáveis à publicação de uma edição de domingo. Buffett não conseguiu argumentar de forma persuasiva.

Os clientes de publicidade permaneceram leais ao *Courier*, e o *Evening News*, que anteriormente tinha lucro, teve perdas de 1,4 milhão de dólares. "Buffett ficou arrepiado com a notícia", relata sua biógrafa Alice Schroeder. "Nenhuma empresa que ele já teve perdeu tanto dinheiro tão rápido"[71]. Buffett estava em péssimo estado, até porque

---

71. *Ibid.*, p. 467.

56 | **Aprenda a acolher problemas**

sua amada esposa Susie acabara de surpreendê-lo com a notícia de que ela estava se mudando de casa, para encontrar seu próprio potencial.

Naquela época, o *Buffalo Evening News* era o maior investimento individual de Buffett — e dado o resultado do processo, tudo apontava para um desastre completo.

Buffett estava pronto para desistir, mas seu sócio, Charlie Munger, o convenceu a persistir. Após 18 meses, em abril de 1979, o veredicto contra ele foi finalmente anulado pelo Tribunal de Apelação. Para Buffett, foi uma vitória tardia, que veio quase tarde demais. Ele não apenas gastou muito dinheiro em honorários advocatícios, como o jornal também perdeu importantes clientes de publicidade e continuou perdendo milhões de dólares todos os anos. No final de 1980, essas perdas totalizaram 10 milhões de dólares.

O golpe final veio com uma greve organizada pelo sindicato dos motoristas. Depois disso, Buffett suspendeu a publicação e "disse ao sindicato que o jornal tem uma quantidade limitada de *sangue*, e se sangrar muito, não viverá mais [...]. Vamos reabrir apenas se houver uma perspectiva razoável de uma operação viável"[72]. Os sindicatos entenderam o recado. Buffett pôde retomar a impressão e a edição de domingo não estava mais sujeita a restrições. O jornal rival, *The Courier Express*, começou a perder sua participação no mercado até ser forçado a fechar, em setembro de 1982. O *Buffalo News*, por outro lado, conseguiu aumentar constantemente sua receita e circulação de publicidade. Um ano após a greve, o jornal já registrava um lucro de 19 milhões de dólares.

A história de Buffett mostra como mesmo as pessoas mais bem-sucedidas são constantemente confrontadas com enormes desafios, que podem até ameaçar tudo o que conquistaram até agora. O mesmo vale para Walt Disney. Com quase 200.000 funcionários e um faturamento anual de cerca de 55 bilhões de dólares, a Walt Disney Corporation é hoje um dos maiores impérios de mídia do mundo. A história de seu sucesso fenomenal começou em novembro de 1919, quando dois jovens de 18 anos, Walt Disney e Ub Iwerks, se conheceram enquanto trabalhavam para uma agência de publicidade. Quando ambos foram

---

72. *Ibid.*, p. 472.

demitidos logo depois, eles decidiram formar sua própria empresa, que chamaram de Iwerks-Disney Commercial Artists. Os negócios não iam bem, forçando Disney a aceitar um emprego como artista de animação para garantir a sobrevivência de sua nova empresa.

Em maio de 1922, a Disney criou a Laugh-O-Grams Films, Inc., uma produtora de filmes de animação com capital inicial de quinze mil dólares. Inexperiente em assuntos de negócios, ele fez contratos com prazos de pagamento estendidos. Depois que sua empresa foi forçada a declarar insolvência em junho de 1923, Disney mudou-se para Hollywood. Como aponta seu biógrafo Andreas Platthaus, "o empresário falido colocou vários milhares de quilômetros entre ele e os investidores que possuíam uma participação na Laugh-O-Grams. Seus investidores se tornaram seus credores e suas exigências de reembolso teriam tornado impossível um novo começo em Kansas City"[73].

Em outubro de 1923, Disney e seu irmão Roy fundaram o Disney Brothers Cartoon Studio. Uma de suas produções foi *Alice's Wonderland* [*Alice no País das Maravilhas*, em tradução livre], que combinava animação com atores e atrizes reais. Em menos de três anos, eles produziram 34 filmes de Alice, até que Virginia Davis, que desempenhou o papel principal, tornou-se muito cara para seu orçamento. Nenhuma das atrizes que a substituiu foi tão boa e, no início de 1927, a Disney abandonou a série e começou a produzir filmes com protagonistas animais.

A abordagem da Disney era uma novidade. Até então, os animais em filmes de animação não eram *humanos* o suficiente para permitir que o público se identificasse com eles. Ele queria que seus animais falassem e rissem, o que a princípio lhe rendeu o escárnio e a incompreensão dos outros.

O sucesso popular do coelho sorridente da Disney, Oswald, logo provou que eles estavam errados. "Graças a Oswald, Walt Disney parecia ter deixado seus problemas financeiros para trás pela primeira vez. Mas não pela última vez — seu novo sentimento de segurança financeira provaria ser uma ilusão"[74]. A Disney não havia levado

---

73. PLATTHAUS, Andreas. *Von Mann & Maus, Die Welt des Walt Disney*. Berlim, 2001, p. 31.
74. *Ibid.*, p. 38.

58 | Aprenda a acolher problemas

em consideração que a distribuidora retinha os direitos autorais dos filmes, o que permitia à empresa transferir sua produção para outro estúdio. Quando ele tentou aumentar seu modesto cachê de 2.250 dólares para 2.500 dólares por filme, a distribuidora disse a ele que só estava disposta a pagar 1.800 dólares a partir daquele momento. Eles também o informaram que alguns de seus funcionários mais próximos e talentosos haviam sido abordados, e estavam dispostos a levar a animação de Oswald para outro estúdio.

Em vez de ceder à pressão, Walt Disney começou a procurar um novo veículo para seus filmes e acabou decidindo pelo Mickey Mouse de Ub Iwerks, que viria a ser a sua criação. O primeiro filme estrelado por Mickey Mouse se chamava *Plane Crazy*. Outros se seguiram e, em 1932, a Disney foi premiada com um Oscar pela criação.

Nos anos seguintes, a Disney adicionou novos personagens, como Pateta em 1932 e Pato Donald em 1934. Ela também produziu o primeiro longa-metragem de animação, *Branca de Neve e os Sete Anões*, que lhe rendeu outro Oscar em 1937. No pós-guerra, ela produziu vários longas-metragens, como *A Ilha do Tesouro* e *20.000 Léguas Submarinas*. A empresa chegou perto da ruína financeira várias vezes, antes que o sucesso de bilheteria de *Cinderela* a salvasse, em 1950.

Em 1948, Disney teve a ideia de construir um parque temático do Mickey Mouse nos 45.000 metros quadrados em frente ao seu estúdio, para atrair visitantes. Mas ele logo percebeu que o pedaço de terra não era grande o suficiente e começou a procurar alternativas. Finalmente ele encontrou um terreno adequado em Anaheim, então uma cidade de 20.000 habitantes. Ele teve dificuldade em encontrar investidores para seu novo projeto, que chamou de Disneylândia, e foi forçado a fazer suas próprias economias. Seu irmão Roy, que achava que o estúdio não estava ganhando dinheiro suficiente para financiar suas ideias, aconselhou-o com urgência a não tentar colocá-las em prática.

Em vez de seguir o conselho de seu irmão, Disney continuou pensando em novas maneiras de financiar seu projeto favorito. Ele propôs um acordo aos donos do novo canal de televisão ABC: em troca do investimento na Disneylândia, ele daria a eles o direito de produzir um programa semanal usando seu material de arquivo.

Foi um plano engenhoso. Isso não apenas criou um mercado para os curtas-metragens da Disney, que quase nunca eram exibidos no cinema, como também lhe forneceu financiamento para o projeto da Disneylândia. A ABC concordou em comprar uma participação de 34,5% na Disneyland Inc. por 500.000 dólares e atuar como fiadora de empréstimos de até 4,5 milhões de dólares. Disney também convenceu outras empresas, como a Ford e a General Electric, a financiar suas próprias atrações na Disneylândia — o que, por sua vez, significava publicidade gratuita para elas. Mais do que apenas um talentoso inventor de personagens animais e enredos de filmes, Disney também foi muito criativo ao encontrar o dinheiro para financiar seu projeto.

A inauguração do parque temático foi um grande sucesso, atraindo mais de 28.000 visitantes — 17.000 a mais do que o esperado —, mas também foi um desastre no sentido de que nada parecia funcionar como deveria. A Disneylândia simplesmente não estava preparada para tantos visitantes. O terreno em que foi construído — uma área de 170.000 metros quadrados — logo se mostrou pequeno demais para acomodá-los. Hotéis e outros negócios começaram a surgir em ambos os lados do parque temático, "roubando os lucros da Disneylândia e tornando sem sentido os sonhos de seu criador de construir um reino coerente do fantástico"[75].

Mas, mais uma vez, a Disney se recusou a ceder. Pedaço por pedaço, ele comprou uma área fora de Orlando, Flórida, durante a década de 1960, que era 650 vezes maior que o parque temático de Anaheim. Walt Disney, que morreu em 1966, não viveu para ver a inauguração do gigantesco parque, em 1971. Mas sua ideia, pela qual foi ridicularizado e que custou muito esforço para financiar, provou ser um sucesso extraordinário. Hoje, existem 13 parques temáticos da Disney em quatro países diferentes e em três continentes diferentes.

Disney não foi o único empresário de sucesso a se deparar com enormes dificuldades que mais tarde se revelariam marcos em seu caminho para o sucesso. Hoje, em 2018, a Starbucks é uma marca global com mais de 27.000 filiais em todo o mundo e, em 2017, registrou um

---

75. *Ibid.*, p. 193.

60 | **Aprenda a acolher problemas**

lucro líquido de 2,9 bilhões de dólares. Mas, mais uma vez, os enormes sucessos da cadeia de café cresceram de um começo humilde. Howard Schultz cresceu nos projetos do Brooklyn, filho de um trabalhador pouco qualificado. Quando jovem, ele tinha vergonha de morar em um bairro que tinha uma reputação especialmente ruim. Buscando uma garota de outra parte de Nova York para irem a um encontro, uma vez, ele teve uma breve conversa com o pai dela, que estava visivelmente descontente com as respostas de Schultz às suas perguntas:

— Onde você mora?

— Moramos no Brooklyn.

— Onde?

— Canarsia.

— Onde?

— Bayview Projects.

— Oh.

"Havia um julgamento implícito na reação do homem mais velho", lembrou Schultz, mais tarde, "e me irritou ver isso"[76].

Apesar de sua origem humilde, Schultz era extraordinariamente ambicioso. O primeiro de sua família a ir para a faculdade, ele começou a trabalhar como treinador de vendas para a Xerox após a formatura, e mais tarde para a Hammarplast, a filial americana da corporação sueca Pestorp, que fabricava eletrodomésticos. Trabalhando como vendedor, ele notou que um pequeno varejista em Seattle encomendava grandes quantidades de um tipo específico de cafeteira, que consistia simplesmente em "um cone de plástico colocado em uma garrafa térmica". Schultz ficou curioso e decidiu investigar: "Vou visitar essa empresa. Quero saber o que está acontecendo lá fora"[77].

Ao pisar na loja original da Starbucks, ele sentiu como se estivesse entrando em "um templo para a adoração do café", diz ele em sua autobiografia[78]. Havia um balcão de madeira gasto, atrás do qual grãos de café de todo o mundo eram guardados em lixeiras: Sumatra,

---

76. SCHULTZ, Howard; YANG, Dori Jones. *Pour Your Heart Into It:* How Starbucks Built a Company One Cup at a Time. Nova York, 2007, p. 15.

77. *Ibid.*, p. 25.

78. *Ibid.*, p. 26.

Quênia, Etiópia, Costa Rica — numa época em que a maioria dos americanos ainda pensava que o café era feito de grânulos e não de grãos. O café nessa loja tinha um sabor diferente de tudo a que os americanos estavam acostumados na época. Schultz foi fisgado.

Na época, havia apenas cinco lojas Starbucks. Mas Schultz viu um potencial de crescimento que os proprietários originais falharam em reconhecer. Ele queria largar o emprego, mudar-se para Seattle e trabalhar para a Starbucks. "Aceitar um emprego na Starbucks significaria desistir daquele emprego de 75.000 dólares por ano, do prestígio, do carro e da cooperativa, e para quê? Cruzar 3.000 milhas pelo país para ingressar em uma empresa minúscula, com cinco cafeterias, não fazia sentido para muitos de meus amigos e familiares. Minha mãe estava especialmente preocupada"[79].

Durante um ano inteiro ele tentou, em vão, que a Starbucks o contratasse. Após a entrevista com o fundador e diretor da empresa, ele teve um bom pressentimento. Mas então ele recebeu uma ligação que o abalou. "Sinto muito, Howard, tenho más notícias". Depois de um longo debate, os três donos da Starbucks decidiram não contratá-lo. Ele mal podia acreditar no que estava ouvindo: "Seus planos parecem ótimos, mas essa não é a visão que temos para a Starbucks"[80].

Schultz recusou-se a aceitar um *não* como resposta. "Ainda acreditava tanto no futuro da Starbucks que não conseguia aceitar um *não* como resposta final". Finalmente, ele conseguiu convencer os proprietários a contratá-lo. Mais tarde, ele costumava se perguntar: "O que teria acontecido se eu tivesse aceitado sua decisão? A maioria das pessoas, quando rejeitadas para um emprego, simplesmente vai embora". Não seria a última vez que suas inovações seriam rejeitadas. "Tantas vezes me disseram que 'isso não pode ser feito'. Repetidamente, tive que usar toda a perseverança e persuasão que posso reunir para fazer as coisas acontecerem"[81].

---

79. *Ibid.*, p. 39.
80. *Ibid.*, p. 42.
81. *Ibid.*, p. 44.

62 | **Aprenda a acolher problemas**

Na época, a Starbucks era bem diferente do que é hoje. As lojas só vendiam grãos, ao invés de servir o café. Durante uma viagem à Itália, Schultz apreciou a atmosfera das esplanadas locais. Observando sua xícara de café sendo preparada, ele de repente teve uma revelação. "A Starbucks não entendeu o ponto: errou completamente". Servir café no estilo italiano era o caminho a seguir! O que parece tão óbvio hoje, foi uma ideia revolucionária na época. "Foi como uma epifania. Foi tão imediato e tão óbvio que eu estava tremendo"[82].

De volta a Seattle, ele contou sua visão aos proprietários da Starbucks, mas eles foram veementemente contra. A Starbucks era uma loja, diziam eles, não um restaurante ou um bar. Servir café significaria entrar em outro setor. E, afinal, a Starbucks vinha obtendo lucros todos os anos. Por que correr esse tipo de risco?

Levou um ano para convencer seus empregadores a testar sua ideia em pequena escala. Eles finalmente cederam, permitindo que ele administrasse um pequeno bar de café expresso na sexta Starbucks, inaugurada no centro de Seattle em abril de 1984.

O sucesso de sua tentativa apenas o deixou mais determinado a experimentar o modelo em uma escala maior. Todos os dias ele implorava a Jerry Baldwin, um dos proprietários, para lhe dar uma chance. Mas Baldwin se recusou a ceder. "A Starbucks não precisa ficar maior do que já é. Se você receber muitos clientes entrando e saindo, não poderá conhecê-los como sempre fizemos". Sua recusa foi definitiva. "Sinto muito, Howard. Nós não vamos fazer isso. Você terá que viver com isso"[83].

Sentindo-se abatido e deprimido, Schultz finalmente tomou a decisão de desistir e abrir sua própria cafeteria, que planejava chamar de *Il Giornale*. Mas ele precisava de um capital que não tinha. Ele tinha grandes planos e, para realizá-los, precisava de 1,65 milhão de dólares. Dos 242 investidores que ele abordou, 217 recusaram. Eles disseram a ele que o que estava planejando era inviável[84].

---

82. *Ibid.*, p. 52.
83. *Ibid.*, p. 62.
84. *Ibid.*, p. 73.

— *Il Giornale*? É difícil de pronunciar.

— Como você pôde deixar a Starbucks? Que jogada estúpida.

— Por que diabos você acha que isso vai funcionar? Os americanos nunca vão gastar um dólar e meio em café!

— Você está fora de si. Isso é uma loucura. Você deveria simplesmente arrumar um emprego.

O mais difícil de tudo era manter o ânimo diante de tanta oposição. "Você não pode ficar abatido quando se encontra com um proprietário para iniciar negociações sobre o aluguel de um local. Mas se você teve três ou quatro reuniões infrutíferas naquela semana, como você se anima? Você realmente tem que ser um camaleão. Aqui você está na frente de outra pessoa. Você está deprimido pra caramba, mas precisa parecer tão jovial e confiante quanto na primeira reunião"[85].

Mas ele manteve seu curso e finalmente conseguiu alguns investidores para seu projeto. A virada veio em março de 1987. Jerry Baldwin e Gordon Bowker, os proprietários da Starbucks, decidiram vender as filiais de Seattle, a torrefação e o nome Starbucks. Ao todo, eles queriam 4 milhões de dólares. Levantar tanto dinheiro depois de ter acabado de juntar o capital para o *Il Giornale* parecia impossível, a princípio.

Então, um dos investidores de Schultz anunciou que ele próprio planejava comprar a Starbucks. A notícia foi como um tapa na cara de Schultz. Seu rival era um líder empresarial local, que provavelmente já havia conseguido o apoio da comunidade empresarial de Seattle. Em uma reunião, ele foi informado: "Se você não aceitar este acordo, nunca trabalhará nesta cidade. Você nunca vai levantar outro dólar. Você vai virar carne de cachorro"[86].

Ao sair da reunião, perdeu totalmente o controle e começou a chorar, ali mesmo no saguão. Ele conseguiu o dinheiro, no final. Recusando-se a ceder a pressões ou chantagens, ele persistiu. Em sua autobiografia, ele reflete: "Muitos de nós enfrentamos momentos críticos como esse em nossas vidas, quando nossos sonhos parecem prestes a se despedaçar. Você nunca pode se preparar para tais eventos, mas como

---

85. *Ibid.*, p. 73 e 74.
86. *Ibid.*, p. 93.

64 | **Aprenda a acolher problemas**

você reage a eles é crucial [...]. É durante esses momentos vulneráveis, quando as bolas curvas inesperadas atingem você na cabeça, com força, que uma oportunidade pode ser perdida"[87].

Em circunstâncias como essas, nossa determinação é posta à prova. Não existe empresário de sucesso, atleta de ponta, ninguém que tenha sucesso em outras áreas, que não tenha tido a necessidade de se provar por meio dessas situações. Se Schultz tivesse desistido, não poderíamos desfrutar do café Starbucks nas filiais da Starbucks em todo o mundo. E o próprio Schultz teria permanecido como funcionário de uma pequena empresa, em vez de se tornar um dos empresários mais bem-sucedidos e ricos dos Estados Unidos.

Ao longo da minha vida, fui confrontado com várias situações difíceis. Essas experiências me ensinaram como é importante perguntar a mim mesmo, especialmente em uma crise, para que serve o problema. Em minha autobiografia, *Wenn du nicht mehr brennst, starte neu* [*Quando não estiver mais pegando fogo, comece de novo*, em tradução livre], conto a história de uma dessas situações: em 2015, apenas três dias antes da véspera de Natal, o funcionário mais próximo da minha então empresa Dr.ZitelmannPB.GmbH me ligou. Eu estava prestes a passar pelo despacho de bagagem no aeroporto de Frankfurt, como vinha fazendo quase todas as semanas nos últimos 15 anos. Sempre que estava em viagem de negócios, era totalmente normal para mim falar com meu colega mais próximo, Holger Friedrichs, chefe do departamento de relações públicas da minha empresa, cerca de dez vezes por dia. Eu tinha acabado de contar a ele uma boa notícia, sobre um cliente que havia prorrogado seu contrato por mais dois anos. Mas Friedrichs ignorou minhas notícias, respondendo em vez disso: "Eu também tenho algumas notícias, mas são ruins. Estou saindo da empresa. Vou embora no final de janeiro".

O que ele disse me chocou profundamente. Minha parceria profissional com Holger Friedrichs durou 15 anos. E agora isso, totalmente do nada. Apenas três dias antes do Natal. Minha empresa

---

87. SCHULTZ, Howard; YANG, Dori Jones. *Pour Your Heart Into It:* How Starbucks Built a Company One Cup at a Time. Nova York, 2007, p. 93-94.

havia perdido alguns bons funcionários naquele ano e a culpa foi principalmente minha. Eu havia cometido vários erros. Eu parei de me importar o suficiente com a empresa, havia perdido a centelha necessária. Meu entusiasmo havia diminuído e eu havia encontrado mais satisfação trabalhando em minha segunda tese de doutorado. De qualquer forma, sei que sempre fui um chefe difícil, do tipo que muitos funcionários não aguentam. Mas, ao longo dos anos, houve um funcionário que sempre se manteve leal a mim, e trabalhou para a empresa dia e noite como se fosse sua.

E, agora, ele estava indo embora. O funcionário de quem quase tudo dependia! Ele podia fazer coisas que eu simplesmente nunca faria. Ele era um gênio de relações públicas, com uma habilidade natural soberana para o trabalho de imprensa. Eu o contratei em 1º de outubro de 2001, apenas um ano depois de fundar minha empresa. Como bom vendedor, consegui conquistar sete clientes antes de lançar a empresa. Cada um deles assinou contratos no valor de 120.000 marcos alemães por ano. Mas, depois de um ano, percebi que meus clientes exigiam mais experiência em relações públicas do que eu mesmo. Sim, fui um jornalista bem-sucedido e conhecido por vários anos. Mas, como a maioria dos jornalistas, eu não entendia muito sobre relações públicas.

Naquela época, uma jovem se candidatou a um emprego conosco, mas finalmente se decidiu por outra vaga: "Se você me trouxer alguém que entenda de RP", prometi a ela, "eu lhe darei uma comissão de 1.000 marcos alemães como recompensa". Ela trouxe Holger Friedrichs. Eu soube imediatamente: ele era exatamente o homem certo para o trabalho. Gostei da combinação de disciplinas que ele estudou — filosofia e química — e ele tinha vários anos de experiência em RP.

Friedrichs é um cara quieto. Bem o oposto de mim. Ele fala cerca de 10% do que eu falo. Ele ri pouco — e principalmente só depois que você diz que acabou de contar uma piada. Mas ele é o tipo de pessoa em quem você pode confiar integralmente. Essa é uma qualidade que compartilhamos, mas não é a única. Somos ambos diligentes e temos uma boa dose de autoconfiança. Agora, aqui estava eu, em frente à esteira de bagagens no aeroporto de Frankfurt, e ele soltou a bomba de que partiria em algumas semanas. "O que você quer fazer?", perguntei, mas ele não quis me dizer nada sobre seus planos.

Teria sido roubado por um cliente? Ele estava pensando em lançar sua própria empresa de relações públicas e talvez levar alguns clientes e funcionários com ele? Vários clientes até tinham cláusulas de rescisão em seus contratos que lhes permitiam rescindir imediatamente se Friedrichs deixasse a empresa. Meu primeiro pensamento foi que ele devia querer abrir um negócio próprio. Isso passou pela minha cabeça algumas vezes ao longo dos anos, mas pensei que, como ele nunca havia feito isso antes, talvez não fosse algo que ele desejasse. Especialmente porque sempre nos entendemos tão bem — e ainda nos entendemos muito bem até hoje.

"Friedrichs, se você estiver saindo, por favor, não saia imediatamente. Não há como sobrevivermos. Você sabe em que situação difícil a empresa está. Se você sair agora, quebraria a empresa". Talvez isso tenha sido um pouco exagerado, mas a situação sem Friedrichs teria sido muito difícil de qualquer maneira. Apesar de minha súplica, ele não desistiu: "31 de janeiro. Nem um dia a mais. Então eu vou embora". Quando você se depara com uma situação como essa, existem diferentes maneiras de reagir, por exemplo: "Por que isso está acontecendo comigo? Que bagunça! Quão ingrato ele é?! Como ele pode me decepcionar assim de um dia para o outro?". Felizmente, não tenho o hábito de reagir assim. Especialmente quando as coisas são realmente sérias. Em vez disso, penso imediatamente: "Para que serve esse problema? Como posso aproveitar a oportunidade que esse problema apresenta?".

Dois minutos depois de Friedrichs me dizer que estava saindo, eu me ouvi dizer: "O que você pensaria se eu vendesse a empresa para você?" A ideia surgiu espontaneamente quando me forcei a pensar: "Como posso transformar esse problema em uma oportunidade?". Sim, não foi uma grande oportunidade para mim? Uma empresa dessas, que leva o nome do dono e que todos acreditam não valer muito sem o fundador, é difícil de vender. Você só pode vendê-lo para outra empresa, mas essa empresa geralmente quer que você fique a bordo por mais alguns anos. Como funcionário! Para mim seria como me divorciar e o juiz dizer: "Mas a condição é que você viva junto com essa mulher por mais quatro anos". Muitos chefes de empresas fazem algo assim. Para mim, isso nunca seria uma opção.

E agora meu funcionário mais próximo estava se demitindo. Essa poderia ser uma oportunidade. Dois dias após o telefonema, reunimos um auditor e dois fiscais, seguido de conversas com os bancos. Discutimos como estruturar e financiar a venda. Cinco semanas depois, assinamos e autenticamos o contrato de compra e venda de 100% das ações da empresa, juntamente com um contrato de consultoria e cooperação pelos próximos três anos.

Vendi a empresa por um preço razoável, mas não para tirar o máximo proveito dela. Ganhei muito com a empresa nos últimos 15 anos — o retorno médio sobre as vendas foi de incríveis 48%. Investi os lucros no mercado imobiliário de Berlim e ganhei muitos milhões. Agora não se tratava de um milhão a mais ou a menos, mas de sair do negócio de forma limpa, para dar uma perspectiva aos funcionários e não decepcionar os clientes. Para dar uma chance ao meu funcionário mais próximo, a quem muito devo. Dar futuro à empresa que fundei e pela qual dei tudo durante 15 anos. E para me tornar completamente livre. Se eu não tivesse conseguido vender a empresa, teria de liquidá-la, na pior das hipóteses. Todos os funcionários teriam ficado sem emprego.

Ao vender a empresa me senti livre. Eu não precisaria mais correr de compromisso em compromisso. Por 15 anos, todos os dias foram planejados, principalmente com dois ou três meses de antecedência. Para se despedir, os funcionários me deram um pequeno livro e nele calcularam que eu havia voado 468.845,44 milhas e percorrido 129.142,94 quilômetros de trem. Conquistei e atendi 136 clientes — 22 em Hamburgo, 13 em Frankfurt, 23 em Munique, cinco em Stuttgart, sete em Düsseldorf, quatro em Colônia, três em Bonn, etc., coisas que já havia feito na minha vida — como historiador, como editor e como jornalista. Mas eu nunca quis fazer apenas uma coisa em toda a minha vida. Hoje tenho tempo para pesquisar, escrever livros e fazer palestras. A empresa que meu funcionário comprou (que agora se chama PB3C) continua indo bem e eu os assessoro há três anos. A venda foi uma vitória mútua.

68 | Aprenda a acolher problemas

Da próxima vez que você estiver enfrentando um grande problema, procure a oportunidade dentro do problema. Você deve aprender a aceitar que quanto mais bem-sucedido você for, maiores serão os problemas. Enquanto tudo correr bem e sem problemas, é pouco provável darmos grandes passos adiante. Somente em uma crise somos forçados a experimentar coisas novas e apresentar ideias inovadoras. Você somente será capaz de alcançar objetivos maiores se sua autoconfiança crescer. Uma forte autoconfiança é um requisito indispensável para desenvolver a coragem de acreditar em si mesmo e estabelecer metas maiores. E sua autoconfiança é fortalecida ao dominar problemas.

Imagine sua autoconfiança como um músculo, que precisa de treinamento para se desenvolver. A maneira adequada de fazer isso é aumentando constantemente o peso necessário para levantar, e sua autoconfiança só aumentará ao resolver problemas cada vez maiores. Você pode ter certeza de que nem Ingvar Feodor Kamprad, nem Warren Buffett, nem Walt Disney nasceram com o tipo de autoconfiança que se tornaria sua marca registrada. Eles tiveram que desenvolvê-la enfrentando uma crise após a outra, enfrentando as dificuldades e novos desafios.

Capítulo 4

Focando

No início de julho de 1991, Bill Gates (pai) recebeu alguns convidados para o jantar. Entre eles estavam seu filho, o fundador da Microsoft, e Warren Buffett: dois dos homens mais bem-sucedidos do mundo que, por muitos anos, se revezaram no topo da lista de bilionários da *Forbes*. O anfitrião perguntou aos convidados do jantar: "Que fator as pessoas consideram mais importante para chegar aonde chegaram na vida?". Buffett disse imediatamente: "Foco". Bill Gates Jr. concordou com ele[88].

Gates era obcecado por computadores desde os 13 anos: "Quero dizer, então eu me tornei obstinado. Era dia e noite"[89]. Seus pais estavam preocupados com ele: "Embora ele estivesse apenas na nona série, ele já parecia obcecado com o computador, ignorando tudo, ficando fora a noite toda"[90]. No final, eles não permitiram que ele tocasse em um computador por nove meses.

"Bill tinha uma qualidade monomaníaca", lembra seu colega de quarto na faculdade. "Ele se concentrava em algo e realmente se dedicava a isso. Ele tinha a determinação de dominar o que quer que estivesse fazendo"[91].

Uma ex-namorada acrescenta que ele sempre foi extremamente focado e intolerante com distrações. Ele não tinha televisão e até desmontou o rádio do carro. Ela elabora: "No final, foi difícil manter um relacionamento com alguém que se gabava de um repouso de

---

88. SCHROEDER, Alice. *The Snowball*. Warren Buffett and the Business of Life. Londres, 2008, p. 623.

89. WALLACE, James; ERICKSON, Jim. *Hard Drive*. Bill Gates and the Making of the Microsoft Empire. Chichester, 1992, p. 30.

90. *Ibid.*, p. 34.

91. *Ibid.*, p. 61.

sete horas — o que significa que desde o momento em que ele deixou a Microsoft até o momento em que voltou pela manhã passaram-se apenas sete horas"[92].

Warren Buffett também se concentrou em um único objetivo por décadas. Mesmo quando criança, seu sonho era ficar rico e ele havia devorado um livro sobre *Mil Maneiras de Ganhar 1.000 dólares*. "A oportunidade chama", diz ao leitor a primeira página da leitura favorita de Buffett. "Nunca na história dos Estados Unidos o tempo foi tão favorável para um homem com pouco capital abrir seu próprio negócio como hoje"[93].

Quando tinha 11 anos, Buffett anunciou que seria milionário aos 35. Aos 16, ele já havia economizado 5.000 dólares em vários empreendimentos. Em moeda de hoje, esse dinheiro valeria cerca de 60.000 dólares, nada mal para um jovem de 16 anos. Sua previsão falhou apenas cinco anos: ele já havia ganhado seu primeiro milhão quando tinha 30 anos. É claro, um milhão de dólares valia muito mais do que agora.

No livro *Pense e Enriqueça*, Napoleon Hill diz: "Todo ser humano que entende o propósito do dinheiro o deseja. Desejar não trará riquezas. Mas desejar riquezas com um estado de espírito que se torna uma obsessão, então planejar formas e meios definidos para adquirir riquezas, e apoiar esses planos com persistência que não reconhece o fracasso, trará riquezas"[94].

Isso não significa recorrer a práticas desleais, muito menos ilegais, para atingir seu objetivo. Qualquer suposto sucesso que você possa alcançar fazendo mal a outras pessoas ou infringindo a lei será apenas de natureza temporária e transitória. Em longo prazo, você não terá sucesso nem será feliz.

O que é fundamental para alcançar o sucesso a longo prazo é o foco em uma meta. Muitas pessoas perdem a noção ao longo do caminho, seus currículos as denunciam. Elas tentam primeiro uma

---

92. *Ibid.*, p. 273.

93. SCHROEDER, Alice. *The Snowball.* Warren Buffett and the Business of Life. Londres, 2008, p. 64.

94. HILL, Napoleon. *Think and Grow Rich.* (Revised and Expanded by Arthur R. Pell). Londres, 2003, p. 22.

coisa, depois outra, sem nunca terminar nada, e tendem a desanimar assim que surgem problemas.

Você deve se concentrar exclusivamente em um único objetivo por pelo menos uma década. Seja o que for que você queira fazer — ser um atleta, um músico, um cientista, um artista, um escritor ou um homem de negócios — o sucesso não chegará da noite para o dia, nem mesmo depois de algumas semanas ou meses.

Boris Becker, o tenista, também compartilhou essa capacidade de focar em um objetivo ao longo de sua carreira esportiva. Quando tinha três ou quatro anos, tirou uma das raquetes de tênis do pai do porta-malas do carro e começou a bater bolas na parede do clube de tênis ou nas persianas de casa. Seu pai sussurrava para sua mãe: "Ele não está bem da cabeça"[95].

Aos seis anos, ingressou no clube de tênis local em sua cidade natal, Leimen. Cinco anos depois, ele já estava selecionado para a seleção juvenil da Federação Alemã de Tênis. Segundo os oficiais, no entanto, ele nunca chegaria ao topo. "Os chamados relatórios do monitor não me consideravam", diz Becker. "Nunca me enquadrei, mas os relatórios negativos só serviram para me estimular. Eu queria provar que eles estavam errados"[96].

Aos 17 anos, ele conquistou uma vitória surpresa em Wimbledon, derrotando Kevin Curren em quatro *sets* na final. Ele foi o primeiro alemão e o jogador mais jovem a vencer a final masculina do torneio de tênis mais importante do mundo, e o mais jovem vencedor em qualquer *Grand Slam*.

Becker fala sobre a extrema concentração que foi um fator importante para o seu sucesso, nesta como em outras partidas. Nos vestiários antes de sua primeira final em Wimbledon, ele cumprimentou seu oponente com um curto "Oi", nem uma única palavra a mais. Ele nunca falou com seus oponentes antes de uma partida, exceto uma vez

---

95. BECKER, Boris. *The Player.* The Autobiography. Londres, 2004, p. 27.
96. *Ibid.*, p. 125.

com seu compatriota Michael Stich. "Sabemos o resultado. Eu estava falando, e ele ganhou"[97].

Sentado no vestiário, Becker se sente como se estivesse em um túnel. Sua visão encolhe para algo que ele mesmo chama de visão de túnel: "Mas eu estou usando antolhos e sentado lá, como um zumbi. Essa é a minha maneira de lidar com a pressão, de me concentrar. Nada mais me interessa. Tenho que entrar nesse transe, nesse isolamento total"[98].

Então ele vai para a quadra — autoconfiante e destemido — com a cabeça erguida, o peito para fora. Antes de uma partida, diz Becker, ele se sentia extremamente nervoso, até assustado. Mas seu medo sempre desaparecia assim que ele colocava os pés na quadra. "Não sinto medo. Sinto-me como um cavalo de corrida na largada. Minha mente está tão ocupada com a partida que ainda nem começou que não olho para trás ou para a frente"[99].

No terceiro *set* da (agora lendária) final de Wimbledon de 1985, o árbitro anunciou: "*Championship Point*[100], Becker". Os 13.118 espectadores gritaram como um só. "Não consigo mais ouvir nada. Pelo menos ouço sons, mas não palavras, nem mesmo aquelas vozes gritando meu nome lá de cima"[101]. Becker venceu a luta. Ele conquistou 49 títulos ao todo, entre eles seis *Grand Slam*, três em Wimbledon, além de 15 títulos de duplas.

Becker descreve o estado mental e emocional que o ajudou a vencer tantas partidas: "Eu não reflito mais. Eu simplesmente me deixei levar, até o mergulho para a rede no final. Eu não ouço o árbitro. Eu nem olho para o placar, eu mesmo conto o placar. Quando chego ao clímax desse estado de transe, a dimensão, a única coisa que percebo são os espectadores"[102]. Se eles eram a favor ou contra ele, não importava.

---

97. *Ibid.*, p. 6.

98. *Ibid.*

99. *Ibid.*, p. 8.

100. O *championship point* é o ponto decisivo para o vencedor de uma partida no campeonato de tênis. (N. T.)

101. BECKER, Boris. *The Player.* The Autobiography. Londres, 2004, p. 9.

102. *Ibid.*, p. 13-14.

"Em todas as partidas, cheguei a um ponto em que fiquei de frente para a parede e consegui pular — a concentração e a força de vontade tornaram isso possível"[103].

Becker chegou assim tão longe ao se concentrar exclusivamente em um único objetivo por quase três décadas, entre os quatro e os 32 anos. Na juventude, ele costumava jogar futebol e tênis e, em retrospecto, acredita que foi igualmente talentoso em ambos. Mas, muito cedo, ele começou a se concentrar na parte mais importante de sua vida: jogar tênis. Infelizmente, Becker não conseguiu transferir as atitudes que o tornaram tão bem-sucedido no esporte para outras áreas da vida. Ao final da carreira esportiva, envolveu-se em diversos investimentos e empresas. Em última análise, estes não foram bem-sucedidos. Ao mesmo tempo, como muitos atletas de sucesso, ele se acostumou a um estilo de vida de alto custo. Suas despesas excederam em muito sua receita. Uma boa vida, um divórcio caro e uma série de maus investimentos finalmente o levaram a perder a fortuna de três dígitos de milhões que ganhou durante sua carreira no esporte.

O que o tênis era para Boris Becker, o futebol era para Oliver Kahn. Também ele tinha desde muito cedo traçado um objetivo definido: "Queria ser o melhor goleiro do mundo. Uma visão tremenda, muito distante da realidade da época, um super-hiper-objetivo. De alguma forma, não era nada nebuloso, mas muito concreto"[104].

Kahn ganhou o título de Melhor Goleiro do Mundo três vezes, em 1999, 2001 e 2002. Ele foi Melhor Goleiro Europeu quatro vezes e Jogador de Futebol Alemão do Ano duas vezes. Kahn descreve seu estado de transe durante uma partida. "Meu cérebro está se concentrando no nível mais alto. Concentrar-se com mais força seria inimaginável. Há um total esquecimento de qualquer influência perturbadora"[105]. Ele não notaria nem o público no estádio, nem nenhuma outra influência externa. "Quando estou em campo, algo

---

103. *Ibid.*, p. 238.
104. KAHN, Oliver. *Ich.* Erfolg kommt von innen. Munique, 2008, p. 55.
105. *Ibid.*, p. 43.

74 | Focando

faz *clique*! — e estou totalmente no momento, totalmente focado. Então cada jogo se torna uma espécie de final"[106].

A final da *Champions League* de 2001 foi um daqueles momentos em que Kahn conseguiu focar 100%: "Não percebi mais nada a não ser a bola e o jogador que a chutou. Parecia que eu estava dentro de uma sala vazia e silenciosa. O público de 80.000 pessoas no estádio poderia muito bem não estar lá"[107]. Como goleiro, ele desenvolveu uma forma de treinar sua capacidade de concentração. "Comecei a manter os olhos na bola durante o jogo, sem desviar o olhar nem por um segundo. A cada momento da partida, mesmo quando meu próprio time marcava um escanteio, quando a bola estava mais longe do meu gol do que em qualquer outro momento, eu não permitia que meus olhos se desviassem dela nem por um segundo. Meus olhos, meu foco, minha concentração permaneceram treinados naquele pequeno ponto branco"[108]. Na disputa de pênaltis, ele focava tanto que não havia mais nada: "Se o mundo acabasse naquele momento, eu nem ia notar"[109].

Mesmo na véspera de um jogo importante, Kahn já estava totalmente focado. "Durante essas fases, eu estava alheio a quase tudo o mais, me retraí em meu túnel, e nada existia para mim além de meu foco total no caminho para o sucesso"[110]. Ele tentou controlar cada detalhe, não deixando nada ao acaso e garantindo que nada se interpusesse entre ele e sua campanha. "Eu até ficava nervoso se percebesse, ou apenas tivesse a impressão de que meus companheiros de equipe estavam preocupados com trivialidades que, a meu ver, não conduziam ao seu foco"[111].

Para homens de sucesso como Oliver Kahn ou Bill Gates, o termo *foco* tem um duplo significado. Por um lado, significa a capacidade de se concentrar em um único objetivo por várias décadas; por outro,

---

106. *Ibid.*, p. 101.
107. *Ibid.*, p. 160.
108. *Ibid.*, p. 166-167.
109. *Ibid.*, p. 169.
110. *Ibid.*, p. 319.
111. *Ibid.*, p. 256.

significa se concentrar em algo tão intensamente que todo o resto deixa de existir.

Quero contar a história de outro homem que passou as últimas três décadas focado em uma coisa, e apenas uma coisa, e cuja capacidade de foco lhe trouxe enorme sucesso — para seus clientes, mas também para sua empresa e para si mesmo. Seu nome é Christoph Kahl, fundador da empresa germano-americana Jamestown.

Jamestown levanta capital de investidores alemães para comprar imóveis nos Estados Unidos. Ao emitir ações em fundos de investimento fechados, Jamestown conseguiu comprar imóveis nos Estados Unidos no valor de mais de 11 bilhões de dólares, desde 1984. A maioria de seus fundos de propriedades comerciais já foi liquidada. O pior desempenho deles pagou 8,5% ao ano em média, e o melhor desempenho pagou quase 35%. Em média, os investidores ganharam mais de 19% ao ano. Nenhum iniciador de fundos imobiliários fechados na Alemanha jamais foi capaz de garantir lucros igualmente sensacionais para os investidores.

Qual é o segredo do sucesso dele? Conheço Christoph Kahl há mais de 20 anos e tive o privilégio de servir como seu conselheiro em 15 deles. Como resultado, acho que sei uma ou duas coisas sobre o segredo por trás de seu sucesso. Seu primeiro segredo é o foco. Muitos outros gestores de fundos se espalharam um pouco na década de 1990, emitindo vários tipos diferentes de fundos — fundos de envio, fundos imobiliários, fundos de mídia e assim por diante. Mas Christoph Kahl escolheu outro caminho. Com foco exclusivo em imóveis comerciais nos Estados Unidos por muitas décadas, ele adquiriu conhecimento especializado no assunto, o que, por sua vez, permitiu que ele se posicionasse de forma distinta de muitos de seus concorrentes. Afinal, as pessoas confiam em um especialista para saber mais sobre um determinado campo do que quase qualquer outra pessoa.

Existem outros fatores que contribuem para o sucesso de Kahl. Além de seu foco claro, seu sucesso é baseado na transparência, na tomada controlada de riscos e na cautela, mesmo diante do sucesso. Este último ponto — a capacidade de permanecer cauteloso apesar de seu sucesso — é de particular importância para ele. Quando o entrevistei para este livro, ele disse: "Você está escrevendo um livro

76 | Focando

sobre aqueles que tiveram sucesso. Você também pode escrever um sobre aqueles que tiveram sucesso inicialmente, apenas para falhar mais tarde. E você provavelmente descobriria que o excesso de confiança desempenhou um papel importante no fracasso deles".

Com o sucesso vem a autoconfiança. E isso é uma coisa boa. A autoconfiança nos torna fortes e corajosos o suficiente para assumir projetos maiores, como fez Christoph Kahl. Em 1984, ele comprou escritórios e armazéns em Nashville, Tennessee, por 3,5 milhões de dólares. Na época, 82 investidores compraram cotas de seu fundo. Nos anos seguintes, ele continuou comprando imóveis nos Estados Unidos abaixo da marca de dez milhões de dólares. Em 1999, arriscou seu maior empreendimento até hoje, comprando uma torre de escritórios em Manhattan que faz parte do complexo Rockefeller Center. O fundo valia 650 milhões, 185 vezes o valor de seu primeiro fundo.

Para financiar o projeto, ele teve que colocar 300 milhões de dólares em *equity*[112], para a maioria dos quais ele teve que adiantar ou garantir empréstimos. "Se eu não tivesse conseguido levantar esses 300 milhões com investidores, não teria conseguido sobreviver financeiramente", admite Kahl.

A coisa toda se mostrou ainda mais complicada do que ele havia previsto. Em 1999 e 2000, quando ele tentava vender as ações, os investidores simplesmente não estavam interessados em imóveis *chatos*. A Alemanha estava no meio de uma bonança no mercado de ações. Nesses dois anos, os investidores alemães gastaram 100 bilhões de dólares em ações (acima dos 1,34 bilhões de dólares em 1996). Como diria qualquer programa de televisão ou artigo de jornal, o mercado de ações era a forma de investimento mais progressiva e sofisticada. Em 1999, os investidores no mercado de ações alemão obtiveram lucros de 39%. Um fundo imobiliário americano que pagou 7% parecia enfadonho e pouco atraente em comparação — para não mencionar a alta do dólar, que tornou o mercado americano uma proposta ainda menos vencedora.

---

112. Patrimônio líquido, nos termos do mercado financeiro. (N. T.)

Vender seu fundo provou ser uma tarefa árdua e difícil, e Kahl arriscou 300 milhões de dólares. "Se uma ideia não funciona, é preciso exercitar a imaginação. É aí que chega a hora de inovar o produto", diz Kahl. Ele resolveu seu problema inventando o chamado modelo de reinvestimento, que provou ser tão bem-sucedido que ele o usou repetidas vezes, mesmo quando os fundos se tornaram mais fáceis de vender. Ele finalmente conseguiu lançar seu fundo, que rendeu aos investidores mais de 34% ao ano até ser dissolvido, em 2006.

Nos anos seguintes, quando os investidores ficaram mais sóbrios e começaram a redescobrir os méritos do mercado imobiliário, para favorecer o setor imobiliário como solução rápida do mercado de ações, Kahl conseguiu vender fundos ainda maiores. Em 2005, ele comprou cerca de 50% do prédio da General Motors em Manhattan, que na época valia 1,7 bilhão de dólares.

Um sucesso após o outro pode facilmente levar ao excesso de confiança, o que, segundo Kahl, é um dos maiores perigos para as pessoas de sucesso. Existe uma linha tênue entre a autoestima saudável e o perigoso excesso — tão tênue quanto a linha entre o desejo de independência financeira e a ganância sem fim. Ouvir as opiniões críticas dos outros e levá-las a sério é útil. Depois de um começo bem-sucedido, muitas pessoas tendem a se cercar de bajuladores. Já participei de muitas reuniões administrativas de Jamestown e sei que esta é uma empresa cujos gerentes são encorajados a criticar ou discordar de seu chefe. "Na minha empresa", diz Kahl, "as pessoas que vão longe são aquelas que defendem suas opiniões e estão dispostas a me contradizer".

Uma empresa que recompensa o pensamento independente promoverá uma cultura corporativa que ajuda o empreendedor de sucesso a permanecer fundamentado na realidade, em vez de superestimar suas próprias habilidades. Mais importante, diz Kahl, as pessoas bem-sucedidas precisam reconhecer o perigo do excesso de confiança, que é um dos maiores riscos que enfrentam.

A transparência é outro segredo do sucesso de Kahl. Ele teve problemas logo depois de comprar uma torre de escritórios em Boston por 416 milhões de dólares, em 2001. Dois dias antes dos ataques de 11 de setembro, eu estava na cidade com ele e, na noite de 11 de

78 | Focando

setembro, nos encontramos em Berlim. Na época, todos nós ficamos tão abalados com os ataques que mal consideramos as repercussões econômicas. Essas foram enormes, e certamente afetaram a indústria de serviços financeiros nos Estados Unidos. A demanda por escritórios no distrito financeiro de Boston caiu, drasticamente.

Logo ficou claro que Jamestown só seria capaz de pagar dividendos de 6,5%, 1,5 a menos do que os 8% que a empresa havia previsto para os investidores. Para outros gestores de fundos, essa pequena discrepância pode não valer a pena mencionar, mas foi a primeira vez na história da Jamestown que um de seus fundos não teve um desempenho tão bom quanto os investidores esperavam. Sem hesitar, Kahl aproveitou a primeira oportunidade para aconselhar abertamente os investidores sobre os problemas que esperava. Ao demonstrar sua disposição em comunicar más notícias, ele conquistou a confiança de investidores e parceiros de vendas.

A história acabou tendo um final feliz: no auge do *boom* imobiliário em 2006, Kahl conseguiu vender o prédio comercial por 100 milhões de dólares a mais do que havia pagado por ele.

Outro fundo também foi motivo de preocupação. No intervalo de alguns meses, em 2006, Kahl levantou 648 milhões de dólares para seu fundo Co-Invest 4. Foi o maior fundo imobiliário fechado já lançado na Alemanha. Mas por causa da crise financeira, o valor dos imóveis nos Estados Unidos caiu drasticamente. Kahl logo percebeu que pela primeira — e até agora única — vez na história da empresa, os investidores provavelmente perderiam parte de seu dinheiro. Mais uma vez, ele os informou muito cedo e abertamente. Embora não estivessem satisfeitos com a notícia, os investidores apreciaram sua honestidade. Graças aos intensos esforços de Kahl, o fundo conseguiu pagar as participações iniciais dos investidores em 2016.

A confiança é construída quando as coisas não estão indo tão bem quanto o esperado, informando as pessoas envolvidas o mais rápido possível e sem encobrir as más notícias. Muitos provedores de instrumentos financeiros se escondem quando há problemas ou tentam encobri-los. Em longo prazo, esse tipo de comportamento fará com que percam a confiança dos investidores.

Kahl sempre foi particularmente inventivo em tempos de crise. Quando a mídia alemã estava cheia de reportagens sobre a crise imobiliária nos Estados Unidos depois de 2008, por vários anos as vendas de fundos imobiliários fechados caíram completamente na Alemanha. Com o mercado tão deprimido como estava, nenhum iniciador foi capaz de levantar fundos de capital para investimentos americanos de investidores privados. Em todo o mercado, os negócios pioravam a cada ano, e vários ex-líderes de mercado tiveram que interromper completamente os negócios.

Diante dessa situação, Kahl decidiu expandir para negócios institucionais. Ele continuou a seguir a mesma estratégia de investimento nos Estados Unidos, mas em vez de levantar capital de investidores privados na Alemanha, ele agora visava investidores institucionais, como fundos de pensão em todo o mundo — nos Estados Unidos, bem como na Austrália e na Europa.

No final de 2011, a empresa lançou o Jamestown Premier Property Fund, seu primeiro fundo para investidores institucionais. No final de 2018, Jamestown já havia conseguido levantar 4 bilhões de dólares em patrimônio, enquanto o desempenho de seu fundo excedia significativamente o *benchmark*.

Em 2010, alguns anos após a crise financeira, Kahl ganhou as manchetes ao fechar um negócio que seria a maior transação de ativos individuais do ano no mercado imobiliário de Nova York, e parte da maior liquidação de fundos de todos os tempos na indústria de fundos fechados da Alemanha. Jamestown vendeu o prédio na 111 Eighth Avenue, em Nova York, para o Google, por 1,8 bilhões de dólares. Em 2004, quando o fundo Jamestown foi lançado com um volume total de 1,03 bilhões, a propriedade estava avaliada em pouco menos de 800 milhões de dólares. O fundo também vendeu suas propriedades restantes com altos lucros, garantindo a seus investidores um retorno líquido, antes dos impostos, de mais de 18% ao ano.

Kahl fez outro acordo sensacional com o prédio de escritórios Chelsea Market em Nova York, do qual adquiriu 75% das ações em 2003 com base em uma avaliação de propriedade de 280 milhões de dólares. Como coproprietário de 25%, conseguiu forçar uma venda em 2011.

Kahl vendeu o prédio por 795 milhões de dólares de um dos fundos para investidores privados para outro fundo[113]. Esta venda, juntamente com outras distribuições do fundo, trouxe aos investidores privados um lucro anual, antes de impostos, de 28,6%. Isso foi sensacional, mas ainda mais sensacional foi o fato de que, em 2018, ele conseguiu vender a propriedade para o Google por 2,4 bilhões de dólares.

Investi em vários fundos mútuos da Jamestown, incluindo o fundo que comprou e vendeu a propriedade do Chelsea Market. Os retornos anuais para os investidores nesses fundos, após o abatimento dos impostos americanos, foram de 13,4%, 14,8%, 17,5%, 21,0% e 29,1%, respectivamente. Na verdade, meus retornos foram muito maiores do que os dos outros investidores, que investiram 100% no lançamento e cujos retornos anuais foram correspondentemente menores devido ao período de retenção mais longo. Adquiri os fundos no mercado secundário vários anos após sua emissão, o que significa que meus retornos anuais, embora eu tenha comprado alguns dos fundos acima do valor nominal, foram impulsionados pelo prazo mais curto até o vencimento. Os retornos que obtive com esses fundos foram de 23,8%, 25,4%, 25%, 29,4% e 44%, respectivamente.

Na época, escrevi para Kahl para dizer a ele que meu único arrependimento era não ter investido quantias maiores. Nos últimos anos, no entanto, investi valores de sete dígitos no fundo PPF da Jamestown, que vendeu o Chelsea Market para o Google, entre outros.

A base do sucesso de Kahl foi seu foco. Ele não apenas concentrou toda a sua atenção em um único projeto — imóveis nos EUA — por décadas, mas também examinou todos os detalhes legais, econômicos, técnicos e fiscais de cada um de seus investimentos. Quando perguntei a ele se seu perfeccionismo às vezes atrapalhava a realização das coisas, ele admitiu que talvez eu tivesse razão, mas acrescentou que preferia se concentrar em alguns projetos grandes que valessem o esforço e a atenção investidos neles.

---

113. O fundo mencionado, para o qual a venda foi feita, trata-se do *Premier Property Fund*, especialista no investimento em endereços icônicos como o One Times Square, além do próprio Chelsea Market. (N. T.)

Focar significa estabelecer objetivos na vida e persegui-los persistentemente por muitos anos. Muitas pessoas de sucesso dedicaram suas vidas inteiras à busca de um único objetivo. Outros, como Arnold Schwarzenegger, perseguiram e alcançaram uma sucessão de objetivos. De acordo com seu biógrafo Marc Hujer, Schwarzenegger nunca planejaria mais de um projeto por vez. "Na América, eles chamam alguém como ele de *homem de uma questão só*[114], alguém que se dedica completamente a uma coisa de cada vez e depois procura a próxima"[115].

Assim que Schwarzenegger atingia um de seus objetivos, ele começava a se concentrar no próximo. Mas foco também significa concentrar-se total e exclusivamente em determinada tarefa. Na musculação, significa estar em sintonia com os pesos e focar apenas em finalizar a série e melhorar seu desempenho.

Warren Buffett se concentra em tudo o que faz. Jogar bridge é um de seus poucos *hobbies*. Bill Gates já havia tentado convencê-lo a comprar um computador, prometendo que enviaria a garota mais bonita que trabalhasse na Microsoft para ensinar-lhe a usá-lo — Buffett recusou sua oferta porque não via sentido em possuir um computador.

Só quando sua namorada disse que ele poderia jogar seu jogo favorito *on-line* é que ele mudou de ideia, mas insistiu que só queria aprender sobre os recursos de que precisava para jogar bridge. Além disso, ele não estava interessado no computador ou em nenhuma de suas funções. Ele disse que poderia fazer sua declaração de imposto de renda de cabeça, sem precisar de um computador. Mas para jogar bridge sozinho, ele precisava de um.

Ele logo passou a gostar de seus jogos *on-line*, jogando com tanto foco e dedicação que nada poderia distraí-lo. Certa vez, um morcego voou para dentro de sua casa e começou a bater asas pelo cômodo. Sua namorada gritou "Warren, tem um morcego aqui!", mas ele estava tão concentrado em seu jogo que nem ergueu os olhos. Tudo o que ele dizia era "Isso não está me incomodando"[116].

---

114. Tradução livre de *one-issue man*. (N. T.)
115. HUJER, Marc. *Arnold Schwarzenegger*. Die Biographie. Munique, 2009, p. 125.
116. SCHROEDER, Alice. *The Snowball*. Warren Buffett and the Business of Life. Londres, 2008, p. 635.

Depois de algumas sessões de treinamento com a bicampeã mundial Sharon Osberg, Buffett entrou no campeonato mundial com ela — altamente incomum para alguém que nunca havia disputado um torneio de campeonato. Buffett sentou-se à mesa e pareceu ignorar completamente o ambiente, como se fosse a única pessoa na sala. Os outros jogadores eram muito mais experientes do que ele, "mas ele conseguia se concentrar com tanta calma, como se estivesse jogando em sua sala de estar [...]. De alguma forma, sua intensidade superou a fraqueza de seu jogo", diz sua biógrafa[117]. Era o mesmo tipo de intensidade que permite que atletas de karatê esquálidos quebrem uma pilha de tijolos, onde um robusto levantador de peso falharia. O foco — que os praticantes de artes marciais aperfeiçoam com a ajuda da meditação — pode compensar a falta de força muscular bruta.

Para surpresa de todos, Buffett se classificou para a final do campeonato mundial de bridge em seu primeiro torneio. Mas seu esforço sobre-humano cobrou seu preço. Depois de se concentrar tanto por um dia e meio, ele estava exausto demais para competir na final, e teve que desistir.

Buffett não faz nada pela metade, mesmo quando é *apenas* um hobby. O fundador da IKEA, Ingvar Kamprad, adotou uma linha ainda mais extrema: ele desaprovava que seus principais executivos tivessem qualquer *hobby*, para que não se distraíssem de seu objetivo real de desenvolver a empresa. Certa vez, ele disse em uma entrevista na televisão: "Espero que minha equipe entusiástica não tenha interesses ou *hobbies* maiores fora da empresa"[118].

Existem diferentes linhas de pensamento sobre isso. Por um lado, o foco é importante e gastar muito tempo com outras coisas pode não ser propício para atingir o objetivo escolhido. Por outro lado, cultivar alguns interesses ou hobbies externos ajudará você a recarregar as baterias e ganhar perspectiva, como Buffett jogando bridge.

Um conhecido psicólogo esportivo, que cuidou, entre outros, dos jogadores da seleção alemã de futebol, explicou a importância de criar

---

117. *Ibid.*, p. 636.
118. JUNGBLUTH, Rüdiger. *Die 11 Geheimnisse des Ikea-Erfolgs*. Frankfurt, 2008, p. 91.

um universo paralelo no qual os atletas de ponta mergulham para se desligar e lidar com a enorme pressão mental a que estão submetidos. Ele disse que acharam mais fácil se desligar ao concentrarem sua atenção em outra atividade.

Você está familiarizado com o chamado estado de fluxo, concentrando toda a sua atenção em uma única coisa, excluindo tudo ao seu redor? As pessoas bem-sucedidas têm o dom de se concentrar por mais tempo e com mais intensidade do que as outras. A maioria de nós concentra apenas 80% de nossa atenção em uma coisa. Podemos estar trabalhando ou estudando, mas no fundo de nossas mentes estamos pensando em outras coisas — o que vamos fazer mais tarde, o que deixamos inacabado hoje cedo, o que nos aconteceu ontem. No entanto, alguém que concentra 80% de sua atenção em algo não atingirá 80% de seu potencial, mas apenas cerca de 30% ou 40%. É por isso que a capacidade de se concentrar é uma precondição crucial para o sucesso. Nenhum escritor ou jornalista conseguirá compor um bom texto se for constantemente interrompido. Para escrever bem, você deve se concentrar exclusivamente na tarefa em questão. Não se deixe distrair por telefonemas, e-mails ou colegas que o visitem.

Sempre que explico isso em uma de minhas palestras, alguém na plateia me diz que precisa estar constantemente disponível para seus clientes ou outras pessoas. Isso pode ser verdade, mas apenas se você trabalhar para o corpo de bombeiros ou serviços de emergência. Geralmente, nenhuma casa vai pegar fogo e ninguém vai sangrar até a morte só porque você deixou passar algumas horas antes de retornar uma ligação. Você consegue imaginar um jogador de futebol correndo para a linha lateral durante uma partida, para telefonar para seu contador? Claro que não. Em vez disso, os jogadores fazem o que todos os grandes empreendedores fazem: eles se concentram 100% em uma única coisa — no caso deles, vencer o jogo. E depois, eles retornam suas ligações.

Em uma era de sobrecarga de informações devido a telefones celulares e e-mails, criar as condições certas para seguir sua própria agenda é mais importante do que nunca. No final, você tem duas opções: ou você é seu próprio chefe, definindo seus próprios objetivos

84 | Focando

e prioridades, ou recebe ordens de outras pessoas. Mesmo como funcionário, você provavelmente tem mais liberdade para definir suas prioridades e seu ritmo de trabalho do que está usando atualmente. No final das contas, o que conta são os resultados que você alcança, não sua capacidade de realizar várias tarefas ao mesmo tempo.

Depois de identificar os fatores decisivos que o aproximarão do seu objetivo, você deve fazer de tudo para focar exatamente nesses fatores. A capacidade de focar não é necessariamente algo com que nascemos, ela pode ser adquirida. Todos nós tendemos a nos dispersar demais, a perder o controle de nossas prioridades e a nos concentrar em trivialidades. De vez em quando, precisamos dar um passo para trás e dar uma boa olhada em nossas vidas. Pergunte a si mesmo: "Estou realmente fazendo as coisas importantes que me deixarão mais perto de meus objetivos? Ou estou desperdiçando meu tempo com atividades marginais, que, na melhor das hipóteses, contribuirão de forma muito pequena para o meu sucesso final?".

Só quem é capaz de *focar* (tanto no sentido de se concentrar em um único objetivo — ou em um número limitado de objetivos — por muitos anos quanto no sentido de focar completamente nesses objetivos o tempo todo) será capaz de alcançar objetivos maiores.

Capítulo 5

Ouse ser diferente

As pessoas extraordinariamente bem-sucedidas são diferentes daquelas que têm pouco ou nenhum sucesso na vida. Se você pensar e agir como todo mundo, você será tão bem-sucedido quanto todo mundo. Para ter mais sucesso, você precisa pensar e agir de maneira diferente e, para isso, deve ousar ser diferente. Você precisa de coragem para nadar contra a maré e questionar suposições que estão firmemente enraizadas na opinião popular. Qualquer nova ideia ou inovação passa por quatro estágios: primeiro, é ignorada. Então é ridicularizada. Em seguida, é violentamente combatida e, finalmente, é aceita como sendo autoevidente.

Os homens e mulheres retratados neste livro ousaram ser diferentes. Vez após vez, Warren Buffett, George Soros e príncipe Alwaleed, todos eles investidores de sucesso, resistiram à atração da opinião popular agindo de forma anticíclica — repetidamente, eles o fizeram com sucesso. Neste capítulo, você conhecerá algumas mulheres que demonstraram uma coragem especial. Todas essas mulheres viveram em diferentes épocas e tinham personalidades bem diferentes; a única coisa que elas tinham em comum era a coragem de serem diferentes.

Antes de tudo, deixe-me contar a história de uma mulher que teve que lutar contra mais de 2.000 processos movidos contra ela, e que durante toda a sua vida ousou ser completamente diferente de todos os outros. Deixe-me contar sobre a vida de Beate Uhse, que começou do zero para criar o que se tornaria o maior empório de entretenimento adulto do mundo. Mesmo que — como eu e muitas outras pessoas — você não seja um grande fã de Beate Uhse e de seus produtos, tenho certeza de que passará a admirá-la, assim que a conhecer melhor.

86 | Ouse ser diferente

A alemã Beate Uhse sempre foi ambiciosa. Aos 15 anos, ela ganhou o campeonato regional de dardo em sua cidade natal, Hessen. Ela deixou a escola aos 16 anos porque queria pilotar aviões — uma escolha de carreira notável para uma garota de seu tempo. Ela ainda tinha apenas 17 anos, a única mulher de sua turma entre 59 homens, quando fez seu primeiro voo de treinamento. "Após 213 decolagens e aterrissagens, além de voos de aproximação e de grande altitude e um voo de longa distância de mais de 300 quilômetros, obtive minha licença de piloto A2 em outubro de 1937. Chegou por carta registrada no dia do meu aniversário de 18 anos, em minha casa em Wargenau"[119].

Em agosto de 1938, ela passou no teste de piloto acrobático, depois de já ter conquistado o segundo lugar, um mês antes, no voo de teste de confiabilidade para pilotos amadores. Três semanas depois, ela ficou em primeiro lugar em sua categoria e em segundo lugar no ranking geral em uma corrida aérea na Bélgica. Quando lhe foi oferecido um emprego na fábrica de aeronaves Buecker, seu pai ficou totalmente chocado: "Sua filha, entre 2.000 trabalhadores de produção e mecânicos do sexo masculino, a única mulher no chão de fábrica. Ele não gostou nem um pouco"[120].

Precisando de pilotos para atuar como dublês, a produtora de filmes UFA abordou a empresa onde Beate Uhse trabalhava. Um dia, ela foi convidada a fazer uma acrobacia como dublê do ator René Deltgen, em seu papel no filme nacionalista alemão *Achtung! Feind hört mit!*[121]. No final da guerra, ela voou no esquadrão de transporte de aeronaves da Luftwaffe. Em 22 de abril de 1945, ela foi a última mulher a voar para fora de Berlim quando o Exército Vermelho invadiu a capital alemã. "Às 5h55 da manhã, tentamos a nossa sorte. O avião estava totalmente sobrecarregado"[122]. Seu avião foi atingido, mas ela teve sorte, o dano

---

119. UHSE, Beate. *"Ich will Freiheit für die Liebe."* Die Autobiographie. Munique, 2001, p. 73.

120. *Ibid.*, p. 74.

121. *Achtung! Feind hört mit!* é um filme nacionalista alemão de 1940 produzido pelo Terceiro Reich. Seu enredo narra o interesse no desenvolvimento bélico da Alemanha daquela época, colocando uma mocinha alemã como vítima de um agente britânico em busca de informações. (N. T.)

122. UHSE, Beate. *"Ich will Freiheit für die Liebe."* Die Autobiographie. Munique, 2001, p. 96.

foi apenas na carenagem do trem de pouso. "Estávamos subindo devagar, torturantemente devagar. Mas conseguimos, escapamos da cidade sitiada. Fomos os últimos a sair de avião"[123].

Após a guerra, ela acabou em um campo de prisioneiros de guerra com seu filho, que nasceu em 1943, quando ela tinha 24 anos. Seu primeiro marido morreu em um acidente de avião logo após o nascimento. A própria Uhse ficou gravemente ferida em um acidente, enquanto ainda estava nesse campo. "Sem emprego, sem dinheiro, sem pais, sem marido, sem casa, e agora posso ficar aleijada pelo resto da minha vida. Sobrevivi à guerra, apenas para isso acontecer após três dias de paz. Minha avaliação particular: um desastre"[124]. Como diabos, ela se perguntou, ela iria sustentar a si mesma e a seu filho?

Em um curto período, ela foi abordada por pedidos de ajuda de três amigas, que engravidaram quando seus maridos voltaram da guerra. Logo após a guerra, quando todos lutavam para sobreviver, a maioria dos casais não queria filhos. Eles queriam saber como prevenir uma gravidez indesejada — os preservativos não estavam disponíveis na época e a pílula anticoncepcional levou mais 15 anos para ser feita.

Beate Uhse sentou-se em frente à máquina de escrever e desenhou um folheto que, na falta de um título melhor, chamou de *Schrift X* [*Documento X*, em tradução livre]. Nele, ela descreveu o método contraceptivo Ogino-Knaus, baseado nas diferentes fases do ciclo menstrual. Em troca de cinco libras de manteiga (o dinheiro não valia nada naquela época), um impressor se ofereceu para produzir uma tiragem de 2.000 brochuras e 10.000 circulares postais. Tudo correu conforme o planejado. Vendendo suas brochuras por um marco alemão cada, ela recebia muitos pedidos. Em 1947, ela já havia vendido impressionantes 37.000 cópias.

"Mais e mais clientes me escreveram para perguntar se eu não poderia conseguir itens para eles que existiam antes da guerra, ou seja, preservativos e livros de educação sexual, títulos como *The Perfect*

---

123. *Ibid.*, p. 97.
124. *Ibid.*, p. 102.

Marriage ou *Love Without Fear*. [...] Eu era um bebê na floresta, uma completa inocente, quando comecei meu ofício"[125].

Ela começou a vender livros de educação sexual e preservativos por meio de sua nova empresa. "Eu estava vivendo precariamente. Sempre que sobrava um pouco de dinheiro, eu mandava imprimir novos materiais promocionais, copiava endereços de listas telefônicas que eu havia organizado e enviava cartas anunciando nossa linha de produtos"[126].

Seu novo parceiro foi muito favorável. "Ele me contou sobre seu tempo terrível no cativeiro russo. Para não enlouquecer, ele concentrou todos os seus pensamentos em um único projeto: em sua cabeça, ele fundou e dirigiu um negócio de vendas por correspondência"[127]. Embora ele nunca tivesse pretendido entrar na indústria de entretenimento adulto — sua ideia era vender tônicos capilares — a nova empresa certamente se beneficiou desses planos.

No entanto, na época, qualquer coisa relacionada à sexualidade era um assunto tabu. Logo, Uhse foi convocada pela polícia pela primeira vez. "No dia 25 de maio, por sua própria iniciativa, você enviou um folheto contendo material obsceno ao professor Fulano. Por quê?"[128]. Um dia, três policiais foram vê-la para anotar os endereços de 72 clientes que haviam encomendado preservativos. Ela foi acusada imediatamente. A promotoria argumentou que havia a possibilidade de os preservativos terem sido enviados a clientes que não eram casados. Uma vez que a lei proibia relações sexuais entre casais de solteiros, a venda de preservativos a clientes que não eram casados a tornava considerada como cúmplice da fornicação. Felizmente, ela conseguiu provar que todos os 72 homens que compraram preservativos dela eram casados.

O ministério público continuou apresentando novas acusações contra ela. Ela foi acusada de *estimular artificialmente* os impulsos sexuais de seus clientes. Um advogado do escritório do promotor em particular estava de olho nela. Ele expôs: "Na psicologia publicitária, o fato de

---

125. *Ibid.*, p. 112.
126. *Ibid.*, p. 118.
127. *Ibid.*, p. 122.
128. *Ibid.*, p. 128.

que o desejo, ou seja, um sentimento de falta, pode ser estimulado artificialmente é um fenômeno bem conhecido. O americano médio está convencido de que não conseguiria nada sem a ajuda de uma goma de mascar. A moda é resultado do mesmo fenômeno. É aí que reside o maior perigo da escrita erótica: a bússola emocional é distorcida e as coordenadas de valor começam a mudar"[129].

Os tempos eram outros. Beate Uhse recebeu milhares de cartas pedindo conselhos sobre questões sexuais. Uma das perguntas foi: "Gostaria que minha esposa fosse por cima, mas ela se recusa porque acha que não seria natural. É natural?"[130].

Beate Uhse obviamente atingiu uma mina de ouro com sua ideia de negócio. Em 1953, sua empresa tinha 14 funcionários e um faturamento de 365.000 marcos alemães. Um ano depois, ultrapassou a marca de meio milhão, subindo continuamente para 822.000 marcos alemães em 1955, 1,3 milhão em 1956 e dois milhões em 1957. Em 1958, o número aumentou mais 64%. A empresa agora tinha mais de 600.000 clientes e 59 funcionários.

Mas o ministério público não desistiu. Beate Uhse ampliou seu alcance para a fotografia de nus — imagens inofensivas para os padrões de hoje. O promotor examinou cada fotografia cuidadosamente. Ele estava procurando por uma expressão facial específica que ele chamava de *sorriso lascivo*. Ao contrário de expressões mais evasivas, os sorrisos obscenos eram punidos por lei porque constituíam um ato de *solicitação para cometer fornicação*. Mas, desta vez, Beate Uhse teve sorte — tendo examinado as evidências, o juiz decidiu a seu favor: "Por mais que eu tente, não consigo detectar diferenças entre as expressões faciais das mulheres"[131].

A Igreja Católica também a criticou. A diocese de Köln forneceu formulários que os fiéis poderiam usar para apresentar queixa contra ela pela entrega não solicitada de material licencioso. Um reclamante descreveu sua provação ao tribunal: "Quando cheguei em casa, havia uma carta no corredor. Quando toquei nela, pude sentir o mal". Como

---

129. *Ibid.*, p. 136.
130. *Ibid.*, p. 140.
131. *Ibid.*, p. 160.

90 | Ouse ser diferente

era o mal? O juiz queria saber. "Bem, você pode sentir… Assim que abri a carta, vi sujeira. Joguei no lixo imediatamente"[132]. No entanto, o juiz argumentou que o reclamante dificilmente poderia ter se sentido ofendido pelo conteúdo de uma brochura que ele nem havia lido. Beate Uhse foi absolvida de todas as 82 acusações.

Em 1962, Beate Uhse abriu sua loja especializada em *higiene conjugal*, na cidade de Flensburg, no norte da Alemanha. Foi o primeiro empório de artigos eróticos do mundo. Temendo a oposição dos bons cidadãos de Flensburg, ela esperou até pouco antes do Natal — na época de paz, as pessoas podem estar menos inclinadas a protestos violentos, ela pensou. Nos anos seguintes, ela faturou milhões e milhões e se expandiu para muitos países do mundo. Em maio de 1990, a empresa abriu seu capital. A corrida às ações foi tamanha que o Commerzbank, responsável pela oferta pública inicial, teve que antecipar o fim do período de subscrição em quatro dias. Mesmo assim, as ações foram subscritas em excesso 63 vezes, e subiram 80% logo no primeiro dia. Beate morreu apenas dois anos após o IPO. Nos anos que se seguiram, o preço das ações da empresa declinou constantemente e a concorrência de rivais baseados na internet provou ser demais para superar. Como resultado, a empresa foi forçada a registrar sua insolvência em 2017. No entanto, a empresa ainda existe hoje, simplesmente com um nome diferente.

A rebeldia e a coragem de ser diferente também marcaram a vida de Coco Chanel. A estilista francesa nasceu Gabrielle Chanel em 1883, filha ilegítima de um vendedor ambulante. Após a morte de sua mãe, quando ela tinha apenas dois anos, cresceu em um orfanato. Ela foi apelidada de Coco por duas canções que cantou durante sua tentativa malsucedida como cantora, *Ko Ko Ri Ko* e *Qui qu'a vu Coco*.

Entre 1906 e 1910, ela viveu em Royallieu, na região de Compiègne. Foi quando ela começou a desenhar chapéus para suas amigas e acabou abrindo sua própria loja. Graças a seu amante, o rico empresário "Boy" Capel, que lhe deu um empréstimo e uma garantia, ela conseguiu abrir sua primeira butique de moda em Paris. Apenas cinco anos depois, ela tinha 300 costureiras trabalhando para ela e,

---

132. *Ibid.*, p. 161.

para surpresa de Capel, devolveu o dinheiro que ele havia emprestado. Agora ela era verdadeiramente independente — finalmente livre!

Vinte anos depois, ela tinha 4.000 empregados e vendia moda de passarela globalmente. E, em 1955, ela foi premiada com o Oscar da moda por ser a estilista de moda mais influente do século XX. Ela também foi a única representante da indústria *fashion* a figurar entre as 100 pessoas mais influentes do século XX, pela revista *Time*. O frasco original de *Chanel Nº 5*, perfume que ela criou em 1921, está em exposição permanente no Museu de Arte Moderna de Nova York.

As roupas que ela desenhava eram revolucionárias. Chanel criou um estilo funcional, com linhas limpas e sem frescuras. "E pela primeira vez", enfatiza seu biógrafo, "uma revolução no vestuário feminino, longe de seguir quaisquer fantasias ou caprichos, consistiu essencial e inevitavelmente em aboli-los"[133].

Na década de 1920, ela inventou o *tubinho preto*. O terno de *tweed* Chanel tornou-se o uniforme de mulheres de negócios em todo o mundo. Seus projetos voavam na cara de todas as convenções, e ainda assim eles eram perfeitamente adequados ao espírito da época. "A criação é um dom artístico, uma colaboração do costureiro ou costureira com seu tempo", diz Chanel[134]. Suas saias eram tão curtas que chegavam a ser consideradas escandalosas na época. Ela vestia as mulheres com calças, sapatos com tiras no tornozelo e maiôs de malha. Ela quebrou outro tabu ao usar tecidos *jersey* para mostrar o corpo feminino.

Logo surgiram imitadores que tentaram copiar seu estilo. Onde outro estilista teria ficado indignado, Chanel ficou satisfeita. Ela viu o fato de outros quererem copiar seus *designs* como prova de sua popularidade. "Mas é claro: uma vez que uma invenção é revelada, ela está destinada ao anonimato. Eu seria incapaz de explorar todas as minhas ideias e é um grande prazer para mim vê-las realizadas por outros, às vezes com mais sucesso do que eu"[135]. O medo do plágio era

---

133. CHARLES-ROUX, Edmonde. *Chanel*. Her Life, Her World, the Woman Behind the Legend. Nova York, 1975, p. 168.
134. MORAND, Paul. *The Allure of Chanel*. Londres, 2008, p. 145.
135. *Ibid.*, p. 148.

um sinal de "preguiça, [...] gosto sem imaginação, [...] falta de fé na criatividade", acrescenta Chanel.

Coco Chanel atingiu o nível de sucesso que atingiu porque teve a coragem de ser diferente. "Nenhuma intrusão de cultura ou erudição no estilo que ela criou, nenhuma reminiscência histórica", como diz seu biógrafo. "Seu ato criativo foi um ato subversivo"[136]. A sua vida privada, assim como a moda que criou, foi testemunho da coragem de resistir às normas e convenções. Ela teve inúmeros casos com homens, mas nunca se casou. Rebelando-se contra todas as convenções, ela simplesmente sentiu o espírito da época antes dos outros. Suas predecessoras, afirmou Chanel, "escondiam-se, como alfaiates, nos fundos de suas lojas, enquanto eu vivia uma vida moderna, compartilhava os hábitos, os gostos e as necessidades daqueles a quem vestia"[137].

Incorporar a *vida moderna* e ousar ser diferente — se esse era o lema de Coco Chanel, foi compartilhado por outra mulher, nascida 75 anos depois. Com 350 milhões de discos vendidos, Madonna é a estrela pop de maior sucesso no mundo. No entanto, ela é mais do que apenas uma estrela pop. Em junho de 2007, a *Forbes* a nomeou a terceira pessoa mais influente do mundo. Mesmo aos 60 anos, ela ainda ganha 75 milhões de dólares por ano, mais do que outros músicos de sucesso, como Lady Gaga ou Beyoncé. Com uma fortuna de 600 milhões de dólares, Madonna é uma das cantoras mais ricas do mundo.

Seu sucesso certamente não se deveu a nenhum talento musical extraordinário. Camille Barbonne, a empresária que abriu caminho para os primeiros sucessos de Madonna, comentou: "Ela tinha habilidade suficiente para escrever uma música ou tocar violão. Ela tinha um maravilhoso senso lírico [...]. Mas mais do que tudo, era a personalidade dela, e que ela era uma grande artista"[138].

---

136. CHARLES-ROUX, Edmonde. *Chanel. Her Life, Her World, the Woman Behind the Legend*, Nova York, 1975, p. 16.

137. MORAND, Paul. *The Allure of Chanel*. Londres, 2008, p. 146.

138. O'BRIEN, Lucy. *Madonna*. Like an Icon. The Definitive Biography. Londres, 2007, p. 46.

Anthony Jackson, um músico de estúdio que já trabalhou com Madonna, diz: "Ela sabe que não é a melhor cantora, mas sabe como dominar a música. Ela tem estilo e um jeito de escolher músicas e guiar o caminho que elas seguem"[139]. Antes de interpretar o papel-título na adaptação para o cinema do musical *Evita*, de Andrew Lloyd Webber, ela teve que fazer aulas de canto profissional por três meses, porque Webber insistiu em gravar a trilha sonora ao vivo com uma orquestra. Sua interpretação da balada *You Must Love Me* lhe renderia um Oscar em 1997.

Quando estava tendo aulas de canto no outono de 1995, Madonna já era uma das artistas femininas mais conhecidas e bem-sucedidas do mundo. Ela conseguiu isso incorporando os sonhos e as autopercepções de muitas mulheres de hoje. Embora considerada uma feminista radical e orgulhosa disso, ela não tem nada em comum com essas feministas que assumem uma postura agressiva contra os homens e rejeitam a heterossexualidade. A questão de saber se Madonna era *uma de nós* ou se ela era uma *traidora da causa* foi objeto de muitos debates acalorados em publicações feministas. Feminina e desejável, mas forte, beligerante e autoconfiante, Madonna recusou-se a se encaixar em qualquer categoria simplista.

Sua própria resistência aos papéis convencionais fez dela o modelo para os anseios e desejos das outras mulheres. O livro *I Dream of Madonna*, da folclorista texana Kay Turner, é testemunha disso. Mulheres de várias faixas etárias e origens sociais falam sobre o que Madonna significa para elas. Algumas a veem como uma libertadora, outros como uma companheira de armas, uma sedutora, ou simplesmente como a única mulher que realmente as *entende*. Em sua biografia de 400 páginas sobre Madonna, Lucy O'Brien diz: "Ela tem uma qualidade de mulher comum, e o que foi notável na época foi a extensão de sua influência"[140].

Madonna nasceu em 1958. Com apenas cinco anos de idade, sua mãe morreu. No colégio, ela se interessou por teatro e decidiu se tornar dançarina. Ela começou a estudar dança na Universidade de

---

139. *Ibid.*, p. 69.
140. *Ibid.*, p. 200.

Michigan, mas depois desistiu, para desgosto de seu pai. Quando ele tentou convencê-la a continuar seus estudos, ela gritou: "Pare de tentar administrar minha vida por mim!", e jogou um prato de espaguete contra a parede[141].

Madonna mudou-se para Nova York com 30 dólares no bolso. Ela trabalhou como garçonete e modelou nua para fotos. "Ela era uma criança experiente nas ruas, que pegava alguém para levar para casa se estivesse com fome e precisasse de uma refeição", diz Barbonne. Madonna afirma não ter se sentido explorada porque "deixei que tirassem vantagem de mim"[142].

Acima de tudo, ela queria se tornar famosa. "Ela faria qualquer coisa para ser uma estrela", diz seu ex-namorado, DJ Mark Kamins. "Ela estava em uma missão"[143]. O músico britânico Dick Witts lembra que Madonna era "ousada em seu desejo de fama"[144]. Porque exatamente ela queria ser famosa, ela mesma não sabia. Aos 19 anos, ela queria ser uma dançarina aclamada, depois se imaginou uma atriz de sucesso, até que finalmente descobriu que a música era a passagem mais promissora para o estrelato. A música, disse Madonna, é "o principal vetor da celebridade. Quando é um sucesso, seu impacto é tão forte quanto uma bala acertando o alvo"[145].

Um jornalista que entrevistou Madonna no início de sua carreira disse sobre ela: "Ela tinha visão de longo prazo, ela sabia para onde estava indo [...]. Ela me pareceu alguém ultradeterminada, de um jeito *yuppie*, quase *Greed is Good*[146]. Na entrevista, Madonna falou sobre produtores, sobre mercados, sobre com quem ela gostaria de trabalhar nos próximos anos. "Ela estava pensando no futuro o tempo todo"[147].

---

141. *Ibid.*, p. 35.

142. *Ibid.*, p. 46.

143. *Ibid.*, p. 64.

144. *Ibid.*, p. 73.

145. *Ibid.*, p. 86.

146. Referência à filosofia de vida dos anos 80, retratada em filmes da época sobre Wall Street. *A ganância é boa*, em tradução livre. (N. T.)

147. O'BRIEN, Lucy. *Madonna*. Like an Icon. The Definitive Biography. Londres, 2007, p. 74.

Entrevistada no *American Bandstand* em janeiro de 1984, ela previu: "Vou dominar o mundo"[148].

Madonna usou a provocação deliberada como um meio de se tornar famosa. Em seu show no palco, ela frequentemente ligava imagens sexuais e religiosas para causar indignação. A Igreja Católica aderiu, pedindo repetidamente boicotes a seus shows. A polícia canadense ameaçou prendê-la sob a acusação de obscenidade. Em 1992, seu livro de fotografia erótica, que ela simplesmente intitulou *Sex*, causou uma grande polêmica. Foi publicado em uma edição limitada de um milhão de cópias, em 22 de outubro, e esgotou imediatamente. Comercialmente, o livro provocativo de Madonna foi um grande sucesso e a colocou sob os holofotes da mídia, mas seu público se afrontou e começou a ficar longe de seus shows. Com sua popularidade no "ponto mais baixo de todos os tempos"[149], ela foi acusada de cortejar o escândalo apenas pelo escândalo em si. Seu livro foi considerado a expressão de uma psique profundamente perturbada.

Ao contrário de outros artistas que prosperam na provocação, Madonna sempre esteve disposta a ceder algum terreno em vez de travar uma guerra invencível de desgaste. Sempre que ela sentia que tinha ido longe demais, ela apaziguava seu público *mainstream* realizando atos inocentes, como sua turnê *Girlie Show* em 1993. Madonna sempre entendeu a importância de se reinventar e mudar sua imagem constantemente, para evitar ser estigmatizada. Depois de seu álbum de estreia de sucesso, ela tentou algo completamente diferente, para grande desgosto de sua gravadora, a Warner Brothers. Jimmy Bralower, que tocou bateria no álbum *Like A Virgin*, explica: "Quando você tem três *hits* em um certo estilo, você faz a mesma coisa novamente. Se não está quebrado, não conserte. Madonna estava contrariando todas as tendências normais: ela estava lutando contra as tendências"[150].

---

148. *Ibid.*, p. 79.
149. *Ibid.*, p. 204.
150. *Ibid.*, p. 83-84.

96 | Ouse ser diferente

Ela abandonou as influências do funk de sua estreia em favor de números pop amigáveis ao rádio, como *Like a Virgin*. Mais tarde, ela incorporaria cada vez mais elementos de jazz ou soul em sua música, e emprestaria ideias do hip hop. Como os Rolling Stones, ela se adaptava constantemente às novas tendências da música popular, em vez de lançar o mesmo álbum repetidamente.

Essa abordagem exigia muita coragem. Durante as apresentações ao vivo, seu público queria ouvir seus sucessos favoritos, mas Madonna raramente atendia a seus pedidos. Sua carreira sempre foi uma caminhada na corda bamba entre a provocação e o *mainstream*, entre surfar nas tendências populares e assumir uma atitude de desdém vanguardista. Ela sempre foi acusada de roubar outros músicos e esteve envolvida em vários processos. Ela sempre adaptou diferentes influências e não teve medo de copiar o que funcionou para outros artistas.

Acima de tudo, ela sempre esteve disposta a aprender coisas novas, e nunca ficou muito tempo no mesmo lugar. Pat Leonard, que já trabalhou com Pink Floyd e Michael Jackson, entre outros, lembra: "Em um ponto, ela pediu para fazer alguns vocais comigo, ela e a treinadora vocal. Alguns cantores acham que não precisam fazer muito, mas ela fez"[151].

Sua ânsia de aprender, de mudar, de se desenvolver, de experimentar coisas novas e romper com convenções e tabus tem sido uma boa posição para Madonna ao longo de sua carreira, ajudando-a a realizar seus sonhos de fama e riqueza com mais sucesso do que qualquer outra mulher de seu tempo.

Aqueles que ousam ser diferentes também têm uma perspectiva muito diferente sobre crises e problemas. Onde outros se desesperam e entram em pânico, eles prosperam em oportunidades sem precedentes. Eles têm força para não se deixar afetar pelo humor geral e gostam de fazer as coisas de maneira diferente de todos os outros. É por isso que eles têm sucesso e prosperam.

As pessoas que têm coragem de ser diferentes também avaliam as crises de maneira muito diferente da maioria. Em situações que

---

151. *Ibid.*, p. 99.

apavoram a maioria das pessoas, elas florescem e veem oportunidades especiais. Arnold Schwarzenegger certamente sabe como lidar com uma crise, como conclui seu biógrafo: "Schwarzenegger sempre soube transformar problemas em oportunidades. Durante a crise econômica da década de 1970, as especulações imobiliárias o tornaram milionário. A crise orçamentária da Califórnia fez dele governador, a crise ecológica garantiu-lhe um segundo mandato [...]. Schwarzenegger, aquele que lucra"[152].

O príncipe Alwaleed, às vezes chamado de "Warren Buffett do Oriente Médio", é outro excelente exemplo. Nascido na Arábia Saudita em março de 1957, o investidor se tornou o quarto homem mais rico do mundo, com uma fortuna estimada em quase 19 bilhões de dólares em 2017. A pedra angular da fortuna de Alwaleed não era o petróleo, mas negócios imobiliários e projetos de desenvolvimento. No final da década de 1980, ele encontrou um grande terreno não desenvolvido no distrito de Olaya, em Riad. Além de uma ou outra loja que vendia joias ou artigos elétricos, não havia muita coisa acontecendo naquela parte da cidade, na época. O príncipe Alwaleed contatou os proprietários, mas eles estavam pedindo o equivalente a 1.600 dólares por metro quadrado, o que ele achou muito.

Quando os iraquianos invadiram o Kuwait em 1990, toda a região estava em pânico. Temendo que a Arábia Saudita pudesse ser o próximo alvo, muitos investidores retiraram seu capital do país. Os preços dos imóveis começaram a despencar e Alwaleed conseguiu comprar o terreno que queria por 533 dólares o metro quadrado, um terço do preço original. Ele usou um terço da área para construir o edifício mais alto de toda a Europa, Oriente Médio e África, que batizou de Kingdom Centre. O resto ele vendeu quatro anos depois, com um lucro de 400%. Embora estivesse feliz por os proprietários anteriores terem vendido a terra a um preço tão bom, ele realmente não entendia por que eles haviam feito isso: "O que eles pensaram — a América não derrotaria Saddam?!"[153].

---

152. HUJER, Marc. *Arnold Schwarzenegger*. Die Biographie. Munique, 2009, p. 301.
153. KHAN, Riz. *Alwaleed*. Businessman, Billionaire, Prince. Londres, 2006, p. 139.

98 | Ouse ser diferente

Essa se tornaria sua estratégia, que ele aplicava repetidamente: ele sempre via as crises como oportunidades para investimentos bem-sucedidos. No início dos anos 1990, Canary Wharf, o maior projeto imobiliário da Europa na época, estava em desenvolvimento no leste de Londres. Infelizmente, quando o novo complexo de escritórios com mais de 34 hectares foi concluído, os preços dos imóveis e dos aluguéis caíram e, devido à falta de infraestrutura naquela parte de Londres, nenhum investidor se interessou pelos 160.000 metros quadrados de escritórios vazios nas docas de Londres. Paul Reichmann, o idealizador do ambicioso projeto, perdeu seu investimento.

Alwaleed comprou uma participação de 6% na empresa Canary Wharf e nomeou Reichmann como presidente do conselho. Quatro anos depois, a imobiliária abriu o capital. As ações atingiram seu preço mais alto em 2000. Em janeiro de 2001, Alwaleed vendeu dois terços de sua participação na empresa, que originalmente lhe custou 66 milhões de dólares, por 204 milhões. Em cinco anos, ele teve um lucro médio anual de 47,7%. Seus investimentos na Apple e Murdoch no final dos anos 1990, quando ambas as empresas estavam com graves problemas financeiros, também lhe renderam várias centenas de milhões de dólares.

Alwaleed fez seu maior investimento em 1991, depois que o valor do mercado de ações do Citigroup, por um tempo o maior banco dos Estados Unidos, caiu para um mínimo. Ele investiu 800 milhões de dólares na empresa em dificuldades, o maior investimento de qualquer acionista individual. O valor de sua participação subiu para 10 bilhões de dólares, antes de cair drasticamente durante a crise financeira de 2008.

Um homem que ganhou muito dinheiro nadando contra a maré é Jim Rogers, um dos investidores mais conhecidos do mundo. Ele estudou história e filosofia em Yale e Oxford antes de conseguir um emprego em Wall Street, em 1968. Ele conseguiu lançar as bases para sua riqueza e sucesso durante o que provou ser um período difícil para o mercado de ações dos Estados Unidos.

Rogers conheceu George Soros no banco de investimentos Arnhold and S. Bleichroeder, e fundou o Quantum Fund com ele. Embora os fundos de *hedge* sejam comuns hoje em dia, na época o deles era um dos poucos. Os títulos eram muito mais populares do que as ações, enquanto os investimentos em larga escala em commodities ou moedas eram quase inéditos. Além disso, a maioria dos americanos investia quase exclusivamente em títulos domésticos, e mostrava pouco interesse em outros países. O *short-selling*[154] também era muito menos comum na época do que é hoje.

Rogers e Soros rasgaram o livro de regras comprando ações, commodities, moedas e títulos de todo o mundo, e recorrendo a estratégias como o *short-selling*. Eles fizeram investimentos com os quais ninguém mais sonharia naquela época, e descobriram novos e interessantes mercados em todo o mundo.

Desafiando a sabedoria recebida, Rogers frequentemente comprava ações de empresas que estavam em apuros. Em meados dos anos 70, por exemplo, ele comprou grandes quantidades de ações da fabricante de aeronaves Lockheed. Ele me contou a história de um encontro típico em um jantar chique com banqueiros e investidores. Um deles soube que Rogers estava comprando ações da Lockheed em um momento em que a empresa estava envolvida em uma série de escândalos que faziam manchetes negativas quase diariamente, e já havia visto o preço de suas ações despencar. "Quem investiria em empresas assim?", ele se perguntou em voz alta, alto o suficiente para garantir que todos pudessem ouvi-lo. Os outros convidados riam com ele. Rogers se sentiu humilhado — afinal, ele era o alvo da piada.

"Quem ri por último, ri por mais tempo" — o velho ditado seria verdadeiro mais uma vez. Rogers havia feito sua lição de casa e sua análise positiva das perspectivas da empresa provou ser totalmente correta. Posteriormente, o preço das ações disparou e seu fundo teve um lucro enorme. Durante um período em que o índice S&P 500 subiu apenas 47%, o fundo Quantum administrado por Rogers e Soros subiu impressionantes 4.200%. "Quando outras pessoas estão rindo de você", diz Rogers, "você sabe que está indo na direção certa.

---

154. O *short-selling* significa investir de forma que o investidor se beneficia se o valor do ativo cair. (N. T.)

100 | Ouse ser diferente

Quanto mais as pessoas estiverem rindo de você, maior a probabilidade de você estar certo".

"Quando eu era jovem", ele me disse, "isso não era fácil para mim. Eu não gostei necessariamente de ir contra a maré e, quando todo mundo diz que você está errado, você começa a duvidar de si mesmo, mesmo que goste de ser a minoria". Até ele teve momentos em que não conseguiu escapar de ser afetado pelo pânico geral. Por exemplo, ele estava vendendo petróleo a descoberto no período imediatamente anterior à guerra entre o Irã e o Iraque. Quando a guerra estourou e o preço do petróleo disparou, ele foi pego pelo pânico geral e fechou suas posições. Isso provou ser um erro, pois o preço do petróleo cairia drasticamente mais tarde.

Com o tempo, à medida que Rogers se tornava mais experiente, ele se incomodava menos com as piadas de outras pessoas. "Percebi a importância de manter minhas posições e acreditar em uma análise que sabia ser correta, mesmo que as coisas parecessem estar indo contra mim no início", diz Rogers. "Hoje é mais provável que seja o contrário: se de repente todo mundo concorda comigo, começo a duvidar se estou certo, ou se pode ser hora de começar a vender".

Na década de 1980, a revista *Time* o apelidou de *Indiana Jones de Wall Street*, porque ele investiu em países que eram territórios desconhecidos para a maioria dos americanos. "Compraria ações de Portugal, da Áustria, de países africanos e da América do Sul, quando 99% dos investidores americanos mal sabiam da existência desses mercados. A maioria nem investiu na Alemanha. Comprei ações da Siemens em vez da General Electric — e eu estava certo sobre isso também", diz Rogers.

No final da década de 1990, no auge do *boom* da *nova economia*, a prestigiada firma de Wall Street, Merrill Lynch fechou seu departamento de comércio de commodities. Numa época em que investir em *startups* de tecnologia era a última moda, poucas pessoas se interessavam por commodities. Rogers, por outro lado, há muito se interessava pelo mercado de commodities. No mesmo ano em que a Merrill Lynch encerrou suas operações nesse campo, Rogers criou o Rogers International Commodity Index (RICI), que é hoje o índice de commodities mais conhecido mundialmente.

"Seu sucesso na vida e no mercado de ações depende de sua capacidade de antecipar mudanças", afirma Rogers. Ele havia percebido que o colapso do comunismo e a ascensão econômica da China e de outros mercados emergentes levariam a uma enorme demanda por commodities, enquanto a oferta continuaria diminuindo. De 1990 a 1992, Rogers e sua namorada fizeram uma viagem de moto de dois anos ao redor do mundo, percorrendo 100.000 milhas em seis continentes e entrando no *Guinness Book*. Seu registro dessa viagem em seu livro *Investment Biker* é uma leitura fascinante. Entre 1º de janeiro de 1995 e 5 de janeiro de 2002, Rogers fez outra viagem ao redor do mundo com sua esposa, desta vez cobrindo 150.000 milhas em 116 países.

Sempre que os jovens lhe pedem conselhos sobre a melhor maneira de obter sucesso, ele os aconselha a seguir seus passos e estudar história e filosofia. "Eles então respondem: mas eu quero ganhar dinheiro e ficar rico, como você. Eles realmente acham que estudar economia os ajudará a chegar lá". Rogers acha a ingenuidade deles divertida. "Estudar história me ajudou a entender que tudo muda o tempo todo, que tudo está em fluxo. Coisas estão acontecendo hoje que a maioria das pessoas não teria acreditado serem possíveis até 30 ou 40 anos atrás. O colapso da União Soviética, o declínio americano, a ascensão irrefreável da China, a rede mundial — quem seria capaz de prever tudo isso? A mudança permanente é a única constante histórica", diz Rogers. "E entender isso é mais importante para o seu sucesso como investidor do que qualquer conhecimento detalhado que eles vão lhe ensinar nas aulas de economia na universidade".

Estudar filosofia foi igualmente útil, afirma. "Isso me ajudou a desenvolver um ceticismo saudável. Você não pode aceitar tudo pelo valor nominal, nem mesmo se a mídia e os especialistas continuarem repetindo isso indefinidamente. Pense por si mesmo, tenha a coragem de manter suas convicções e vá ao fundo das coisas, mesmo que vá contra as convenções e opiniões predominantes", diz Rogers.

Em dezembro de 2007, Rogers vendeu sua casa de luxo na cidade de Nova York por mais de 16 milhões de dólares e trocou os Estados Unidos por Cingapura, onde vive até hoje. Quando o conheci lá, em 2013, ele me disse que a Ásia era o lugar para se estar hoje, assim

102 | **Ouse ser diferente**

como Londres já foi no século 19 e Nova York na década de 1920. O futuro, disse ele, não estava nos Estados Unidos nem na Europa, mas na Ásia, e ele queria que seus dois filhos, que nasceram quando ele já estava na casa dos sessenta, crescessem falando mandarim.

Quando conheci Jim Rogers, nos demos muito bem porque ambos reconhecemos a importância de nadar contra a maré. Em minha autobiografia, detalho meus investimentos no mercado imobiliário de Berlim. Eis um exemplo de como transformei zero euro em quatro milhões de euros porque estava disposto a nadar contra a maré[155]: Em 2004, comprei um prédio com 24 apartamentos no então antiquado bairro de Berlin-Neukölln. Todos na época me desaconselharam, exceto o corretor de imóveis Jürgen-Michael Schick, que o vendeu para mim e o negociou para outro investidor, 11 anos depois, por quatro vezes o preço. Quando contei a meus conhecidos, que incluíam muitos especialistas em imóveis, que queria comprar um prédio de apartamentos em Neukölln, eles foram unanimemente negativos. O Deutsche Bank até recusou meu pedido de financiamento porque considerava Neukölln um local muito arriscado.

Vale a pena dar uma olhada em alguns jornais antigos, porque hoje, com o mercado imobiliário residencial de Berlim amplamente considerado o mais atraente da Europa, é difícil imaginar o quão absurdo um investimento em Berlin-Neukölln poderia parecer naquela época. O *Berlin Tagesspiegel* de 20 de março de 2002 relatou um *Painel do Futuro de Berlim*, organizado pelo Instituto Alemão de Pesquisa Econômica (DIW). O DIW afirmou que, embora a Alemanha fosse considerada a retaguarda em termos de crescimento na Europa, dentro da Alemanha, Berlim estava ainda mais atrás. O turismo estava em declínio e as vendas no varejo haviam entrado em colapso. O *Berliner Morgenpost* de 22 de agosto de 2003 afirmou que a taxa de vacância no mercado imobiliário de Berlim havia "subido para níveis recordes". Um total de 160.000 apartamentos estavam vagos. Houve uma disputa por prédios entre o senador Peter Strieder (SPD), e Gernot Klemm,

---

155. Essa passagem apareceu originalmente em minha autobiografia *Wenn du nicht mehr brennst, starte neu!*. Munique, 2017.

do PDS de esquerda. Segundo o jornal, eles discutiam se o excesso de oferta de moradias significava que deveriam demolir algumas das casas do pós-guerra, prédios pré-fabricados, ou se fazia sentido demolir também os prédios de apartamentos do pré-guerra no centro da cidade, como exigia o PDS.

Em 10 de fevereiro de 2004, a principal revista especializada do setor imobiliário alemão publicou um artigo sobre os 130.000 apartamentos vagos da cidade sob o título *Mercado imobiliário de Berlim sob pressão*. O jornal se referia a um estudo de um banco que informou que os preços dos imóveis para casas ocupadas pelos proprietários ainda estavam caindo. Os banqueiros previram que os preços continuariam caindo nos bairros residenciais típicos. Os condomínios custavam entre 1.000 e 5.000 euros o metro quadrado, mas quase ninguém queria comprar apartamentos de construção recente, ou apartamentos com mais de dois quartos.

Em novembro de 2004, a *Spiegel TV* relatou: "Neukölln é considerado o asilo de pobres de Berlim. O distrito tem mais de 300.000 habitantes, mas quase um quarto deles está desempregado. Esta é a área com a maior densidade de beneficiários da previdência social na Europa". A manchete do *Berliner Zeitung* em janeiro de 2004 era *Neukölln — À beira da ingovernabilidade*. E o *Die Welt* publicou um artigo em 9 de setembro de 2004: *Neukölln: Centro de Pobreza — Bem-estar é o novo normal*.

Eu não havia lido os jornais e os relatórios de pesquisa negativos sobre Berlim na época? Sim, eu lera. Mas eu estava convencido de que as más notícias e opiniões estavam mais do que precificadas. O prédio de apartamentos em Neukölln era extremamente barato, precisamente porque ninguém mais queria comprá-lo. Os preços dos imóveis são calculados de acordo com uma relação preço-aluguel que divide o preço pelo aluguel líquido anual. A renda líquida anual ascendia então a 151.000 euros, tendo eu adquirido o imóvel por 1,02 milhão de euros. Na verdade, foi uma pechincha, porque comprei por uma relação preço-aluguel de 6,8, ou com um rendimento inicial bruto de quase 15%!

Incluindo os custos do corretor e do imposto de transmissão de terrenos, bem como as medidas iniciais de manutenção, paguei um total de 1,22 milhão de euros. Felizmente, eu tinha um banqueiro esperto, que entendeu que era uma pechincha e que eu não poderia errar com esse investimento. O banco emprestou-me 1,164 milhão de euros para cobrir a compra e os custos de aquisição, bem como outros 78 mil euros para a modernização do edifício. Ao todo, me emprestaram 1,24 milhão de euros, 27.000 euros a mais do que precisava para a compra, custos de aquisição e modernização. Então, comprei a propriedade com patrimônio zero.

No entanto, concordei com uma taxa de reembolso inicial muito alta, de 6%. A dívida residual no final de março de 2015 era de apenas 224.000 euros. Com os preços no mercado imobiliário de Berlim disparando e alguns investidores pagando valores que eu simplesmente não conseguia entender, decidi vender o prédio, pelo qual recebi 4,2 milhões de euros. Nos dez anos em que mantive a propriedade, aumentei os aluguéis apenas moderadamente, mas, embora tenha comprado o prédio em 2004 por 6,8 vezes a renda anual líquida fria, consegui vendê-la a uma relação preço/aluguel de 24 em 2015. Então, foi assim que consegui transformar zero euro em quatro milhões de euros em cerca de dez anos. Foi um investimento imobiliário extraordinário, do tipo que raramente dá certo. No entanto — ou exatamente por isso mesmo —, há muito que você pode aprender com esse investimento.

Quando você compra um imóvel, como em qualquer outro investimento, você precisa ter uma visão de futuro. No início do milênio, como outros, vi os problemas do mercado imobiliário de Berlim: altas taxas de vacância, estagnação e queda nos aluguéis. Ao mesmo tempo, porém, também vi as oportunidades inerentes. Já em 18 de abril de 2000, publiquei um artigo no *Die Welt* com o título: *Os preços vão dobrar em dez anos*. Tendo em vista o estado sombrio do mercado — o artigo se referia a quedas de preços de até 50% para apartamentos em áreas residenciais de médio porte — poucos aceitaram minha avaliação.

Mas eu tinha a lógica do meu lado: "Há uma escassez de moradias no horizonte", argumentei em meu artigo, "porque a construção e modernização de moradias em Berlim sempre foram impulsionadas pelos impostos. Quando o subsídio especial de depreciação expirar no final de 1998, pela primeira vez os investidores terão de sobreviver sem vantagens fiscais específicas. No entanto, dado que os aluguéis são tão baixos, isso muitas vezes não vale a pena". A minha conclusão: a oferta de habitação diminuiria e as rendas e os preços aumentariam significativamente em médio e longo prazos.

Nunca é fácil identificar o momento perfeito para um investimento. Quando os preços estão baixos, sinto-me bastante seguro. Assim que eles começam a subir e o clima muda, fico nervoso. Neukölln é um bom exemplo. O *boom* lá começou há alguns anos. Da relação preço/aluguel entre 9 e 10, os preços inicialmente subiram para 12-13 vezes o aluguel frio anual líquido. Isso me pareceu muito caro: "Será que eu seria louco de comprar na proporção de 13 em Neukölln? Isso é quase o dobro do que paguei na primeira vez!". Mas minha relutância em pagar preços mais altos estava completamente errada. O que eu não esperava era que os preços continuassem subindo ano após ano, e até explodissem. Se eu tivesse comprado naquela época na proporção de 13, provavelmente poderia vender novamente hoje por mais do que o dobro do preço.

No entanto, isso é algo que os investidores anticíclicos simplesmente precisam aceitar. Como um investidor anticíclico, é altamente provável que você venda prematuramente e observe os preços continuarem subindo. Ou você vai parar de comprar antes que os preços cheguem ao fundo do poço. Mas não fiquei zangado com isso nem por um segundo, essa não é a minha mentalidade. Acho que todos nós já temos o suficiente para lidar com o presente e planejar o futuro, e seria um desperdício de energia nos preocuparmos com oportunidades perdidas que nunca mais voltarão a aparecer. A experiência que fiz com meus pequenos investimentos foi repetida várias vezes pelos grandes investidores.

Para investidores anticíclicos, crises e colapsos oferecem oportunidades de ouro. Numa época em que outros investidores estão ocupados lambendo suas feridas, eles prosperam. Nunca há um momento melhor para comprar do que durante o pânico de uma quebra do mercado. Warren Buffett às vezes passa anos observando uma determinada empresa cuja estratégia de negócios ele gosta, esperando por uma oportunidade de comprar a empresa por um bom preço. Em tempos de alta nos preços do mercado de ações e euforia geral, essas oportunidades são raras. Em tempos de crescente desespero e mal-estar

106 | Ouse ser diferente

geral, quando os acionistas estão tentando se livrar de suas ações o mais rápido possível, é quando os investidores que sabem como agir anticiclicamente aproveitam suas chances.

Para um homem como Warren Buffett, até tragédias como os ataques de 11 de setembro se apresentam como oportunidades. Ajit Jain, o gerente de seus interesses de seguros, imediatamente começou a vender cobertura de seguro contra-ataques terroristas, preenchendo uma lacuna no mercado que a destruição do World Trade Center havia tornado tragicamente evidente. Jain segurou o Rockefeller Center e o Chrysler Building em Manhattan, uma refinaria de petróleo sul-americana, uma plataforma de petróleo no Mar do Norte e a Sears Tower em Chicago. A empresa Berkshire, de Buffett, até segurou os Jogos Olímpicos contra o risco de cancelamento ou não participação de atletas americanos. As Olimpíadas de Inverno em Salt Lake City foram cobertas pelas políticas da Berkshire, assim como a Copa do Mundo de futebol. Buffett não ficou menos chocado com as atrocidades do que outros americanos. No entanto, ele não deixou que a indignação pessoal atrapalhasse seus interesses comerciais. "Dinheiro combinado com coragem, em uma crise, não tem preço", diz ele[156].

O gerente de fundos John Paulson certamente compartilha as crenças de Buffett. Enquanto a maioria dos americanos contava com o aumento dos preços das casas, Paulson percebeu desde cedo que, nos anos de crédito barato após os ataques de 11 de setembro, uma bolha imobiliária estava se expandindo em proporções gigantescas, e esperou impacientemente que ela estourasse.

Ele não foi o único a perceber que a bolha iria estourar, mas foi uma das poucas pessoas que começaram a pensar em como lucrar com esse conhecimento. Quais instrumentos financeiros podem ser usados para apostar no resultado que ele previu? Qual foi o momento certo para começar a apostar? Como conquistar outros investidores em um momento em que todos ainda estavam eufóricos com o futuro do mercado imobiliário?

---

156. SCHROEDER, Alice. *The Snowball*. Warren Buffett and the Business of Life. Londres, 2008, p. 719.

Paulson primeiro tentou lucrar com a queda dos preços vendendo a descoberto ações de empresas envolvidas no desenvolvimento imobiliário. Quando essa estratégia falhou, ele e alguns outros investidores começaram a procurar uma maneira melhor de lucrar mais diretamente com a esperada queda nos preços dos imóveis.

Eles acabaram decidindo pelos chamados contratos de CDS, que garantiam pacotes de hipotecas *subprime* contra inadimplência. Como a maioria dos participantes do mercado não acreditava em inadimplência, os prêmios de seguro eram ridiculamente baixos.

Os investidores que compraram essas hipotecas *subprime* confiavam cegamente nas avaliações das agências de classificação, que por sua vez se baseavam em cálculos do risco de inadimplência. Mas Paulson não se deixou enganar tão facilmente: ele sabia que esses cálculos eram baseados em dados históricos de uma época em que os preços das casas ainda estavam em alta e a porcentagem de hipotecas *subprime* oferecidas a proprietários de imóveis com classificação de crédito duvidosa era muito menor. Ele duvidava que previsões confiáveis para o futuro fossem possíveis com base nesses dados. No início, Paulson teve muita dificuldade em encontrar investidores dispostos a apostar no estouro da bolha imobiliária. A maioria dos investidores não pensa de forma anticíclica; na verdade, seria uma contradição em termos, se pensassem. Depois de finalmente levantar capital suficiente, ele se deparou com outro problema. Em vez de subir à medida que outros participantes do mercado começaram a reconhecer o risco de inadimplência, como ele esperava, os preços dos contratos de CDS continuaram caindo. Muitos de seus investidores começaram a questionar sua estratégia e queriam seu dinheiro de volta.

Paulson não se mexeu. Ele estudou o mercado de hipotecas por dentro e por fora, constantemente em busca de classificações de crédito ruins e hipotecas de alto risco, aquelas sistematicamente ignoradas pelos participantes mais otimistas do mercado. Ele passou muito tempo identificando os mercados imobiliários locais nos Estados Unidos, onde a especulação e as práticas questionáveis de empréstimos hipotecários levaram aos piores excessos.

Os bancos americanos concederam indiscriminadamente hipotecas a pessoas que não tinham renda nem capital, às vezes sem sequer pedir comprovação de renda. As taxas de juros dessas hipotecas permaneceram extremamente baixas nos primeiros dois anos, mas subiram acentuadamente a partir de então. Foi uma aposta que valeria a pena apenas enquanto as taxas de juros estivessem baixas e os preços das casas continuassem a subir.

Paulson achava que isso não poderia continuar por muito mais tempo. Ele estava convencido de que, mais cedo ou mais tarde, muitos desses detentores de hipotecas deixariam de pagar. Sua estratégia valeu a pena em longo prazo. Quando a bolha imobiliária estourou, desencadeando uma crise financeira e econômica global, os investidores de seu fundo ganharam 20 bilhões de dólares com o que a maioria dos participantes do mercado percebeu como uma catástrofe de dimensões sem precedentes. O próprio Paulson ficou com uma participação de 20%, totalizando 4 bilhões. Há um livro sobre ele chamado *The Greatest Trade Ever*. Foi, realmente, o maior negócio já feito na história das finanças.

Reconhecer uma oportunidade no que os outros percebem como uma crise exige uma força mental especial. Você tem que ter coragem de agir contra a opinião popular. Não importa o quão convencido esteja de sua própria estratégia, você está fadado a começar a duvidar de si mesmo em algum ponto: é realmente a maioria dos outros que está errada, ou eu me fixei em algo a ponto de não conseguir ver as falhas em meu próprio pensamento? Ou será possível que eu realmente tenha percebido algo que a maioria dos participantes do mercado ainda não percebeu?

A capacidade de nadar contra a maré é algo que todos os empreendedores e investidores de sucesso têm em comum. Quando Howard Schultz estava elaborando uma estratégia para a expansão da Starbucks em nível nacional, ele poderia ter encontrado inúmeras boas razões pelas quais seus planos eram muito ambiciosos e irrealistas. "Desde o primeiro dia, a Starbucks estava contrariando as probabilidades"[157].

---

157. SCHULTZ, Howard; YANG, Dori Jones. *Pour Your Heart Into It*: How Starbucks Built a Company One Cup at a Time. Nova York, 2007, p. 31.

Seattle, onde a Starbucks se originou, estava passando por uma grave recessão no início dos anos 1970. A Boeing, maior empregadora da cidade, perdeu tantos negócios que a empresa foi forçada a reduzir sua força de trabalho de 100.000 para 38.000 empregados ao longo de três anos. Muitas pessoas se mudaram. Na época em que a Starbucks abriu sua primeira loja, um *outdoor* perto do aeroporto dizia: "Será que a última pessoa a sair de Seattle apagará as luzes?".

De qualquer forma, não era um momento auspicioso para criar uma rede de cafés. O consumo geral de café nos Estados Unidos vinha caindo constantemente na década anterior. Se os fundadores da Starbucks tivessem encomendado um estudo de grupo focal, o resultado teria sido desanimador. Mas eles não estavam interessados em pesquisa de mercado e não perderam tempo em encontrar razões pelas quais sua ideia estava fadada ao fracasso. Claro, faz sentido pesar os prós e os contras de qualquer meta que você definiu para si mesmo. Mas, a menos que você realmente experimente, nunca saberá se seu plano funcionará ou não. Tentar e falhar é muito melhor do que não tentar — se você não tentar, você já falhou.

Condições adversas também podem ser consideradas oportunidades. Veja a história do Google, que sem dúvida fez parte do *hype* da internet no final dos anos 1990. Na época, muitos profetas previram o início da era do espaço virtual. Novas empresas foram formadas diariamente, a maioria das quais acabaria perdendo enormes somas de dinheiro. Em 2000, cerca de 18 meses após a fundação do Google, a bolha *ponto-com*[158] estourou. O mercado reagiu como sempre — excessivamente. De repente, qualquer coisa relacionada à internet passou a ser considerada um negócio arriscado, levando a demissões em massa no Vale do Silício. Felizmente, os fundadores do Google, Larry Page e Sergej Brin, mostraram-se imunes ao mal-estar geral. Ambos viram a crise como uma oportunidade única de recrutar talentos de primeira linha de outras empresas, com salários razoáveis. Designers de *software* e matemáticos, que antes eram inacessíveis para uma nova empresa

---

158. A bolha *ponto-com* foi uma bolha especulativa entre 1994 e 2000, caracterizada por uma forte alta das ações das novas empresas de tecnologia.

como o Google, de repente estavam implorando a Page e Brin por empregos. Eles conseguiram contratar os melhores e mais brilhantes, e sua empresa se desenvolveu em uma velocidade que seria impensável se não fosse pela crise.

Resumindo: pessoas de sucesso têm coragem de pensar e agir diferente da maioria. Eles são autoconfiantes o suficiente para desconsiderar a opinião dos outros. Às vezes, eles podem até ter prazer em agir contra a opinião dominante. E mesmo em meio a uma grave crise — ou melhor, especialmente em meio a uma grave crise — quando outros se sentem assustados e desesperados, eles conseguem reunir coragem para se concentrar nas oportunidades trazidas por essa mesma crise.

Algumas pessoas têm dificuldade em aceitar que são diferentes das outras. Você é uma dessas pessoas? Se for, crie coragem com o fato de que poucas pessoas bem-sucedidas se conformam com as normas e convenções sociais. Por outro lado, algumas pessoas afirmam não se importar com o que os outros pensam delas. Acho isso difícil de acreditar. Nenhum de nós está completamente alheio à opinião dos outros. No entanto, há uma diferença importante: algumas pessoas conseguem lidar com a rejeição e a desaprovação, outras não. Este último geralmente indica falta de autoestima. Mas se você usar a opinião da maioria daqueles que não tiveram sucesso como parâmetro, continuará sendo tão malsucedido quanto eles. Ao pensar e agir como todo mundo, você alcançará tanto quanto todo mundo. Para almejar mais do que a maioria, você deve aprender a pensar de forma independente, para agir de forma independente, e alcançar mais do que os outros.

Capítulo 6

Aprenda a ganhar terreno

Ninguém gosta de discussões. Com exceção dos notórios encrenqueiros, todos nós tentamos evitá-las. Argumentos custam tempo e energia; em qualquer situação, sempre pergunte a si mesmo se vale a pena discutir sobre um assunto ou não. No entanto, aqueles de nós que evitam discussões a qualquer custo nunca moverão nada ou mudarão nada.

No nível gerencial, em particular, existem dois tipos diferentes: o chefe *carinhoso*, em busca de harmonia, que prefere que todos concordem em tudo e que, acima de tudo, quer ser querido por sua equipe; e o executivo duro e voltado para o sucesso, que está bastante preparado para enfrentar confrontos significativos de interesses em sua empresa em prol da mudança e do progresso.

Jack Welch é um excelente exemplo do segundo tipo. Em seus vinte anos como CEO da General Electric (GE), de 1981 a 2001, ele aumentou o faturamento da empresa de 27 bilhões para 130 bilhões de dólares, enquanto os lucros anuais aumentaram 600%, para 12,7 bilhões de dólares. No final de 2000, a GE era a empresa mais valiosa do mundo, com uma capitalização de mercado de 475 bilhões. Ele também reduziu a força de trabalho de 400.000 funcionários da GE em um quarto. Como você pode imaginar, seu estilo de liderança levou a grandes discussões e confrontos. Em 1999, Welch foi eleito o Gerente do Século pela revista *Fortune*. Vale a pena examinar seus princípios de liderança.

Uma das características mais marcantes de Welch era sua disposição para enfrentar qualquer um em uma discussão. Claro, ele não começou a discutir por discutir, mas logo percebeu que o único caminho a seguir para a gigantesca e esclerosada corporação

112 | Aprenda a ganhar terreno

era mudar completamente suas estruturas. Ele sabia que para tornar sua empresa apta para o futuro, teria que lutar contra as influências de grupos de interesses especiais, contra o nepotismo, o excesso de burocracia e a preguiça.

Depois de ter sido nomeado CEO, foi convidado a falar na *Elfun Society*, um encontro exclusivo de ambiciosos colarinhos brancos na GE. Eles ficaram em choque quando ele começou seu primeiro discurso dizendo: "Obrigado por me pedir para falar. Esta noite, gostaria de ser sincero e começarei deixando vocês refletirem sobre o fato de que tenho sérias reservas sobre sua organização"[159]. Nunca medindo palavras, ele explicou ao público que considerava o grupo deles um conceito ultrapassado, com o qual ele não se importava. Quando ele terminou, seu ilustre público ficou sem palavras.

Ele os chocou ainda mais ao desenhar um diagrama de três círculos denotando as diferentes divisões do conglomerado multinacional. Todas as divisões fora dos três círculos, incluindo muitas com tradições de longa data e muitos funcionários, estavam programadas para reestruturação, venda ou fechamento. Isso incluía divisões como pequenos eletrodomésticos, ar-condicionado central, fabricação de televisores, produtos de áudio e semicondutores, todas áreas nas quais Welch não achava que a GE seria capaz de resistir aos concorrentes asiáticos em longo prazo. Os executivos e funcionários que trabalhavam nessas divisões ficaram indignados. Mais de um disse: "Estou em uma colônia de leprosos? Não foi para isso que entrei na GE"[160]. Somente nos primeiros dois anos do reinado de Welch, ele vendeu 71 divisões e linhas de produtos, aumentando drasticamente a produtividade, mas também provocando grande ressentimento. Muitos outros executivos poderiam não ter levado adiante essas mudanças radicais diante de tanta oposição.

Quando Welch vendeu a divisão de utilidades domésticas, ele foi bombardeado com cartas raivosas de funcionários indignados. "Se o e-mail existisse", Welch percebeu, "todos os servidores da empresa

---

159. WELCH, Jack; BYRNE, John A. *Jack. Straight from the Gut.* Londres, 2001, p. 98.
160. *Ibid.*, p. 110.

estariam entupidos". Todas as cartas expressavam sentimentos semelhantes: "Que tipo de pessoa você é? Se você faz isso, está claro que
fará qualquer coisa!"[161].

No período de cinco anos, Welch demitiu 118.000 funcionários,
de divisões não lucrativas. "Em toda a empresa, as pessoas lutavam
para lidar com a incerteza", lembra Welch[162]. Em vez de se esconder,
ele confrontou sua força de trabalho abertamente, realizando me-
sas-redondas quinzenais com cerca de 25 funcionários. "Eu queria
mudar as regras de engajamento, pedindo mais — de menos. Eu
estava insistindo que tínhamos que ter apenas as melhores pessoas"[163].
Welch não confrontou apenas os executivos e funcionários de sua
própria empresa: ele também enfrentou líderes sindicais, prefeitos e
políticos que tentavam pressioná-lo. Em uma visita ao governador de
Massachusetts, o anfitrião de Welch expressou sua esperança de que
a GE criasse mais empregos em seu estado. "Governador", respondeu
Welch, "tenho que lhe dizer. Lynn é o último lugar na terra em que
eu colocaria mais trabalho. A fábrica em Lynn foi a única a resistir ao
contrato nacional que a GE assinou com os sindicatos. Por que devo
colocar trabalho e dinheiro onde há problemas, quando posso estruturar
plantas onde as pessoas as querem e as merecem?"[164].

A revista *Fortune* nomeou Welch como o número um entre os
Dez Chefes Mais Difíceis da América. Em uma reportagem sobre
ele, funcionários que preferiram permanecer anônimos disseram:
"Trabalhar para ele é como uma guerra. Muitas pessoas levam tiros;
os sobreviventes vão para a próxima batalha". O artigo afirmava
que ser bombardeado com perguntas por Welch era fundamental
para um ataque físico[165]. Por outro lado, era generoso nos elogios,
reconhecendo o bom trabalho e recompensando com bônus os
funcionários que se destacavam.

---

161. *Ibid.*, p. 120.
162. *Ibid.*, p. 121.
163. *Ibid.*, p. 122.
164. *Ibid.*, p. 130-131.
165. *Ibid.*, p. 131.

114 | Aprenda a ganhar terreno

Ele refutou qualquer crítica à sua abordagem *dura*. Em sua autobiografia, ele ainda diz: "Eu não deveria ter me agoniado tanto quanto fiz com tantas pessoas que não iriam ficar. A lição consistente que aprendi ao longo dos anos é que, em muitos casos, tenho sido muito cauteloso. Eu deveria ter derrubado as estruturas mais cedo, vendido divisões fracas mais rapidamente do que fiz"[166].

Welch era igualmente intransigente com os funcionários que não compartilhavam dos valores da empresa, por melhores que fossem os resultados alcançados. Seu conselho para outros executivos era não demiti-los às escuras, usando desculpas como "Charles saiu por motivos pessoais, para passar mais tempo com sua família"[167]. Em vez disso, ele recomendou ser sincero sobre o fato de um funcionário ter sido demitido por se recusar a cumprir os valores da empresa. "Você pode ter certeza de que o substituto de Charles agirá de maneira diferente, sem contar que ninguém mais duvidará de seu compromisso com os valores"[168].

Welch não suportava resmungões, que viviam reclamando sobre tudo que havia de errado com a empresa e sobre não ser valorizado e apreciado o suficiente. Os chefes cujos funcionários agiam dessa maneira só podiam culpar a si mesmos, afirmou ele, porque haviam criado uma cultura de direitos, fomentando em seus funcionários "uma cultura clássica de direitos, na qual seu pessoal tem o negócio exatamente ao contrário. Eles acham que você trabalha para eles"[169]. Seu conselho aos executivos mais gentis foi: "Você está administrando uma empresa, não um clube social ou um serviço de aconselhamento"[170]. Ele recomendou que eles mudassem a cultura dentro de sua empresa o mais rapidamente que pudessem, e disse-lhes para se manterem firmes: "Sem dúvida, você ouvirá gritos de dor ao

---

166. *Ibid.*, p. 138.
167. WELCH, Jack; WELCH, Suzy. *Winning*: The Answers. Confronting 74 Of the Toughest Questions in Business Today. Londres, 2006, p. 58.
168. *Ibid.*
169. *Ibid.*, p. 84.
170. *Ibid.*, p. 85.

desmantelar sua cultura de direitos. De fato, alguns funcionários de quem você gosta e a quem valoriza podem sair, em protesto. Aceite o golpe e deseje-lhes boa sorte"[171].

Acima de tudo, Welch pregava uma cultura de comunicação. Dessa forma, disse ele, cada funcionário sabia o que era o quê e se o seu desempenho estava à altura. Muitas empresas cometeram o erro de ceder "à tendência muito humana de suavizar mensagens duras e urgentes com falsa gentileza ou falso otimismo"[172]. Muitos chefes evitavam o impacto ao invés de "ir direto e dizer aos funcionários de baixo desempenho como eles estavam indo mal até que, em uma explosão de frustração, eles os demitiam"[173]. Os gerentes se orgulhavam de ser muito *gentis* ou muito *legais* para dizer a seus funcionários "exatamente onde eles estão, em particular, os verdadeiros perdedores"[174].

Isso ocorre porque eles não são capazes de, ou não querem, manter uma postura firme. É mais fácil evitar discussões do que tomar parte nelas. Brigar custa tempo e energia, e geralmente envolve riscos, porque o resultado de uma discussão está sempre em aberto.

No entanto, a maioria das pessoas sente, instintivamente, quando está lidando com alguém que é excessivamente preocupado com harmonia, consenso e conciliação. Elas estão certas em considerar essa característica uma fraqueza. Buscar harmonia é uma coisa boa, mas, como acontece com a maioria das coisas boas, você pode ter isso em excesso. Um desejo exagerado de harmonia geralmente resulta em medo. As pessoas que têm medo de irritar os outros e têm medo do desacordo, da desaprovação, geralmente sofrem de baixa autoestima. Sem confiança para pensar que podem vencer uma discussão, elas as evitam totalmente. Ao fazer isso, já perderam. Pessoas com baixa autoestima, que geralmente relutam em se manter firmes e se envolver em confrontos, raramente conquistarão o respeito dos outros. Se você se considera fraco, os outros farão o mesmo.

---

171. *Ibid.*, p. 86.
172. *Ibid.*, p. 99.
173. *Ibid.*
174. *Ibid.*, p. 128.

116 | Aprenda a ganhar terreno

Em empresas com hierarquias funcionais, esse tipo de pessoa não será promovido a um cargo de liderança. Afinal, quem gostaria de confiar as funções de liderança a alguém que evita o confronto e valoriza a harmonia acima de tudo? Outros funcionários podem gostar dessa pessoa, mas não a respeitariam. Como um chefe que deseja ser apreciado pelos outros mais do que qualquer outra coisa poderia impor as medidas necessárias, ou conduzir avaliações abertas e desagradáveis com funcionários que estão aquém das expectativas?

O que fazer se você é um nato buscador de harmonia? Em primeiro lugar, você precisa se esforçar para mudar sua natureza. Em segundo lugar, precisa contratar gerentes que estejam dispostos a se confrontar, e possam assim compensar sua própria fraqueza. Você seria capaz de delegar essas tarefas desagradáveis a eles, em certa medida.

A capacidade de se manter firme é a precondição para se afirmar contra os outros. O biógrafo de Arnold Schwarzenegger afirma: "Ele sempre quer ser diferente de todos os outros, ele se recusa a se assimilar ao mundo ao seu redor e, assim, cria um ambiente que se assimila a ele, e não o contrário"[175].

Livros de autoajuda sobre como lidar com outras pessoas, na linha do clássico de Dale Carnegie, *Como fazer amigos e influenciar pessoas*, tradicionalmente favorecem uma abordagem diferente. "A única maneira de obter o melhor de uma discussão é evitá-la", conclui Carnegie em um capítulo intitulado *Você não pode vencer uma discussão*[176]. Em outro trecho, ele aconselha seus leitores: "Respeite a opinião alheia. Nunca diga: 'Você está errado'"[177].

O livro de Carnegie contém muitos conselhos úteis sobre o que fazer e o que não fazer ao criticar as pessoas. Muitos gerentes alcançariam resultados muito melhores seguindo suas sugestões. Warren Buffett até criou um programa de treinamento individual com base na filosofia de Carnegie, e ele se tornou um dos investidores e gerentes mais bem-sucedidos de todos os tempos. No entanto, as pessoas que

---

175. HUJER, Marc. *Arnold Schwarzenegger*. Die Biographie. Munique, 2009, p. 23.
176. CARNEGIE, Dale. *How to Win Friends and Influence People*. Londres, 1936, p. 126.
177. *Ibid.*, p. 139.

evitam o confronto tendem a ter uma visão unilateral do conselho de Carnegie, usando-o como desculpa para evitar discussões a qualquer custo. Todos nós sabemos que a vida real não funciona assim.

Aqueles em posições de autoridade são respeitados apenas se tiverem um histórico de risco de confronto, se, e conforme necessário, para fazer o que precisa ser feito. Isso não significa necessariamente levantar a voz e endurecer, mas significa priorizar a aplicação de metas e expectativas legítimas. Se isso puder ser feito de maneira gentil, bom para você. Mas todo gerente sabe que às vezes pode ser necessário expressar críticas de forma inequívoca. Se você não conseguir fazer isso, terá problemas para se afirmar, liderar os outros e obter respeito.

Os livros sobre liderança muitas vezes pintam um quadro irreal do gerente de sucesso. Ele ou ela é sempre lento para criticar e generoso com elogios, nunca levanta a voz e nunca rebaixa um funcionário na presença de outras pessoas. Esses empreendedores e executivos ideais certamente estão por aí, mas, com a mesma certeza, eles são superados em número pela grande maioria dos outros que são bem diferentes do tipo retratado em livros e seminários sobre liderança. Análises de empresários bem-sucedidos mostraram que há um lado negativo na capacidade de se envolver em discussões: uma forma de lidar com funcionários que está longe de ser exemplar, mas contraproducente, pois leva à desmoralização, ou mesmo à perda, de funcionários valiosos.

Veja Bill Gates, um dos empresários mais bem-sucedidos da história. Em alguns aspectos, ele é exatamente o oposto do executivo defendido em livros sobre liderança. Gates era conhecido por enviar e-mails para seus funcionários no meio da noite (muitas vezes, eles ainda estariam no trabalho). Uma mensagem típica começaria: "Este é o código mais estúpido já escrito"[178]. Seus funcionários se referiam a eles como *correio de fogo* — eles eram "contundentes e muitas vezes sarcásticos"[179].

---

178. WALLACE, James; ERICKSON, Jim. *Hard Drive*. Bill Gates and the Making of the Microsoft Empire. Chichester, 1992, p. 50.
179. *Ibid.*, p. 277.

118 | **Aprenda a ganhar terreno**

Mesmo antes de fundar a Microsoft, ele era conhecido por suas birras. Quando ainda estava trabalhando com o MITS, ele frequentemente explodia. O chefe do MITS lembra "dele entrando em meu escritório naquele primeiro verão e gritando, berrando a plenos pulmões que todo mundo estava roubando seu *software*, e ele nunca iria ganhar dinheiro, e ele não faria mais nada a menos que o colocássemos na folha de pagamento"[180].

Um gerente de linha da Microsoft lembra: "Ele intimidava as pessoas. Apenas impor sua proeza intelectual a alguém não ganha a batalha, e ele não sabia disso"[181]. Quando um de seus gestores lhe disse que não poderia gerenciar um projeto e escrever o código simultaneamente, Gates explodiu, batendo o punho na mesa e gritando a plenos pulmões[182].

Uma funcionária lembra que a agressão era a configuração padrão de Gates. "Eu apenas esperava que ele terminasse de reclamar e delirar e, quando ele se cansava, conversávamos. Ocasionalmente, ele me enviava apenas e-mails raivosos"[183]. Também com suas secretárias ele "muitas vezes era condescendente". Seu temperamento "era perturbador para os funcionários não familiarizados com seu estilo de confronto". Outro funcionário lembra que todos "sempre ficavam aliviados quando ele estava fora da cidade"[184].

Gates tinha um estranho senso de humor. Um visitante da empresa lembra: "Estávamos saindo do prédio por volta das 8 horas da noite, e um programador estava acabando de encerrar o dia. Ele disse: 'Ei, Bill, estou aqui há 12 horas'. E Bill olhou para ele e disse: 'Ahhhhh, trabalhando meio período de novo?'. Foi engraçado, mas você poderia dizer que Bill estava meio sério"[185].

Embora Gates não fosse fácil de lidar, seus funcionários apreciavam o fato de sempre saberem onde estavam com ele. Diz um membro de sua equipe: "Muitas pessoas não gostam de seus empregos

---

180. *Ibid.*, p. 101.
181. *Ibid.*, p. 266.
182. *Ibid.*, p. 282-283.
183. *Ibid.*, p. 293.
184. *Ibid.*, p. 161-162.
185. *Ibid.*, p. 266.

porque não recebem nenhum *feedback*. Não havia nenhum problema lá. Você saberia exatamente o que Bill pensava do trabalho que você estava fazendo"[186].

E, claro, as anedotas sobre o notório temperamento de Gates contam apenas um lado da história: ele sabia melhor do que qualquer outro empreendedor como inspirar e motivar sua equipe para atingir um objetivo comum. Ninguém pode obter excelente desempenho dos funcionários apenas pressionando-os. Embora Bill Gates fosse conhecido por sua atitude agressiva em relação aos outros, ele também sabia como encorajar sua equipe, dando-lhes bastante liberdade para se desenvolverem criativamente. O espírito pioneiro e a atmosfera inspiradora da Microsoft atraíram para a empresa muitos jovens inteligentes e ambiciosos.

Bill Gates não é o único líder empresarial a se comportar de maneira aparentemente contraditória. O biógrafo de Rupert Murdoch afirma que um magnata da mídia com um patrimônio líquido de 18,5 bilhões de dólares "não precisa ser querido; ao que parece, nem mesmo gosta de ser querido"[187]. Ele foi, no entanto, capaz de motivar sua equipe em um grau extremamente alto. "Para seus funcionários [...] ele pode ser frio, impaciente, todo profissional e até cruel. E, no entanto, entre eles há uma sensação de empolgação e oportunidade de trabalhar para ele, e isso antes de ele ter feito muito para sugerir grande empolgação ou oportunidade"[188].

O fundador da Apple, Steve Jobs, é outro excelente exemplo. Trabalhar para ele, escrevem seus biógrafos, era como estar em uma gangorra entre "achar Steve irritante, frustrante, intolerável e, ainda assim, responder ao chamado de seu clarim, marchando ao ritmo de seu tambor de bom grado, até mesmo com prazer"[189]. Jobs não se importava com as pessoas que o contradiziam, mas "isso só se aplicava

---

186. *Ibid.*, p. 298.

187. WOLFF, Michael. *The Man Who Owns the News*. Inside the Secret World of Rupert Murdoch. Londres, 2008, p. 35.

188. *Ibid.*, p. 18.

189. YOUNG, Jeffrey S.; SIMON, William L. *iCon Steve Jobs*. The Greatest Second Act in the History of Business. Frankfurt, 2006, p. 77.

120 | **Aprenda a ganhar terreno**

a pessoas que ele respeitava, pessoas que tinham uma contribuição real a dar e a quem ele podia considerar, em certos aspectos, como seu igual. Para qualquer outra pessoa que tentasse responder a Steve, seu tempo na empresa provavelmente chegaria a um fim abrupto"[190].

Algumas das regras nas quais Jobs insistia eram bastante absurdas. Escrever no quadro branco era um privilégio que ele reservava apenas para si. Quando Alvy Ray Smith, que viria a ser cofundador da Pixar, pegou um marcador em violação a essa regra, Jobs explodiu, gritando: "Você não pode fazer isso!". Alvy ficou atordoado e sem palavras quando Steve se inclinou para ele até que seus narizes quase se tocaram e lançou insultos com o objetivo de rebaixar, menosprezar e ferir. Smith largou o emprego. "Ele deu quinze anos de sua vida, mas estava disposto a desistir de tudo em vez de continuar tendo Steve Jobs nela"[191]. Esta história mostra os danos que homens como Jobs podem causar, a si mesmos e às suas empresas, com seu comportamento.

Jobs, dizem seus biógrafos, estava cercado por uma "aura de medo [...], como uma nuvem escura. Você não queria ser chamado na frente dele para fazer uma apresentação do produto porque ele poderia decidir cortar o produto — e você com ele. Você não queria encontrá-lo em um corredor porque ele poderia não gostar de uma resposta que você desse e diria algo tão humilhante que poderia minar sua confiança por semanas. E você com certeza não queria ficar preso em um elevador com ele porque, quando as portas se abrissem, você poderia não ter emprego"[192]. Mas deixe-me repetir: felizmente, este é apenas um lado da história. Quem já viu Steve Jobs fazer um de seus discursos eletrizantes pode facilmente imaginar como ele sempre conseguiu criar uma atmosfera inspiradora e desafiadora em sua empresa, motivando seus funcionários a darem o melhor de si, apesar de seus acessos de raiva. No entanto, se você não tiver o carisma de Jobs, seria aconselhável não testar a paciência de sua equipe de maneira tão extrema.

---

190. *Ibid.*, p. 184.
191. *Ibid.*, p. 185.
192. *Ibid.*, p. 235-236.

Trabalhar para o guru do marketing David Ogilvy também não era nada fácil. Como relata seu biógrafo, Ogilvy "não tinha escrúpulos em impor seus padrões". Um de seus redatores diz: "Você tinha que ter a pele de um rinoceronte para sobreviver a uma reunião com Ogilvy, ou ter feito sua lição de casa em profundidade e executado sua estratégia impecavelmente [...]. Ele não estava acima do argumento *ad hominem* ou de qualquer outro ataque que ele sentia que chegaria ao pecador. E, como De Gaulle, ele sentia que o elogio deveria ser uma mercadoria rara — para não desvalorizar a moeda"[193].

Quando Ogilvy editava algo que um de seus funcionários havia escrito, parecia "como ser operado por um grande cirurgião que poderia colocar a mão no único órgão sensível de seu corpo. Você podia senti-lo colocar o dedo na palavra errada, na frase suave, no pensamento incompleto"[194]. Seu irmão Francis, que dirigiu a agência antes dele, era um tipo semelhante. "As pessoas chegavam na segunda-feira de manhã e encontravam notas 'De F. O.' em suas mesas: 'Você prometeu uma entrega... Por favor, agilize' ou 'Eu pedi... Por favor, explique por que você ainda não...'"[195].

Trabalhar com o investidor bilionário George Soros, relatam seus funcionários, era difícil porque "você sentia que estava constantemente sendo questionado". Ele tratava sua equipe como alunos do ensino médio um pouco lentos. "Era muito fácil para ele perder a paciência. Ele tinha um jeito de olhar para você com olhos tão penetrantes que você se sentia sob uma arma de *laser*... Ele sempre parecia querer você por perto, mas nunca pensava que você acertaria; ele apenas toleraria você, quase como se você fosse um ser inferior"[196]. Tão convencido estava Soros de suas próprias capacidades intelectuais extraordinárias que "tinha dificuldade em tolerar pessoas que considerava menos dotadas"[197].

---

193. ROMAN, Kenneth. *The King of Madison Avenue*. David Ogilvy and the Making of Modern Advertising. Nova York, 2009, p. 86-87.
194. *Ibid.*, p. 171.
195. *Ibid.*, p. 52.
196. SLATER, Robert. *Soros. The World's Most Influential Investor*. Nova York, 2009, p. 94.
197. *Ibid.*, p. 114.

122 | Aprenda a ganhar terreno

Ray Kroc, o homem por trás do sucesso do McDonald's, foi descrito como "uma espécie de ditador corporativo benigno" com "a aparência de um autocrata". Ele tinha ideias muito claras sobre o padrão de higiene que esperava de sua equipe. Ele odiava unhas sujas ou roídas, ternos amassados, camisas de manga curta e cabelos despenteados, e não suportava funcionários que mascavam chiclete, fumavam cachimbo, liam as páginas de quadrinhos ou usavam meias brancas[198]. Kroc acreditava "que uma aparência limpa e arrumada dizia algo sobre a força do caráter de alguém"[199]. "Ele até queria que seus funcionários mantivessem seus automóveis limpos"[200]. Às vezes, mandava os gerentes cortarem os pelos do nariz ou escovarem os dentes.

Qualquer pessoa que violasse essas regras era expulsa. Um funcionário que o buscou no aeroporto usando botas de caubói e dirigindo um carro sujo foi demitido na hora. Houve momentos em que Kroc teria demitido todos os seus gerentes de bom grado, mas sua raiva passava tão rapidamente quanto a explosão havia começado. Certa manhã, alguém que ele havia demitido no dia anterior estava limpando seu escritório quando Kroc entrou e perguntou: "O que você está fazendo?". Quando o ex-empregado o lembrou que havia sido demitido na noite anterior, Kroc disse-lhe para desfazer as malas e começar a trabalhar[201]. "Na verdade, a maioria de suas demissões nunca foi realizada, porque aqueles designados para concluir os processos perceberam que o fundador estava apenas desabafando"[202]. Kroc "tinha um temperamento forte e era capaz de explodir a qualquer momento", mas estava disposto a ouvir a razão e admitir que havia cometido um erro[203].

Henry Ford, o pai da indústria automobilística americana, era outro chefe que não estava nem um pouco interessado em harmonia. Ele se manteve firme em seu Modelo T, apesar do fato de que todos

---

198. LOVE, John F. *McDonald's*. Behind the Arches. Revised Edition. Nova York, 1995, p. 89.
199. *Ibid.*, p. 110.
200. *Ibid.*, p. 89.
201. *Ibid.*, p. 90.
202. *Ibid.*, p. 90.
203. *Ibid.*, p. 102.

ao seu redor diziam que ele precisava acompanhar o tempo e fazer mudanças. Quando um de seus funcionários aproveitou a ausência de Ford para começar a desenvolver um modelo sucessor, que orgulhosamente apresentou no retorno de Ford, este surtou, como relata uma testemunha: "Ele ergueu mãos, segurou a porta e *bang!* Ele arrancou a porta imediatamente! Deus! Como o homem fez isso, eu não sei! Ele pulou lá dentro, e *bang!* Vai outra porta. *Bang!* Vai para-brisa. Ele salta sobre o banco de trás e começa a bater em cima. Ele rasga a parte de cima com o salto do sapato"[204].

August Oetker, fundador da gigante alimentícia alemã Dr. Oetker, gostava muito de arrumação e limpeza e teria um acesso de raiva se alguém não cumprisse suas regras. Uma funcionária lembra: "Um dia, um tapete foi movido em uma sala e você podia ver que o chão não estava muito limpo por baixo. Não escapou ao seu conhecimento e ele disparou, usando os piores palavrões". Um trabalhador que ficou em cima de um tampo de mármore sem primeiro tirar os sapatos foi mandado embora pelo próprio Oetker[205].

Claro, nenhum desses empreendedores teve sucesso por causa de seu comportamento imprudente para com os outros — mas eles certamente tiveram sucesso *apesar* disso. Sua disposição de confrontar os outros, que é em princípio um traço de caráter positivo, tem um preço. E não se esqueça de que podemos estar dispostos a perdoar um gênio carismático dos negócios, como Gates ou Jobs, por algumas coisas que seriam a ruína profissional de um homem inferior. É improvável que alguém em uma posição gerencial subisse muito na hierarquia da empresa se tratasse sua equipe da mesma forma que Gates ou Jobs. Aqueles que teriam o poder de promover essa pessoa a veriam como um personagem difícil, que tem dificuldade em se encaixar e se relacionar com outros funcionários.

Homens como Soros, Jobs ou Gates não precisam se preocupar em como são vistos por seus chefes, porque são seus próprios chefes.

---

204. SNOW, Richard. *I Invented the Modern Age*. The Rise of Henry Ford. Nova York, 2013, p. 299.

205. JUNGBLUTH, Rüdiger. *Die Oetkers*. Geschäfte und Geheimnisse der bekanntesten Wirtschaftsdynastie Deutschlands. Frankfurt/Nova York, 2004, p. 69.

124 | Aprenda a ganhar terreno

Mas até mesmo Steve Jobs foi forçado a deixar sua própria empresa por muitos anos, principalmente por causa de seu estilo de liderança. Outros empresários escaparam de um destino semelhante apenas por serem donos da empresa e não poderem ser demitidos.

Muitos dos empreendedores citados neste livro sempre foram difíceis. Mesmo em tenra idade, eles achavam difícil se encaixar nas estruturas existentes e não estavam dispostos a aceitar a autoridade de ninguém. Essa experiência pode muito bem ter sido um fator-chave na decisão de se tornarem empreendedores.

Em meu livro *The Wealth Elite*, conduzi entrevistas com indivíduos de patrimônio líquido ultraelevado. Muitos de meus entrevistados se viam como pessoas difíceis, inconformistas demais para se integrar a estruturas prescritas ou se subordinar a outros. Em alguns casos, eles expressaram isso em termos bastante drásticos. Um disse que teria que tomar *pílulas* para conseguir trabalhar como empregado. Ele era muito rebelde e muito sabe-tudo. Outro disse que teria ficado *louco* trabalhando em uma empresa pública, e que não teria suportado isso a longo prazo: "Eu teria ido parar no hospício". Outro relatou que a ideia de potencialmente trabalhar para um chefe a quem ele se sentia superior, e a quem ele seria forçado a *curvar-se*, ou de quem deveria papaguear as palavras, era repugnante para ele. Ainda outro deixou a empresa para a qual trabalhava depois de apenas quatro semanas. Ele se vê como um *tipo alfa*, e teve a sensação de que a empresa queria começar *abaixando um pouco sua crista*[206].

Muitas pessoas bem-sucedidas aprenderam na infância, e como jovens adultos, a se afirmar em grandes discussões com figuras dominadoras de autoridade, uma habilidade que os beneficiou muito mais tarde na vida. O astro do tênis Boris Becker diz: "Ao longo dos anos, tive muitas discussões com meu pai. Frequentemente, não conversávamos por meses a fio. Ele presumia direitos aos quais não tinha direito, mesmo como pai"[207]. Depois que Boris venceu em Wimbledon pela primeira vez, seu pai ajudou uma estação de TV a organizar uma recepção da

---

206. Ver ZITELMANN, R. *The Wealth Elite*, capítulo 10.
207. BECKER, Boris. *The Player*. The Autobiography. Londres, 2004, p. 28.

vitória para ele em sua cidade natal, Leimen, embora Boris tivesse dito que não queria uma. Ele acabou tendo que concordar com isso, para que seu pai não passasse vergonha. Depois da primeira vez, avisou ao pai: "Bem, pai, desta vez deu tudo certo, mas, por favor, nunca mais, o.k.?"[208].

Após a segunda vitória de Becker em Wimbledon, seu pai organizou outra festa, sem perguntar ao filho com antecedência. Boris disse ao pai para cancelar os arranjos que havia feito. "Tarde demais", afirmou seu pai. "Como você pode fazer uma coisa dessas? Você não me respeita", respondeu Boris. Ele havia voltado a Leimen para um pouco de paz e sossego, não para repetir o que sua vitória significava para ele. "É isso. Não falarei com você por pelo menos seis meses"[209]. Seu pai não acreditou nele, mas Boris manteve sua promessa e não falou uma palavra com ele, por seis meses.

A tia do príncipe Alwaleed relembra a infância do lendário bilionário. "Ele era um rebelde, por causa do divórcio entre sua mãe e seu pai, e ficou do lado de sua mãe, mais de uma vez — e isso o tornou, de certa forma, um pária"[210].

Aos 13 anos, Alwaleed faltou tantas vezes que teve de ser forçado a ir à escola. "Finalmente", escreve Riz Khan em sua biografia do príncipe, "seu pai interveio. O jovem príncipe foi arrastado para a Arábia Saudita para frequentar a Academia Militar Rei Abdul Aziz, na esperança de incutir alguma disciplina nele [...]. Ele estava sendo enviado para lá para ser disciplinado, o que ia contra todos os seus instintos rebeldes"[211]. Não havia dúvidas, diz Khan, que "quando ele era jovem, Alwaleed era diferente, e um tanto perturbado"[212].

O verdadeiro problema começou quando ele deu um soco no estômago de um professor. Alwaleed foi pego olhando para a prova de um colega durante um exame. O professor disse que lhe daria um "F" e o mandou sair da sala. Alwaleed negou ter trapaceado e lembrou ao professor que era neto do rei Abdul Aziz e de Riad El Solh, o primeiro

---

208. *Ibid.*
209. *Ibid.*, p. 29.
210. KHAN, Riz. *Alwaleed*. Businessman, Billionaire, Prince. Londres, 2006, p. 22-23.
211. *Ibid.*, p. 26.
212. *Ibid.*, p. 30.

primeiro-ministro libanês. O professor respondeu algo como "Para o inferno com seus avós". O príncipe Alwaleed levantou-se e disse: "Antes de partir, tenho uma mensagem para você, de meus avós"[213]. E ele atingiu o professor com tanta força que este sofreu uma forte contusão. Não foi a primeira vez que Alwaleed se comportou mal, e seus professores já estavam exaustos. O diretor, que era amigo da família, não teve escolha a não ser expulsar o jovem príncipe.

Steve Jobs também foi um rebelde em sua juventude, e vivia brigando com seus pais e professores. Por causa de seu mau comportamento e indisciplina, ele foi várias vezes suspenso da escola. Ele se recusou a fazer o dever de casa, o que considerava uma perda de tempo. "Eu estava muito entediado na escola e me transformei em um pequeno terror", confessa Steve Jobs. Ele era o líder de uma gangue que plantava bombas e colocava cobras nas salas de aula. "Você deveria ter nos visto na terceira série", lembra ele. "Nós basicamente destruímos o professor"[214].

Seus pais não sabiam o que fazer. Quando ele anunciou que não iria mais à escola, eles decidiram se mudar. "Aos onze anos", escrevem seus biógrafos, "Steve já era capaz de demonstrar força de vontade suficiente para convencer seus pais a se reassentar. A intensidade de sua marca registrada, a obstinação que ele poderia aplicar para remover qualquer obstáculo ao seu progresso, já era evidente"[215].

Quando Jobs tinha 16 anos, usava o cabelo até os ombros, usava drogas e quase nunca ia à escola. Então, ele decidiu se matricular no Reed College em Portland, Oregon, a primeira faculdade de artes liberais do Noroeste. Seus pais ficaram chocados, principalmente com as taxas, que eram mais do que podiam pagar, e com a distância de casa. Sua mãe diz: "Steve disse que Reed era a única faculdade a que ele queria ir, e se ele não pudesse ir lá, ele não queria ir a lugar nenhum"[216].

---

213. *Ibid.*, p. 33.
214. YOUNG, Jeffrey S.; SIMON, William L. *iCon Steve Jobs*. The Greatest Second Act in the History of Business. Frankfurt, 2006, p. 10.
215. *Ibid.*, p. 12.
216. *Ibid.*, p. 21.

Seus pais usaram suas economias para mandá-lo para a faculdade. O reitor lembra: "Steve tinha uma mente muito curiosa, que era extremamente atraente [...]. Ele se recusava a aceitar verdades recebidas automaticamente. Ele queria examinar tudo sozinho"[217]. Por fim, ele também abandonou o Reed College, embora continuasse morando lá à custa da escola.

Assim como Jobs, Larry Ellison, que fundou a empresa Oracle e hoje é um dos bilionários mais ricos dos Estados Unidos, foi adotado ainda criança. Ele e o pai discutiam constantemente. "Aparentemente, a única coisa que Ellison e seu pai fizeram foi discordar", diz seu biógrafo[218]. De acordo com Ellison, seu pai era um conformista completo. "Meu pai não era racional. Meu pai acreditava que se o governo dissesse alguma coisa, estaria sempre certo. E se a polícia prendia alguém, a pessoa era sempre culpada"[219]. No que dizia respeito ao pai, os professores também estavam sempre certos.

A falta de respeito era mútua. O pai de Ellison tinha pouca confiança nas habilidades de seu filho adotivo. Disse-lhe repetidas vezes que nunca chegaria a lugar nenhum na vida. Para Ellison, a falta de confiança de seu pai nele era toda a motivação de que precisava. Seus amigos sentiam a tensão entre ele e seu pai. "Ele odiava o pai. Não era uma vida familiar agradável para ele", diz um deles[220].

As discussões continuavam na escola, onde Ellison enfrentava seus professores. Ele não estava disposto a aprender nada que não pudesse entender e sabotaria tudo o que não quisesse tolerar. Depois de terminar a escola, sua atitude continuou a causar problemas nas empresas em que trabalhava. Ele finalmente percebeu que sua única opção era formar sua própria empresa, onde estaria no controle de como as coisas eram feitas.

---

217. *Ibid.*, p. 22.
218. WILSON, Mike. *The Difference Between God and Larry Ellison*. Inside Oracle Corporation. Nova York, 2002, p. 23.
219. *Ibid.*
220. *Ibid.*, p. 24.

128 | Aprenda a ganhar terreno

Bill Gates se saiu muito bem na escola, especialmente em matemática, mas era conhecido por seu comportamento "obstinado e conflituoso" com os professores. No primeiro ano do ensino médio, ele teve uma briga terrível com seu professor de física. "Os dois estavam discutindo acaloradamente um com o outro, cara a cara, na frente da classe, em um palco elevado que era usado para demonstrações. Gates estava gritando a plenos pulmões, acenando com o dedo, martelando (o professor), dizendo que ele estava errado sobre um ponto de física... e Gates estava ganhando a discussão"[221]. Seus biógrafos dizem: "Gates era impaciente com aqueles que não eram tão rápidos quanto ele, professores incluídos"[222].

Bill Gates tinha um relacionamento melhor com seus pais do que a maioria dos outros futuros empreendedores de sucesso, mas mesmo a vida familiar nem sempre foi harmoniosa. Sua decisão de abandonar Harvard foi motivo de uma discussão séria. Gates disse que foi para Harvard na esperança de encontrar pessoas que fossem intelectualmente superiores a ele, mas ainda não as havia encontrado. Ele decidiu que seria melhor abrir sua própria empresa e se mudar para Albuquerque, Novo México, para fazer isso. Seus pais fizeram tudo o que puderam para impedi-lo de continuar com o que consideravam uma ideia absurda. Eles pediram a um empresário bem-sucedido e respeitado que eles conheciam para se encontrar com seu filho e conversar com ele. Gates contou ao homem sobre seus planos e sobre a revolução na computação pessoal, que estava chegando. Um dia, disse ele, todo mundo teria um computador pessoal. O conhecido que deveria dissuadir Bill de seus planos acabou apoiando-o[223]. Seus pais ficaram chocados quando ele abandonou a universidade para formar a Microsoft, o que o tornaria o homem mais rico do mundo.

Ted Turner, o criador do canal de notícias 24 horas *CNN*, hoje o maior proprietário de imóveis dos Estados Unidos e várias vezes bilionário, teve uma semelhante história de sérios confrontos com seu

---

221. WALLACE, James; ERICKSON, Jim. *Hard Drive*. Bill Gates and the Making of the Microsoft Empire. Chichester, 1992, p. 38.
222. *Ibid.*
223. *Ibid.*, p. 89-90.

pai e seus professores. Seus pais o matricularam na McCallie, uma escola exclusiva para meninos em Chattanooga, Tennessee, que estava entre os internatos mais rígidos do sul dos Estados Unidos. Turner diz sobre seus dias de escola: "Fiz tudo o que pude para me rebelar contra o sistema. Eu estava sempre tendo animais no meu quarto e coisas assim, e me metendo em problemas de uma forma ou de outra, e então tendo que aceitar minha punição como um homem". Ele até forçou a escola a rever todo o seu sistema disciplinar. "Eu tive mais deméritos do que qualquer um na história da escola [...]. Para cada demérito, você tinha que andar um quarto de milha. Bem, havia um limite de tempo que você podia caminhar em qualquer fim de semana e qualquer coisa que sobrasse era transportada. Em seu primeiro ano na escola, Turner já havia acumulado mais de 1.000 deméritos, o que correspondia a mais quilômetros do que era possível caminhar. "Então eles tiveram que criar um novo sistema onde você não pudesse obter um suprimento ilimitado de deméritos"[224]. A carreira de Turner como encrenqueiro continuou quando ele era estudante na Brown University, em Providence. Ele já havia sido suspenso uma vez por suas inúmeras infrações quando foi flagrado com uma garota em seu dormitório — uma grave violação das regras da escola, pela qual outros 21 alunos já haviam sido suspensos — e foi expulso de vez da faculdade.

Esse episódio foi precedido por uma séria discussão com o pai sobre a escolha do curso. Em uma carta, seu pai escreveu: "Meu querido filho: estou chocado, até mesmo horrorizado, que você tenha adotado os clássicos como curso. Na verdade, quase vomitei a caminho de casa hoje [...]. Esses assuntos podem dar a você uma convergência de interesses com uns poucos sonhadores pouco práticos isolados e um grupo seleto de professores universitários"[225]. Sua carta terminava com um aviso: "Acho que você está rapidamente se tornando um idiota, e quanto mais cedo você sair dessa atmosfera imunda, melhor será para mim"[226]. Turner se vingou ao ter a carta de seu pai impressa

---

224. BIBB, Porter. *Ted Turner*. It Ain't As Easy As It Looks. Boulder, 1993, p. 18
225. *Ibid.*, p. 29-30.
226. *Ibid.*, p. 31-32.

integralmente na página editorial do *Daily Herald*. Embora isso tenha sido feito anonimamente, seu pai ficou furioso.

Warren Buffett também teve muitas brigas com seus pais e professores — ele até teve problemas com a polícia. Olhando para trás, para sua juventude, ele prontamente admite que era *antissocial*: "Eu me envolvi com pessoas más e fiz coisas que não deveria. Eu estava apenas me rebelando. Eu estava infeliz"[227]. Os pais de Warren ficaram chocados com seu comportamento. No final de 1944, diz seu biógrafo, "ele havia se tornado um delinquente escolar"[228]. Ele continuava tirando péssimas notas, e era tão difícil lidar com ele que seus professores acabaram deixando-o sozinho na sala, empurrando "minhas aulas por debaixo da porta, como Hannibal Lecter [...]. Eu realmente estava me rebelando [...]. Estabeleci o registro de verificações de deficiências de comportamento e tudo mais", lembra Buffett[229]. No dia da formatura, Buffett recusou-se a usar o terno e a gravata que eram obrigatórios. "Eles não me deixaram me formar com a turma [...] porque eu era perturbador e não usava roupas apropriadas"[230].

"Rebelião" foi o princípio orientador pelo qual a estilista francesa Coco Chanel também viveu sua vida. Ela escreve em sua autobiografia: "Fui uma criança rebelde, uma amante rebelde, uma designer de moda rebelde, um verdadeiro Lúcifer"[231]. Foi seu orgulho que a tornou uma rebelde. O orgulho, diz Chanel, "é a chave do meu temperamento ruim, da minha independência cigana, da minha natureza antissocial; é também o segredo da minha força e do meu sucesso"[232].

Sua própria experiência lhe ensinou que "uma criança rebelde faz um ser humano bem-preparado e muito forte"[233]. "Não posso receber ordens de mais ninguém", afirma Chanel[234]. "Eu sou, as pessoas costu-

---

227. SCHROEDER, Alice. *The Snowball*. Warren Buffett and the Business of Life. Londres, 2008, p. 86.

228. *Ibid.*, p. 87.

229. *Ibid.*, p. 87-88.

230. *Ibid.*, p. 88.

231. MORAND, Paul. *The Allure of Chanel*. Londres, 2008, p. 21.

232. *Ibid.*

233. *Ibid.*, p. 30.

234. *Ibid.*, p. 73.

mam dizer, uma anarquista"[235]. A assertividade, isso é verdade, parece ser uma qualidade apurada no confronto com os outros, especialmente durante a infância e a juventude. A rebelião contra a autoridade reforça o senso de independência e autoconfiança indispensáveis para o sucesso futuro — a vida de Chanel é um excelente exemplo.

O boletim escolar de David Ogilvy atribuiu a ele "uma mente distintamente original" e a capacidade de se expressar bem em sua língua nativa, mas expressou preocupação com sua inclinação "para discutir com seus professores e tentar convencê-los de que ele está certo e os livros estão errados; mas isso talvez seja apenas mais uma prova de sua originalidade. É um hábito, porém, que seria prudente desencorajar"[236]. Muito mais tarde, depois que Ogilvy se tornou famoso, ele fez um discurso na comemoração do Dia do Fundador de sua antiga escola, no qual confessou: "Eu detestava os filisteus que governavam o poleiro. Eu era um rebelde irreconciliável, um desajustado [...]. Não há correlação entre o sucesso na escola e o sucesso na vida"[237].

Muitas das personalidades de sucesso apresentadas neste livro — homens como Warren Buffett, Bill Gates ou Steve Jobs, mulheres como Coco Chanel — provavelmente se consideravam os superiores intelectuais de seus professores e, na maioria dos casos, eles podem estar certos. Garry Kasparov, o jogador de xadrez de maior sucesso de todos os tempos, lembra-se de sua professora telefonando para seus pais para reclamar que ele questionava o que ela estava ensinando na classe. Tal comportamento era praticamente inédito no sistema escolar soviético. A professora disse a Kasparov para parar de agir mal — ele estava fazendo parecer que se achava mais inteligente do que todo mundo, disse ela. Ao que Kasparov respondeu: "Mas não é verdade?"[238].

O bilionário Richard Branson também teve dificuldades na escola, principalmente porque era disléxico. Ao contrário da maioria das pessoas apresentadas neste livro, ele sempre teve um relacionamento

---

235. *Ibid.*, p. 131.
236. ROMAN, Kenneth. *The King of Madison Avenue*. David Ogilvy and the Making of Modern Advertising. Nova York, 2009, p. 23.
237. *Ibid.*, p. 29.
238. KASPAROV, Garry. *How Life Imitates Chess*. Londres, 2007, p. 64.

132 | Aprenda a ganhar terreno

muito bom com seus pais, que o apoiaram de todas as formas possíveis. Mas o que eles lhe ensinaram era fundamentalmente diferente do que a maioria das crianças aprende com seus pais. Sua mãe repetia constantemente mantras como "O vencedor leva tudo" ou "Persiga seus sonhos". Mesmo quando ele ainda era criança, ela o colocou em todos os tipos de provações que ele teve que dominar para ganhar autoconfiança. "Minha primeira lição de autossuficiência foi quando eu tinha cerca de quatro anos. Tínhamos saído para algum lugar e, no caminho de volta, mamãe parou o carro a alguns quilômetros de nossa casa e me disse para encontrar o caminho de casa pelos campos [...]. À medida que envelheci, essas lições se tornaram mais difíceis"[239].

Quando ele tinha 12 anos, sua mãe o sacudiu para acordá-lo nas primeiras horas da manhã, dizendo-lhe para se vestir. Era inverno, estava muito frio e escuro como breu lá fora. Sua mãe lhe deu um almoço embalado e o enviou para um passeio de bicicleta de 80 quilômetros em direção à costa. "Ainda estava escuro quando parti sozinho, com um mapa, para o caso de me perder. Passei a noite com um parente e voltei para casa no dia seguinte". Ele estava orgulhoso do que havia realizado e aguardava os elogios de sua mãe. Mas tudo o que ela disse foi: "Muito bem, Ricky. Foi divertido? Agora corra, o vigário quer que você corte algumas toras para ele"[240].

Branson afirma que deve seu sucesso à abordagem de *amor duro* de seus pais na criação dos filhos. "Essas primeiras lições, que aumentaram à medida que crescíamos, eram porque meus pais queriam que fôssemos fortes e confiássemos em nós mesmos, para sermos espíritos livres e independentes"[241]. Ao contrário de muitos outros grandes empreendedores, Branson sempre pôde contar com o apoio incondicional de seus pais, mesmo quando ele deixou a escola cedo para se dedicar a seus projetos: publicar um jornal estudantil nacional e abrir uma empresa de venda de discos por correspondência.

---

239. BRANSON, Richard. *Screw It, Let's Do It*. Lessons in Life and Business. London, 2007, p. 70-71.
240. *Ibid.*, p. 71.
241. *Ibid.*

Branson é uma rara exceção. Muitos dos homens e mulheres de sucesso apresentados neste livro cresceram sem sequer conhecer seus verdadeiros pais. E a maioria deles — futuros empresários em particular — se rebelou contra qualquer autoridade, especialmente contra pais e professores. Esses mesmos argumentos e confrontos deram-lhes a confiança e a força interior para seguir seu próprio caminho mais tarde na vida.

Como vimos, uma personalidade rebelde muitas vezes leva as pessoas a abrirem seu próprio negócio. Recusando-se a tolerar estruturas e restrições impostas por outros, elas decidem que querem ser seus próprios patrões. No entanto, examinamos apenas as carreiras de pessoas que mais tarde se tornariam bem-sucedidas porque possuíam outros talentos especiais e recursos mentais. É claro que nem todo mundo que tem dificuldade em se adequar às regras e padrões de outras pessoas e que continua se metendo em brigas com figuras de autoridade se tornará um sucesso, muito pelo contrário. Muitos deles falharão porque uma certa vontade de se conformar e transigir é uma qualidade necessária para uma carreira em gestão, por exemplo.

O que tudo isso significa para você? Para atingir objetivos mais elevados, você precisa de um alto grau de assertividade. Se você é um buscador de harmonia por natureza, deve aprender a se manter firme. A assertividade é menos um dom inato do que uma habilidade adquirida. Assim como a confiança, que já mencionamos em um capítulo anterior, a assertividade é como um músculo que precisa ser treinado, e a forma de treiná-lo é por meio do confronto. Claro, isso não significa que você deva escolher as brigas por causa delas. Argumentos custam tempo, força e energia. Acima de tudo, você precisa aprender a não permitir que os outros o levem a confrontos desnecessários. "Eu escolho minhas próprias lutas" — esse foi um dos lemas que meu pai me ensinou. Em outras palavras: só porque outra pessoa está tentando envolvê-lo em um confronto, não significa que você tenha que passar por cima dela. Não permita que outros imponham o confronto a você e, assim, determinem em que você investe seu tempo e energia. Em muitos casos, pode ser mais sensato evitar um confronto e guardar suas forças para outros temas mais importantes, que irão aproximá-lo dos objetivos que você definiu para si mesmo.

Capítulo 7

Nunca aceite não como resposta

Para aqueles de nós que se lembram da década de 1980, Steve Jobs foi o homem que inventou o Macintosh, o primeiro computador de sucesso comercial com uma interface gráfica. Surpreendeu consumidores e especialistas quando foi lançado no mercado, em 1984. Os mais jovens o conhecem como o criador do iPhone.

A empresa de Steve Jobs, a Apple, já o havia tornado milionário quando ele tinha 24 anos. Depois de realizar o IPO mais bem-sucedido da história das finanças, em dezembro de 1980, sua fortuna foi estimada em 217,5 milhões de dólares. Na época de sua morte, em 2011, sua fortuna era estimada em cerca de 8,3 bilhões de dólares. Ele foi um dos homens mais ricos dos Estados Unidos e, para muitos, um gênio do marketing de nosso tempo. No ano anterior à sua morte, a Apple era a terceira empresa mais valiosa do mundo. Ele havia criado uma empresa que, mesmo após seu falecimento, continua extremamente bem-sucedida. Em 2018, a Apple foi a primeira empresa de trilhões de dólares da história, tornando-se a empresa mais valiosa do mundo.

Como já vimos, Steve Jobs sempre teve uma qualidade que muitas outras personalidades de sucesso compartilham: ele era um personagem difícil e polarizador que os outros adoravam ou detestavam. E ele nunca teria metade do sucesso se não tivesse sempre se recusado a aceitar um *não* como resposta.

Na primavera de 1974, Steve Jobs, de 18 anos, candidatou-se a um emprego na Atari, que acabara de lançar um videogame popular. A empresa estava anunciando vagas para pessoas que queriam "se divertir e ganhar dinheiro". A ideia atraiu Jobs. Um dia, o gerente de pessoal disse a Al Alcorn, chefe do departamento de engenharia:

"Temos um cara esquisito aqui. Ele diz que não vai embora até que o contratemos. Ou chamamos a polícia ou o contratamos"[242].

Na época, Jobs era um hippie que experimentava drogas e, junto com alguns outros fanáticos por tecnologia, acabara de inventar um dispositivo ilegal para enganar a companhia telefônica e usar suas linhas telefônicas de graça. Não parecia um candidato muito promissor para o trabalho. Alcorn se lembra dele como "vestido basicamente com trapos, coisas hippies. Um jovem de dezoito anos que abandonou o Reed College. Não sei por que o contratei, exceto que houve alguma faísca. Eu realmente vi a faísca naquele homem, alguma energia interior, uma atitude de que ele daria conta". O colega de Alcorn perguntou o que diabos ele deveria fazer com Jobs. "Ele tem um cheiro desagradável, ele é diferente, um maldito hippie"[243]. Eles finalmente concordaram em deixar Jobs trabalhar à noite, para que sua presença não ofendesse ninguém.

Cerca de dois anos depois, em abril de 1976, Jobs e seu amigo Steve Wozniak fundaram a Apple. O dono de uma loja de informática encomendou 50 unidades de seu primeiro protótipo, que eles batizaram de Apple I, por 500 dólares cada. Foi um grande sucesso para os dois jovens empreendedores, mas a questão de como financiar os investimentos necessários permaneceu sem solução. Os dois amigos formaram sua empresa com 1.000 dólares, que levantaram com a venda de uma van Volkswagen e uma calculadora eletrônica. As várias tentativas de Jobs de encontrar alguém disposto a investir o dinheiro não tiveram sucesso, até que ele finalmente conheceu Bob Newton, o gerente de uma empresa de eletrônicos, que prometeu entrar em contato com o dono da loja de informática e pedir a confirmação de um pedido de 25.000 dólares.

Os biógrafos de Jobs, Jeffrey S. Young e William L. Simon, comentam: "Qualquer pessoa menos determinada teria dito: 'Tudo bem, ligo de volta em alguns dias' e ido embora. Steve se recusou a

---

242. YOUNG, Jeffrey S.; SIMON, William L. *iCon Steve Jobs*. The Greatest Second Act in the History of Business. Frankfurt, 2006, p. 22-23.
243. *Ibid.*, p. 23.

sair até que Newton fizesse a ligação"[244]. Newton acabou concordando com uma linha de crédito de até 20.000 dólares.

Pouco depois de lançar o sucessor do Apple I, o Apple II, Jobs viu uma campanha publicitária da Intel que achou ótima. Imediatamente obcecado pela ideia de lançar uma campanha semelhante para seu novo computador, ele contatou o departamento de marketing da Intel e foi informado de que a campanha havia sido criada pela agência Regis McKenna. Jobs telefonou para o diretor e foi encaminhado ao gerente de projetos encarregado de novos clientes, que o informou em termos inequívocos que uma nova empresa como a Apple nunca poderia pagar pelos serviços de Regis McKenna.

Jobs não aceitaria isso. Ele continuou ligando todos os dias até que o gerente de projetos concordou em ir até a garagem que servia como sede da Apple e dar uma olhada no computador sobre o qual Jobs vinha falando liricamente ao telefone. "Enquanto dirigia para a garagem, pensei: 'Santo Cristo, esse cara vai ser outra coisa. Qual é a menor quantidade de tempo que posso passar com esse palhaço sem ser rude e depois voltar para algo mais lucrativo?'"[245].

Ele ficou impressionado com a persistência de Jobs, mas não o suficiente para realmente aceitar o trabalho. A maioria das pessoas teria desistido nesse ponto e decidido procurar outra agência, afinal, havia dezenas de milhares delas nos Estados Unidos. Mas Jobs estava decidido a contratar a mesma agência que criara a campanha da Intel, que ele tanto admirou. Ele ainda se recusava a aceitar um *não* como resposta. Ele começou a ligar para o escritório do diretor de três a quatro vezes por dia, até que a secretária de McKenna ficou tão cansada de atender suas ligações que convenceu seu chefe a falar com o próprio Jobs. Jobs conseguiu marcar um encontro com McKenna.

Mas mesmo quando Jobs e Wozniak se encontraram cara a cara com o diretor da agência de publicidade, ele não se deixou influenciar. "Quando McKenna se mostrou relutante", escrevem os biógrafos de Jobs, "Jobs adotou sua tática, agora habitual, de se recusar a deixar o

---

244. *Ibid.*, p. 51.
245. *Ibid.*, p. 42.

138 | **Nunca aceite não como resposta**

escritório até que McKenna consentisse em cuidar da conta. Steve foi tão persuasivo que Regis McKenna, em uma decisão que se revelaria extremamente benéfica para todos eles, concordou em aceitar a Apple Computer como cliente"[246].

Havia apenas um problema: como Jobs deveria pagar por um anúncio na *Playboy*, como sugeriu McKenna, já que o público-alvo era predominantemente masculino? McKenna sugeriu que ele falasse com Don Valentine, que havia formado uma empresa de capital de risco no início dos anos 1970, especializada em financiar novas empresas promissoras na indústria eletrônica.

Valentine gostava de Jobs e de seu computador Apple, mas não investiria na empresa a menos que a Apple contratasse um profissional de marketing experiente. Jobs pediu que ele recomendasse algumas pessoas, o que Valentine se recusou a fazer. Mais uma vez, Jobs não aceitou um *não* como resposta. Ele continuou ligando para Valentine, três ou quatro vezes por dia, até que o empresário finalmente lhe deu alguns nomes, entre eles Mike Markkula. Em 3 de janeiro de 1977, Wozniak e Jobs encontraram Markkula em sua casa para assinar os documentos que transformaram a Apple em uma sociedade anônima. Cada um deles possuía uma participação de 30% e, no começo, Markkula também era o maior investidor da Apple.

Mais uma vez, a teimosia de Jobs venceu e ele conseguiu o que queria. Sua equipe frequentemente achava difícil lidar com ele. Quando o grande projeto seguinte da Apple, o Macintosh, estava em fase de planejamento, ele apareceu em uma reunião com uma lista telefônica, que jogou sobre a mesa: "É desse tamanho que o Macintosh pode ser. Nada maior o fará. Os consumidores não aceitarão se for maior"[247].

Seus funcionários olharam para a lista telefônica em estado de choque. Jobs estava pedindo o impossível. O livro tinha metade do tamanho do menor computador já construído na época. Os componentes eletrônicos, concordaram os técnicos, nunca caberiam em uma caixa daquele tamanho. Era óbvio que Jobs não sabia nada sobre

---

246. *Ibid.*
247. *Ibid.*, p. 76-77.

eletrônica, pensaram eles, ou ele nunca teria feito uma exigência tão ridícula. "Steve não era alguém que aceitava um *não* como resposta", afirmam seus biógrafos, secamente[248]. Ele insistiu: sua equipe teria que encontrar uma maneira de construir um computador daquele tamanho.

O Macintosh deveria chegar ao mercado em 24 de janeiro de 1984. A Apple lançou uma enorme campanha publicitária nesse sentido, que foi coberta por todos os canais de televisão da América. Mas em 8 de janeiro, seus projetistas de *software* disseram que não poderiam cumprir o prazo. Eles só tinham mais uma semana para resolver os problemas técnicos restantes. Era impossível, disseram-lhe com firmeza. Jobs tinha que entender que o lançamento do produto deveria ser adiado.

Jobs não fez isso. Ouvir que algo era *impossível* o tornava agressivo. Mas, pela primeira vez, ele surpreendeu sua equipe por não ter um acesso de raiva. Em vez disso, ele explicou calmamente que eles eram ótimos e que todos na empresa contavam com eles. Eles tiveram que cumprir o prazo porque a alternativa, entregar uma versão demo, realmente era impossível. Ele disse que tinha fé em sua equipe, sabia que eles poderiam fazer isso. Então ele desligou o telefone. Os designers de *software* ficaram sem palavras. Eles já haviam dado tudo de si e estavam prestes a desmoronar de exaustão. Mas não havia nada além a fazer. Eles se levantaram, voltaram para suas estações de trabalho e, no último momento, nas primeiras horas da madrugada de 16 de janeiro, fizeram o *impossível* que Jobs havia pedido.

Mas as pessoas que continuam fazendo o *impossível* contra todas as probabilidades podem facilmente deixar o sucesso subir à cabeça. Eles começam a pensar que são infalíveis e que estão sempre certos sobre tudo. Foi o que aconteceu com Steve Jobs, que esteva certo tantas vezes. Ele havia previsto que venderia 70.000 unidades do Macintosh nos primeiros cem dias. Todo mundo achava que ele era louco. Mas, mais uma vez, ele estava certo. Pouco depois, a maré começou a virar. A IBM lançou um PC que tinha recursos e funções muito mais úteis do que o Macintosh, e tinha um preço mais baixo. As vendas da Apple caíram rapidamente. A maioria das 200.000 unidades que

---

248. *Ibid.*, p. 77.

140 | **Nunca aceite não como resposta**

eles produziram com otimismo tiveram que ser vendidas com um grande prejuízo. Houve brigas destrutivas dentro da empresa e muitos culparam Jobs pelos problemas, cujo estilo de liderança não o tornava querido por sua equipe.

Seus colegas executivos se uniram contra ele, forçando Jobs, o fundador da empresa, a se mudar de seu escritório para um pequeno prédio do outro lado da rua, que Jobs apelidou de *Sibéria*. Pouco depois, John Sculley, que a Apple havia roubado da Pepsi, declarou: "Não há nenhum papel para Steve Jobs nas operações desta empresa, nem agora, nem no futuro"[249]. Jobs sentiu como se tivesse levado um soco no estômago. Ele vendeu todas as suas ações, que valiam muito menos agora do que quando a Apple abriu o capital, e formou uma nova empresa, que chamou de NeXT. Ele também comprou a Pixar, do produtor de cinema George Lucas, que precisava urgentemente de dinheiro para pagar seu divórcio.

No início, ambas as empresas foram tudo, menos bem-sucedidas. Mês após mês, ano após ano, elas operavam com enormes prejuízos. Os computadores que elas produziam não vendiam e Jobs finalmente decidiu se livrar do ramo de *hardware* da Pixar, focando exclusivamente em computação gráfica. Ele finalmente conseguiu chegar a um acordo com a corporação Disney, que contratou a Pixar para produzir vários filmes de animação. O CEO da Disney, Michael Eisner, sentiu que sua empresa estava sendo cada vez mais superada por produtores como James Cameron, que usou a animação por computador com grande efeito em filmes como *O Exterminador do Futuro*, de Arnold Schwarzenegger.

A Pixar foi contratada para produzir *Toy Story*, para o qual a Disney investiu 100 milhões de dólares em publicidade — três vezes o orçamento de produção do filme. *Toy Story* tornou-se um grande sucesso de bilheteria e um excelente cartão de visitas para o IPO da Pixar, em dezembro de 1995.

Nos anos anteriores, a empresa havia sofrido enormes perdas. Isso foi alguns anos antes de os investidores começarem a comprar uma boa história de uma *startup* de tecnologia, embora os números não estivessem

---

249. *Ibid.*, p. 119.

corretos. Mas o sucesso de *Toy Story* gerou muita boa publicidade para a Pixar e inspirou a imaginação, que é um fator-chave para o sucesso no mercado de ações, como Jobs havia previsto corretamente.

Jobs queria lançar suas ações a um preço de abertura de 22 dólares, que seus consultores e banqueiros de investimento achavam alto demais. Eles recomendaram um preço de abertura de 12 a 4 dólares. A 22 dólares, eles o avisaram, havia um alto risco de que as ações não fossem vendidas. Mais uma vez, Jobs recusou-se a aceitar um *não* como resposta e insistiu no alto preço inicial.

Quando as negociações começaram, todos os executivos da Pixar estavam grudados em suas telas. Depois de meia hora, as ações eram negociadas a 49 dólares. No final do dia, o preço caiu ligeiramente, mas em 39 dólares, ainda estava muito acima do esperado. Steve Jobs era um bilionário, pelo menos naquele momento. A empresa, que havia sido um completo fracasso por muitos anos, começou a produzir um sucesso de bilheteria após o outro, estabelecendo novos padrões para a indústria de animação por computador. Com um faturamento de 2,5 bilhões de dólares, logo se tornou o estúdio de Hollywood de maior sucesso na história. No final de janeiro de 2006, a Disney anunciou que compraria a Pixar por 7,4 bilhões de dólares. Steve Jobs entrou para o conselho de diretores da Disney. Com uma participação de 50,1% na Pixar, ele era o maior acionista individual da Disney.

Dez anos antes, ele havia conseguido um retorno com a Apple. Em 1996, ele vendeu sua empresa NeXT para a Apple por 402 milhões de dólares. No ano seguinte, ele se juntou ao conselho de administração e logo foi promovido a CEO interino. Ao lançar novos produtos como o iPhone ou o iPad, ele mudou a sorte da empresa e a tirou da beira da falência para se tornar uma das corporações mais bem-sucedidas do mundo. Lembre-se de como tudo começou: com a recusa de um homem em aceitar um *não* como resposta.

Você não precisa ser um Steve Jobs para tirar algumas lições importantes de sua história. A maioria de nós desiste facilmente quando confrontado com a rejeição e com um *não* que parece ser definitivo.

Da próxima vez que alguém lhe disser *não*, pergunte-se: "Espere um momento. Por que devo aceitar isso como uma resposta final?

Vamos ver se há uma maneira de transformar *não* em *sim*". Essa estratégia não funciona apenas para Steve Jobs: funciona para você e para mim também.

Se alguém o rejeitar, tente primeiro se colocar no lugar dele e desconsiderar completamente seus próprios interesses por um momento. Essa abordagem frequentemente me serviu bem em negociações contratuais. Eu poderia dizer: "Deixe-me sentar onde você está sentado por um momento e ver as coisas do seu ponto de vista". E então eu farei isso. Depois de entender todo o quadro e levar em consideração os interesses da outra parte, muitas vezes você será capaz de negociar com sucesso.

Lidar com pessoas que sempre dizem *sim* pode ser muito mais traiçoeiro do que lidar com quem sempre diz *não*. O que quero dizer com isso? Eu vendia seguro de vida porque achava que seria a melhor forma de aprender sobre vendas. Meu colega e eu fomos de porta em porta, visitando as pessoas. As pessoas estavam esperando que tocássemos a campainha? Claro que não. O truque era continuar, independentemente de quantas vezes uma porta batesse na sua cara.

Deixe-me contar sobre o homem que disse *sim*. Ele teve a gentileza de me ouvir exaltar os benefícios do seguro de vida por quase 45 minutos, acenando com aprovação e me interrompendo nos intervalos com frases como: "Isso parece bom!". Confiante de que havia feito uma venda, comecei a preencher o formulário de solicitação de uma apólice de seguro. Meu interlocutor, até então tão educado e interessado, perguntou-me secamente: "O que você está fazendo?". Constrangido, expliquei que estava apenas inserindo algumas informações, no caso de ser necessário. Ele nem me deixou terminar minha frase. "Isso está completamente fora de questão para mim, em qualquer caso".

Desde então, aprendi que, do ponto de vista de um vendedor, as pessoas que dizem *sim* para tudo são muito mais difíceis de lidar do que aquelas que levantam objeções e expressam suas preocupações. Elas dizem *sim* na esperança de evitar o confronto para se livrar do vendedor o mais rápido possível. Elas guardam seus pensamentos para si mesmos ("deixe-o falar, com sorte logo me livrarei dele"), não dando ao interlocutor nenhuma oportunidade de refutar seus argumentos e objeções. A experiência me ensinou que elas precisam ser retiradas de suas conchas antes de dizerem o que realmente pensam e por que têm reservas.

Muitas vezes vi situações semelhantes em meu trabalho como consultor de *networking* de negócios. Uma parte importante do meu trabalho é facilitar conversas entre executivos de empresas imobiliárias que acredito terem interesses em comum. Essas negociações frequentemente resultam em ofertas de aquisição, *joint ventures* e negócios no valor de dezenas de milhões de euros. Na rodada inicial de conversas, os participantes geralmente trocam gentilezas e enfatizam os interesses que têm em comum. Até aí, tudo bem, mas a experiência me ensinou que você vai muito mais longe e mais rápido quanto mais cedo abordar as divergências e objeções que podem atrapalhar a colaboração em um projeto.

Se cada parte guardar suas reservas para si, nunca haverá oportunidade de discuti-las. É por isso que, nessas conversas, muitas vezes cabe a mim dizer: "Estou feliz que vocês tenham descoberto que têm tanto em comum. Isso é exatamente o que eu esperava. Mas agora eu gostaria de pedir que você apresentasse os três argumentos mais importantes contra uma colaboração". Há momentos em que preciso ser paciente e ficar em silêncio, até que alguém fale. Frequentemente, ninguém ousa mencionar mais de uma objeção, que na maioria das vezes nem é sua principal preocupação. Então, insisto: "Existe mais alguma coisa que, do seu ponto de vista, possa contrariar esse projeto?". Não desisto até estar convencido de que todas as possíveis objeções foram levantadas.

Bons vendedores precisam aprender a lidar com um *sim* sem compromisso, bem como com um *não* resoluto e decisivo, que parece evitar qualquer objeção e não deixar espaço para discussão. Frank Bettger, que durante algum tempo foi o vendedor de seguros mais bem-sucedido dos Estados Unidos, compartilha suas estratégias em *How I Raised Myself from Failure to Success in Selling*.

Se alguém lhe dissesse *não*, ele simplesmente mudaria o assunto da conversa. Foi assim que ele fez. Um dia, por recomendação de um conhecido, foi visitar o diretor de uma grande construtora. Ele tinha o hábito de fazer com que conhecidos em comum escrevessem cartas de apresentação para ele. Ao mostrar a carta ao diretor, seu possível cliente respondeu: "Se é sobre seguros que você quer falar comigo, não estou interessado. Acabei de comprar mais apólices há cerca de um mês". Ele soou como se tivesse se decidido de uma vez por todas e Bettger estivesse apenas desperdiçando seu fôlego com ele. Em vez disso, ele perguntou: "Sr. Allen, como você começou no ramo da construção?" Ele então ouviu a história de vida do outro por três horas — e algumas semanas depois o diretor da empresa e alguns de seus funcionários compraram apólices de seguro no valor de 225.000 dólares da Bettger — o que era muito dinheiro na época[250].

"Como você começou?" era um dos truques de conversa favoritos de Bettger, que ele usava para quebrar o gelo e tentar uma abordagem diferente. Os empreendedores de sucesso, em particular, gostam de contar a história de suas origens humildes e das dificuldades que tiveram de superar. Bettger conquistou simpatia ao mostrar interesse e provar ser um bom ouvinte. Ele também obteve muitas informações sobre seu futuro cliente, o que foi fundamental para a venda de cobertura de seguro. "O segredo mais importante da arte de vender é descobrir o que o outro quer, e ajudá-lo a encontrar a melhor maneira de obtê-lo", aconselha Bettger[251].

Aqui estão algumas regras simples que irão ajudá-lo a mudar um *não* para um *sim*:

1. Em vez de aceitar prematuramente o *não* como resposta final, considere-o um estágio intermediário de suas negociações.

2. Tente entender o ponto de vista da outra pessoa. Sente-se em sua cadeira e olhe para o problema em questão de sua perspectiva. Procure soluções criativas para fazer coincidir os interesses de ambas as partes. Use sua imaginação!

3. Dê uma alternativa à outra pessoa, para que ela mude de ideia sem constrangimento. Ninguém quer perder em um negócio e cabe a você fazer a outra pessoa sentir que ganhou.

---

250. BETTGER, Frank. *How I Raised Myself from Failure to Success in Selling*. Nova York, 1949, p. 66.
251. *Ibid.*, p. 49.

4. Na negociação, a palavra mágica é *justo*. Se você realmente está tentando chegar a uma solução justa para ambas as partes, esta pequena palavra pode fazer maravilhas. Proponha um compromisso e, em seguida, ressalte: "Nenhum de nós ficará 100% feliz, essa é a natureza de um compromisso. Mas acho que esta solução é justa para ambas as partes".

5. Peça à outra pessoa para entender sua própria situação e sua atitude em relação a ela. Você se sentou na cadeira deles, agora peça para eles se sentarem na sua e verem as coisas do seu ponto de vista. Ajude a outra pessoa destacando aspectos emocionais e racionais de sua posição e perspectiva.

6. Muitas pessoas cometem o erro de abordar uma negociação de forma muito *aberta*, sem ter um objetivo claramente definido em sua própria mente. Antes de entrar em negociação, você deve ter certeza do que deseja e até onde está disposto a se comprometer. A outra pessoa tem que perceber que você quer dizer cada palavra que você diz.

Capítulo 8

Programando seu GPS interior

A s pessoas ao redor do fundador da Oracle, Larry Ellison, frequentemente se perguntavam por que ele citaria números e faria afirmações que eram flagrantemente falsas. Sua equipe finalmente chegou à conclusão de que Ellison estava vivendo no futuro e não no presente, muito menos no passado. "Ele tinha problemas com tempos verbais", lembra um membro de sua equipe. "Era como se teríamos cinquenta funcionários, então podemos dizer que os temos agora". Seu assistente pessoal de longa data acrescenta: "Ele não vive hoje, porque há problemas hoje e soluções amanhã"[252].

As pessoas de sucesso estão constantemente focadas no futuro. Elas não perdem tempo com arrependimentos. Elas são capazes de aprender com os erros do passado e seguir em frente. "Achamos que há tanto pelo que esperar, que não faz sentido pensar no que poderíamos ter feito", diz Warren Buffett. "Simplesmente não faz diferença. Você só pode viver a vida para a frente"[253]. Buffett nunca se preocupou com os aspectos desagradáveis da vida. Ele comparou sua memória a uma banheira: "A banheira cheia de ideias, experiências e assuntos que o interessavam. Quando ele não tinha mais uso para informações, *whoosh* — a tampa do ralo foi puxada e a memória se esvaiu [...]. Certos eventos, fatos, memórias e até pessoas, pareciam desaparecer"[254].

---

252. WILSON, Mike. *The Difference Between God and Larry Ellison*. Inside Oracle Corporation. Nova York, 2002, p. 89-90.
253. BUFFETT, Mary; CLARK, David. *The Tao of Warren Buffett*: Warren Buffett's Words of Wisdom: Quotations and Interpretations to Help Guide You to Billionaire Wealth and Enlightened Business Management. Nova York, 2006, p. 138.
254. SCHROEDER, Alice. *The Snowball*. Warren Buffett and the Business of Life. Londres, 2008, p. 208.

148 | Programando seu GPS interior

O mesmo vale para Arnold Schwarzenegger que, segundo seu biógrafo, nunca perdeu seu tempo pensando em coisas que não poderia mudar de forma alguma. "Mesmo quando adolescente, ele optou por nunca olhar para trás, para o que era desagradável, sejam episódios específicos de seu passado ou as realidades psicológicas de sua própria vida"[255]. Em vez de ficar remoendo o passado, ele visualizava seus objetivos para o futuro. Ele começou a ver seus bíceps como uma paisagem montanhosa em vez de carne e osso[256]. Ele abordou seus objetivos financeiros da mesma forma, imaginando-se como um milionário de sucesso muito antes de ser um, para se motivar[257].

Neste capítulo, você aprenderá como programar as metas que definiu para si mesmo em seu subconsciente. Vou me concentrar em uma técnica específica de auto-hipnose, que tornará esse processo muito mais fácil para você. Sem essa técnica, eu nunca teria alcançado muitos dos meus próprios objetivos. Mas você não precisa acreditar na minha palavra; deixe-me contar a história de um médico alemão, Dr. Hannes Lindemann, que na década de 1950 se tornou a primeira pessoa a cruzar o Atlântico sozinho, em um pequeno barco dobrável, estabelecendo um recorde que permaneceu invicto até 2002. Ele foi capaz de fazer isso usando uma técnica de autotreinamento iniciada pelo psiquiatra alemão Johannes Heinrich Schultz, no início dos anos 1930. Esse método, que Schultz chamou de *treinamento autogênico*, permite que a mente consciente programe metas no subconsciente, enquanto o corpo está em estado de relaxamento profundo.

Seis meses antes de planejar iniciar a travessia, Lindemann começou a programar certas frases em seu subconsciente. "Eu vou conseguir", foi uma delas. Ele começava seus dias de manhã cedo repetindo essa frase para si mesmo, e continuou a fazê-lo durante o dia e principalmente no início da tarde.

---

255. LEAMER, Laurence. *Fantastic*. The Life of Arnold Schwarzenegger. Nova York, 2005, p. 22.

256. LOMMEL, Cookie. *Schwarzenegger*. A Man with a Plan. Munique/Zurique, 2004, p. 119.

257. *Ibid.*, p. 91.

"Depois de viver com a resolução 'eu vou conseguir' por cerca de três semanas, eu 'sabia' que sobreviveria à travessia e voltaria são e salvo"[258]. Durante a travessia do Atlântico, essa resolução viria a ele automaticamente, em vários momentos. Quando seu barco virou, no 57º dia de navegação, e ele teve que passar a noite deitado na quilha escorregadia antes que pudesse colocar o barco de pé novamente ao amanhecer, as resoluções que ele havia martelado em seu subconsciente vieram à tona em sua mente consciente e o ajudaram a superar a provação.

O famoso alpinista tirolês Reinhold Messner tem uma história semelhante para contar. Há alguns anos, ouvi-o dar uma palestra na qual falava sobre um encontro próximo com a morte depois de cair em uma fenda. Ele decidiu que, no caso improvável de conseguir sair da fenda, ele voltaria imediatamente. Mas assim que saiu, sentiu uma compulsão interior para continuar a escalada. "Não havia mais nada que eu pudesse fazer, porque eu acordava todas as manhãs com esse objetivo e ia dormir todas as noites com ele, e o programava em meu subconsciente repetidamente, dia após dia", disse Messner. Seu subconsciente não permitiu que ele desistisse, até chegar ao cume.

Mas voltemos a Hannes Lindemann e sua travessia do Atlântico. Sua resolução mais importante foi *ao oeste*. Assim que ele desviasse de seu curso, mesmo que ligeiramente, sua voz interior deveria lembrá-lo: "Volte para o oeste". Ele começou a sofrer de alucinações devido à severa privação de sono. Mas assim que ouvia *oeste*, ele acordava e era capaz de ajustar seu curso imediatamente. "Este exemplo demonstra como resoluções estereotipadas são capazes de penetrar até mesmo em alucinações, uma novidade na pesquisa médica. Mas também mostra que resoluções estereotipadas podem ter um efeito tão forte quanto sugestões pós-hipnóticas"[259].

Na verdade, a técnica de autotreinamento mental do professor Schultz originou-se na hipnose. Nos primeiros anos do século XX, Schultz trabalhou em um laboratório de hipnose e seus primeiros

---

258. LINDEMANN, Hannes. *Autogenes Training*. Der bewährte Weg zur Entspannung. Munique. 2004, p. 16.
259. *Ibid.*, p. 18.

150 | Programando seu GPS interior

escritos sobre o assunto lançaram as bases para seu estudo pioneiro sobre treinamento autogênico e relaxamento meditativo (*Autogenic training: a psychophysiologic approach in psychotherapy*, 1959).

Estritamente falando, o treinamento autogênico é uma espécie de auto-hipnose. Schultz descobriu que as frases formuladas que os hipnotizadores empregam podem ser administradas pelos próprios sujeitos para induzir um estado de relaxamento profundo no qual as profundezas do subconsciente podem ser acessadas.

Ao dominar a arte do treinamento autogênico, você não apenas aprenderá uma técnica de relaxamento extremamente eficaz, mas também será capaz de programar metas em seu subconsciente, assim como pode programar um destino em seu GPS. Assim como seu GPS calculará e exibirá uma rota para você seguir, seu subconsciente o ajudará a navegar em direção a uma meta que você programou durante o treinamento.

Eu mesmo pratico treinamento autogênico há cerca de 40 anos, incluindo muitas fases da minha vida durante as quais o fiz diariamente. Mas conheço muito poucas pessoas que realmente dominam a técnica. Isso não é porque o treinamento é difícil de aprender, na verdade, aprender essa técnica é muito simples. No entanto, é preciso estar preparado para praticar pelo menos duas vezes por dia, sem falta, durante os primeiros nove meses, algo para o qual a maioria das pessoas não tem a disciplina necessária. Pode levar mais tempo, ou pode levar menos tempo, dependendo da pessoa. Algumas pessoas percebem resultados notáveis após apenas algumas semanas, mas para outras leva muitos meses. O próprio Schultz comentou: "Não há ninguém que não tenha aprendido depois de praticar 600 vezes"[260]. Depois de dominar essa técnica, você a dominará por toda a vida, como saber ler e escrever ou andar de bicicleta.

Você pode ter aulas ou aprender sozinho em um livro. Eu mesmo dei várias aulas, inclusive particulares. Deitado ou sentado em uma postura meditativa, você deve recitar certas frases várias vezes. Você

---

260. MENSEN, Herbert. *Das Autogene Training*. Entspannung, Gesundheit, Stressbewältigung. Munique, 1999, p. 45.

começa dizendo a si mesmo: "Estou completamente calmo", então passa para o próximo exercício: "Meu braço direito está pesado, meus braços e minhas pernas estão pesados". Depois de dominar a técnica, isso induzirá uma agradável sensação de peso. Todos os seus músculos estarão completamente relaxados.

Em seguida, você induz uma sensação igualmente agradável de calor, à medida em que o sangue flui para seus membros. Então você diz a si mesmo: "Meu braço direito está quente; meus braços e pernas estão quentes". Há mais frases para recitar: "Meu batimento cardíaco está calmo e regular", "Minha respiração está calma e regular", "Meu abdômen está quente", "Minha testa está agradavelmente fresca".

Os efeitos são mensuráveis. Em todo o mundo, mais de 60 testes e experimentos diferentes foram usados para medir as mudanças físicas e psicológicas provocadas pelo treinamento autogênico. Leituras termográficas e outras medições científicas confirmaram mudanças na temperatura corporal, frequência cardíaca e ritmo respiratório.

Depois de saber como usar essas frases básicas para induzir um estado de relaxamento profundo, seu subconsciente fica muito receptivo a frases sugestivas. Nesse sentido, o treinamento é muito semelhante à hipnose. Essas frases têm um efeito particularmente forte se forem repetidamente programadas no subconsciente, em um estado de relaxamento completo. Esse é o tipo mais eficaz de autossugestão.

Eu mesmo construí uma fortuna simplesmente programando novas metas financeiras em meu subconsciente todos os anos. Para o efeito, utilizo frases como: "Ganho X euros por ano, o meu subconsciente indica-me o caminho", ou: "Em 31 de dezembro deste ano, possuo X euros, o meu subconsciente indica-me o caminho". Minhas contas, que mantenho por mais de dez anos para comparar as metas que programei em meu GPS interno com os resultados reais, mostram uma taxa de sucesso de 85%, apesar de eu ter estabelecido metas muito ambiciosas e as elevado consideravelmente todos os anos.

Por que isso funciona? Em seu clássico de 1962, *O poder do seu subconsciente*, Joseph Murphy explica como a autossugestão pode ajudá-lo a atingir seus objetivos. "Decrete a saúde e a mente subconsciente a estabelecerá", escreve Murphy. "Não se preocupe com detalhes e meios,

152 | Programando seu GPS interior

mas conheça o resultado. Sinta a solução feliz para o seu problema, seja saúde, finanças ou emprego"[261].

Você pode achar que isso soa estranho. A maioria das pessoas imediatamente começa a revisar criticamente com suas mentes conscientes se e como uma meta pode ser alcançada. Eles imaginam todos os tipos de obstáculos e procuram as razões pelas quais podem falhar. Mas sabemos por experiência que o caminho para um objetivo programado na mente subconsciente não precisa ser conhecido por nossa mente consciente. O importante é imprimir seu objetivo em seu subconsciente, pela repetição constante. Nosso subconsciente é mais inteligente do que nossa mente consciente, e sempre encontrará uma maneira de atingir um objetivo.

No terceiro capítulo de seu clássico de autoajuda *Pense e Enriqueça*, Napoleon Hill identifica a autossugestão como a chave para o sucesso. Ele aconselha os leitores a relaxar e depois imaginar certos objetivos em detalhes gráficos, como se já tivessem sido realizados. Hill considera esta a única maneira de alcançar objetivos financeiros (ou outros).

Muitas pessoas são céticas sobre essas técnicas, embora experimentem os efeitos da constante repetição de frases-chave em nossas ações diariamente. O poder da publicidade é apenas um exemplo desse efeito.

Muitos dos entrevistados com quem conversei antes de escrever meu livro *The Wealth Elite* enfatizaram a importância de estabelecer metas por escrito. Eles estabelecem metas financeiras precisas e prazos exatos para alcançá-las. Um número surpreendente de entrevistados descreveu um processo de definição detalhada de metas, que eles realizavam uma vez por ano. Eles dedicaram tempo para definir marcos para o próximo ano, ao mesmo tempo em que revisavam as metas que haviam estabelecido para o ano anterior, a fim de avaliar o que haviam alcançado.

Muitos descreveram as técnicas detalhadas de visualização ou outros rituais que estão convencidos de que os ajudam a alcançar seus objetivos. Um entrevistado havia trabalhado com um consultor

---

261. MURPHY, Joseph. *The Power of Your Subconscious Mind*. Englewood Cliffs, 1963, p. 132.

de *feng shui* para criar um "canto de riqueza" em sua casa, onde ele orava todos os dias pela realização de suas metas financeiras, e outro fixou seu aspiracional "1.000.000.000" em grandes números acima da porta de seu escritório.

Autores como Murphy e Hill deram algumas pistas importantes para atingir metas, mas nenhum deles forneceu uma técnica eficaz para programar seus objetivos em seu subconsciente. O treinamento autogênico é uma dessas técnicas porque permite que você acesse as camadas mais profundas do seu subconsciente por meio do relaxamento e, em seguida, programe metas nele pela repetição constante de certas frases-chave. Claro, você pode "recitar mentalmente" metas, imagens e resoluções para si mesmo sem nenhum treinamento formal. No século XIX, Emile Coué foi o primeiro a desenvolver técnicas de autossugestão. Embora reconhecendo a importância da contribuição de seu antecessor, Schultz destacou que Coué lançou as *sementes* de seus pensamentos positivos ao vento. Apenas algumas delas brotaram e deram frutos, porque lhe faltava o conhecimento necessário para um *cultivo do solo* bem-sucedido. "Ao contrário das resoluções e lemas estereotipados usados no treinamento autogênico, o 'método Coué' consiste em persuadir e convencer a si mesmo de um estado de coisas desejável sem ter 'preparado o terreno'. Falta a preparação gradual por autotreinamento, que é característica do treinamento autogênico"[262].

Semelhante à hipnose, o treinamento autogênico é um meio de suprimir ou mesmo suspender o pensamento crítico e os julgamentos de valor por um determinado período, a fim de obter acesso direto ao subconsciente. Por mais importante que o pensamento analítico possa ser, ele também é extremamente limitado. O comportamento humano é, muitas vezes, guiado por impulsos subconscientes e não por decisões conscientes. Frequentemente, os últimos são apenas racionalizações tardias dos primeiros. Nosso subconsciente contém um estoque de informações, produtos de processos de aprendizado implícitos, que não conseguimos acessar com nossas mentes conscientes. Se você conseguir

---

262. MENSEN, Herbert. *Das Autogene Training*. Entspannung, Gesundheit, Stressbewältigung. Munique, 1999, p. 20.

154 | Programando seu GPS interior

programar seus objetivos em seu subconsciente, ele poderá recuperar sozinho as informações necessárias para alcançá-los. E logo você verá que pessoas e situações que podem ajudá-lo a atingir seu objetivo começarão a se materializar para você, como se atraídas por um ímã.

É realmente possível programar *todos* os seus objetivos em seu subconsciente e alcançá-los, usando técnicas de treinamento autogênico? Somente se você acreditar em seus próprios objetivos. Se você tentar programar seu GPS interno para se tornar presidente dos Estados Unidos no próximo ano, ou voar para Marte no ano seguinte, você não seria capaz de acreditar em seus próprios objetivos, e, consequentemente, não seria capaz de alcançá-los.

Mas raramente definimos nossas metas irrealisticamente altas. A maioria das pessoas define suas metas muito baixas. Dificilmente você conseguirá mais na vida do que planejava alcançar. Não seria deprimente chegar ao fim de sua vida e perceber que você poderia ter alcançado muito mais, se não tivesse estabelecido seus objetivos tão baixo?

Quão alto você define seus objetivos é sempre com você. Se você está acima do peso, pode definir o objetivo de perder alguns quilos, ou pode definir o objetivo de ter uma figura perfeita. Estou convencido de que, em alguns aspectos, os objetivos mais elevados são ainda mais fáceis de alcançar do que os mais modestos, porque você ficará muito mais motivado e entusiasmado quanto mais alto almejar. Também acho que, no final das contas, estabelecer metas muito ambiciosas e tentar alcançá-las não é mais difícil do que suportar uma vida medíocre e chata. E acima de tudo: você nunca saberá se possui algum talento oculto e se poderá conseguir mais na vida, afinal, a menos que tente.

As metas que você programa em seu GPS interno devem ser claramente definidas, idealmente quantificáveis e com um prazo. Ninguém entraria em contato com a Amazon e pediria "por favor, envie-me algo legal". A gigante do varejo *on-line* não saberia o que fazer com tal pedido. O seu subconsciente também não pode processar pedidos não específicos como "Quero ficar rico", "Quero ter um corpo melhor" ou "Quero ter sucesso". Mas se você definir com precisão quanto dinheiro deseja ter em uma determinada data, seu subconsciente saberá o que almejar. E você poderá monitorar e medir se atingiu seu objetivo ou não.

Sempre anote seus objetivos. A importância disso foi demonstrada por uma pesquisa com graduados de Harvard, aos quais foi perguntado se eles tinham uma meta que haviam anotado. Na pesquisa, 84% dos entrevistados disseram não ter nenhum objetivo específico para o futuro. Outros 13% estabeleceram metas para si mesmos, mas "apenas na minha cabeça". Apenas 3% tinham uma ou mais metas que haviam colocado por escrito. Dez anos depois, as mesmas pessoas foram entrevistadas novamente. Os 13% que estabeleceram metas (embora não por escrito) ganhavam em média o dobro dos 84% que não as tinham. Mas os 3% que anotaram suas metas estavam ganhando dez vezes mais que os demais[263].

A relevância do estabelecimento de metas para o sucesso empresarial também foi examinada por estudiosos. A teoria do "estabelecimento de metas" desenvolvida por Edwin Locke (Universidade de Maryland) e Gary P. Latham (Universidade de Toronto) é de importância central[264]. Em 1981, eles publicaram uma revisão dos resultados da pesquisa sobre esse tópico da década de 1970. Em 90% dos estudos sobre esse tópico, eles relataram o seguinte: "metas específicas e desafiadoras levam a um desempenho melhor do que metas fáceis, metas 'faça o seu melhor' ou nenhuma meta [...]. A definição de metas é mais provável de melhorar o desempenho da tarefa quando os objetivos são específicos e suficientemente desafiadores". Eles também examinaram quão específicos e quão difíceis eram os objetivos de alcançar. O resultado: metas mais desafiadoras e mais específicas levam a resultados melhores do que metas fáceis e vagamente formuladas.

A teoria do estabelecimento de metas foi desenvolvida indutivamente, tanto em testes de campo quanto em experimentos, a partir de estudos envolvendo 40.000 participantes em oito países. Metas ambiciosas e específicas são tão importantes porque, segundo Locke e

---

263. TRACY, Brian. *Goals!* How to Get Everything You Want — Faster Than You Ever Thought Possible. São Francisco, 2003, p. 12.

264. Para mais detalhes, consulte os livros de Locke e Latham mencionados na bibliografia.

156 | Programamando seu GPS interior

Latham, focam a atenção do indivíduo nas atividades que são relevantes para os objetivos e porque os indivíduos aumentam a intensidade e a duração do esforço necessário para alcançá-los. Eles trabalham mais e por mais tempo para atingir seus objetivos do que as pessoas que não os têm[265].

A maneira mais segura e rápida de alcançar metas altas é escrever algumas metas principais, dividi-las em metas anuais e *programá-las* em seu GPS interno, todos os dias. Você não precisa praticar o treinamento autogênico para atingir seus objetivos, mas estou convencido de que chegará lá muito mais rápido se programar resoluções autossugestivas em seu subconsciente usando esta técnica.

Eu recomendaria que você relesse este capítulo depois de terminar este livro. Ele ensina uma maneira boa e confiável de colocar em prática o que muitos outros autores já o incentivaram a fazer, ou seja, mobilizar o poder do seu subconsciente para atingir seus objetivos. Você é uma daquelas poucas pessoas que têm disciplina para passar muitos meses aprendendo técnicas de treinamento autogênico e depois usá-las, dia após dia, para programar suas metas em seu GPS interno? Ou você está entre os muitos céticos que nem mesmo tentam, ou entre aqueles que não têm disciplina para praticar diariamente? A resposta a esta pergunta pode muito bem determinar o quanto você alcançará nos próximos dez anos.

Depois de programar seu GPS interno, você está pronto para dar o próximo passo e aprender outra fórmula que o deixará mais perto de alcançar seus objetivos: *resistência + experimentação*. Todos os grandes inventores, empresários, atletas e artistas usaram essa fórmula, consciente ou inconscientemente.

---

265. As descobertas desta pesquisa estão resumidas no capítulo 3.2.5 do meu livro *The Wealth Elite*.

Capítulo 9

A fórmula do sucesso: resistência + experimentação

Garry Kasparov jogou seu primeiro campeonato mundial de xadrez em 1984. Seu oponente era o gênio do xadrez Anatoli Karpov. Kasparov tinha apenas 21 anos quando o desafiou. O torneio teve início no dia 10 de setembro e foi disputado com as mesmas regras que vigoravam desde o mundial de 1978. O título ia para o primeiro a vencer seis jogos.

Embora Kasparov estivesse cheio de confiança, ele perdeu quatro jogos em rápida sucessão e estava "a apenas duas derrotas de uma goleada humilhante"[266]. Depois de analisar a forma como os jogos foram parar naquela situação, Kasparov decidiu mudar sua tática radical e imediatamente. "Mudei para a guerrilha jogo após jogo, reduzindo o risco, esperando minha chance"[267].

Os próximos 17 jogos foram todos empates. O torneio durou meses e meses. Durante as centenas de horas que passou na frente de um tabuleiro de xadrez se preparando para a próxima partida, Kasparov trabalhou em seus movimentos e em seu pensamento, analisando erros, variando continuamente suas táticas. A princípio, as coisas pareciam correr de acordo com o planejado para ele. Mas então ele começou a perder. Com cinco a zero para Karpov, parecia que o veterano campeão estava a caminho da vitória.

---

266. KASPAROV, Garry. *How Life Imitates Chess*. Londres, 2007, p. 9.
267. *Ibid.*

A tensão era insuportável para os dois homens. Karpov estava física e mentalmente exausto, perdeu quase 30 quilos e teve que ser hospitalizado várias vezes. Kasparov estava mais nervoso e conseguiu diminuir a diferença para cinco a três. Finalmente, em 15 de fevereiro de 1985, cinco meses e mais de 300 horas de jogo após o início, a partida foi interrompida.

Kasparov havia aplicado uma fórmula para o sucesso que todas as pessoas bem-sucedidas usam: *resistência + experimentação*. Sua resistência era nada menos que fenomenal. Nenhum campeonato mundial durou tanto tempo — três meses foi o recorde anterior. Mas sua vontade de aprender, mesmo enquanto jogava, era igualmente importante. "O campeão mundial foi meu *personal trainer* por cinco meses exaustivos. Não apenas aprendi a maneira como ele jogava, mas agora estava profundamente em contato com meus próprios processos de pensamento. Eu era cada vez mais capaz de identificar meus erros e por que os havia cometido"[268].

Ser bem-sucedido requer resistência, mas resistência por si só é inútil se significar cometer os mesmos erros repetidamente. Precisa ser acompanhada por uma disposição altamente desenvolvida para experimentar. "Você não encontrará novas maneiras de resolver problemas a menos que as procure e tenha coragem de experimentá-las quando as encontrar", escreveu Kasparov. "Nem todas funcionarão como esperado, é claro. Quanto mais você experimentar, mais bem-sucedidas serão suas experiências. Quebre suas rotinas, até mesmo a ponto de mudar aquelas com as quais você está feliz, para ver se consegue encontrar métodos novos e melhores"[269].

Um ano após sua partida contra Karpov, Kasparov, de 22 anos, tornou-se o mais jovem campeão mundial de xadrez da história. Ele manteve o título por 15 anos. Quando se aposentou do xadrez profissional em 2005, ele tinha a classificação mais alta do mundo.

No mundo dos negócios, a mesma combinação de vigor e vontade de experimentar é a chave do sucesso. A história da boneca Barbie,

---

268. *Ibid.*, p. 11.
269. *Ibid.*, p. 72-73.

provavelmente o brinquedo mais conhecido e bem-sucedido do mundo, mostra isso.

Nova York, 1959. Ruth Handler estava sentada em seu quarto de hotel e chorando. Ela tinha grandes esperanças na feira da indústria de brinquedos, onde planejava apresentar o mais recente produto de sua empresa, Mattel, a boneca Barbie. Essa boneca era completamente diferente de todas as outras que existiam no mercado na época: não parecia uma criança, mas sim uma mulher. As pessoas riam de Ruth Handler: que mãe iria querer comprar para a filha uma boneca com seios grandes, cintura extremamente fina e pernas até a axila? Os especialistas da indústria que representam as grandes redes pensaram a mesma coisa — a Mattel quase não recebeu pedidos da boneca. Ruth Handler entrou em pânico e enviou um telegrama ao Japão, pedindo a seus fornecedores que reduzissem a produção em 40%. Otimista demais, ela havia encomendado 20.000 bonecas por semana durante os seis meses seguintes.

A ideia da boneca veio a Ruth Handler no início dos anos 1950. Ela havia observado o quanto sua filha Bárbara — que mais tarde daria o seu nome para a boneca — e suas amigas gostavam de brincar com bonecas de papel recortadas, que elas vestiam e despiam. Ela havia notado que as meninas preferiam um modelo em particular — o de mulher adulta. Elas se identificaram com ela. Elas queriam ser como ela quando fossem adultas: atraentes, bem-vestidas e maquiadas. Não seria muito mais interessante para as meninas, pensou Handler, se elas tivessem uma boneca real e tridimensional para brincar, em vez de recortes de papel? "Eu sabia que, se pudéssemos pegar esse padrão de brincadeira e tridimensionalizá-lo, teríamos algo muito especial"[270].

A ideia permaneceu com ela, mas o tipo de boneca que tinha em mente não foi encontrado em lugar nenhum; não até que ela foi para a Europa por seis semanas, em 1956. Na cidade suíça de Lucerna, ela viu uma boneca chamada Lilli em uma vitrine. Lilli tinha um pé de altura e tinha um rabo de cavalo loiro. Ruth e sua filha, de 15

---

270. GERBER, Robin. *Barbie and Ruth*. The Story of the World's Most Famous Doll and the Woman Who Created Her. Nova York, 2009, p. 6.

160 | A fórmula do sucesso: resistência + experimentação

anos, nunca tinham visto uma boneca como ela. Lilli não foi feita para crianças, no entanto. Ela foi baseada em um desenho animado do tabloide alemão *Bild* e comercializada como uma novidade para homens. Handler a comprou de qualquer maneira. Ela sabia: Lilli era exatamente o que ela estava procurando. Esta era a boneca que ela fabricaria para meninas.

Era mais fácil falar do que fazer. A boneca deveria parecer o mais real possível, com cílios colados e um guarda-roupa inteiro. Handler logo descobriu que os custos de produção seriam altos demais. Ela sabia que teria que mandar fazer as bonecas no Japão, onde o custo da mão de obra era muito barato na época. Ela viajou para o Japão e conseguiu que diferentes fabricantes de brinquedos experimentassem por vários anos, até conseguirem produzir uma boneca por cerca de três dólares. Adicione a isso o custo dos vestidos da boneca, que eram extremamente caros de fazer. O executivo médio nos Estados Unidos ganhava pouco mais de 200 a 300 dólares na época, o que significava que as primeiras bonecas Barbie seriam mercadorias de luxo que apenas membros das classes média e alta poderiam pagar.

Em 1945, Ruth Handler fundou uma empresa com o marido e um terceiro sócio. Começaram produzindo porta-retratos, mas depois passaram a fazer móveis para casas de bonecas. Seu marido tinha um dom para a invenção e inovação, mas ele era muito introvertido e vender definitivamente não era seu forte. Ruth, que era natural em marketing e publicidade, cuidava desse lado do negócio. Sua empresa foi a primeira fabricante de brinquedos a veicular comerciais de televisão durante todo o ano. Eles começaram em 1955, com uma campanha nacional no *Disney's Mickey Mouse Club*, o programa infantil mais popular da época.

A campanha revolucionou a indústria de brinquedos. A partir de então, não eram os pais que escolhiam os brinquedos para os filhos. Em vez disso, as crianças continuariam reclamando até que seus pais lhes comprassem o brinquedo que tinham visto anunciado na televisão. Até então, Handler havia se concentrado em vendas e marketing, deixando a invenção de novos brinquedos para o marido. Barbie foi sua primeira criação. Ela pagou muito dinheiro por um laudo pericial de

Ernest Dichter, uma autoridade no campo da psicologia de marketing na época. Sua pesquisa com 191 meninas e 45 mães mostrou que a maioria das meninas amava a boneca, enquanto as mães a odiavam. A esposa de Dichter disse mais tarde: "Ele entrevistou meninas sobre o que elas queriam em uma boneca. Acontece que o que elas queriam era alguém com aparência *sexy*, alguém que elas queriam crescer para ser. Pernas longas, seios fartos, glamurosa"[271]. Dichter sugeriu aumentar ainda mais os seios da Barbie — e por fim ela tinha 39 polegadas de busto, 18 polegadas de cintura e 33 polegadas de quadril. Mas era isso mesmo que as meninas queriam?

Nas propagandas de televisão, os sonhos das meninas eram expressos na letra de uma música: "Um dia vou ser igual a você, até lá eu sei o que vou fazer... Barbie, linda Barbie, eu vou fazer de conta que eu sou você"[272]. No princípio, os concorrentes da Mattel ridicularizaram a campanha: "Dá para acreditar no que aquela maluca da Mattel fez? Eles foram à TV e estão esperando que as mães comprem bonecas prostitutas para suas filhas"[273]. Eles não foram os únicos céticos. Mesmo os próprios funcionários de Handler tinham pouca fé no sucesso de sua ideia aparentemente maluca.

Apesar de todas as dúvidas e ceticismo, a Barbie se tornou um sucesso retumbante, tornando a Mattel uma das maiores fabricantes de brinquedos dos Estados Unidos. Apenas um ano após o lançamento da boneca, a empresa abriu o capital. Cinco anos depois, a Mattel teve um faturamento anual de 100 milhões de dólares, e foi listada entre as empresas da *Fortune 500* pela primeira vez.

Ruth Handler teve sucesso principalmente porque manteve sua ideia contra todas as probabilidades. Seu marido se opôs a isso, assim como sua equipe e quase todo mundo com quem ela conversou. Mesmo que os consumidores quisessem uma boneca como essa, argumentaram, seria impossível fabricar a um preço razoável. Ser informada de que seu plano era *impossível* deixou Handler ainda mais determinada a seguir

---

271. *Ibid.*, p. 107.
272. *Ibid.*, p. 108.
273. *Ibid.*, p. 109.

162 | **A fórmula do sucesso: resistência + experimentação**

em frente e provar a todos que era possível. Ela conseguiu combinar resistência e experimentação, que é a fórmula para o sucesso de qualquer tipo. Ela precisava de resistência porque levou quase dez anos para transformar sua ideia em realidade. Ela passou três anos aprimorando a boneca que vira na Suíça. Ela prestou muita atenção a cada detalhe, desde as unhas da Barbie até sua maquiagem e guarda-roupa, o que viria a ser um fator essencial para o fenomenal sucesso comercial da boneca. Proprietários orgulhosos da Barbie continuariam pedindo novas roupas para que pudessem vesti-la nos estilos mais recentes. Ela atribuiu as tentativas fracassadas de seus concorrentes de copiar seu sucesso à falta de resistência e atenção aos detalhes, que podem parecer irrelevantes, mas na verdade foram fundamentais para seu sucesso.

A paciência de Howard Schultz também foi testada. Quando ele assumiu a Starbucks, a empresa vinha obtendo lucro ano após ano. Mas havia apenas cinco lojas Starbucks, enquanto Schultz planejava abrir uma rede nacional. "Não demorou muito para eu perceber que não poderíamos sustentar esse nível de ganhos e construir a base de que precisávamos para um crescimento rápido". Ele disse à sua equipe e a seus investidores que esperava administrar a empresa com prejuízo nos três anos seguintes[274].

Isso foi exatamente o que aconteceu. Em 1987, a Starbucks sofreu um prejuízo de 330.000 dólares. Um ano depois, esse número aumentou para 764.000, chegando a 1,2 milhão de dólares no terceiro ano. No ano seguinte, a empresa voltou a dar lucro. Schultz relembra: "Aquele foi um período estressante para todos nós, cheio de muitos dias tensos. Embora soubéssemos que estávamos investindo no futuro e tivéssemos aceitado o fato de que não seríamos lucrativos, muitas vezes eu me via cheio de dúvidas"[275].

Houve um mês em que as perdas foram quatro vezes superiores ao valor orçado. Uma reunião do conselho consultivo foi marcada para a semana seguinte. Sabendo que seria chamado a prestar contas por seus

---

274. SCHULTZ, Howard; YANG, Dori Jones. *Pour Your Heart Into It:* How Starbucks Built a Company One Cup at a Time. Nova York, 2007, p. 141.
275. *Ibid.*

atos, Schultz não pregou o olho. Ele estava com medo das reações dos membros do conselho. Na reunião, o clima estava tão tenso quanto ele esperava. "As coisas não estão funcionando", disse um dos membros do conselho. "Teremos que mudar de estratégia". Schultz estava tremendo por dentro e teve que reunir toda a sua força de vontade para convencê-los a manter o plano original. "Olha", ele disse, tentando ao máximo manter o pânico longe de sua voz, "vamos continuar perdendo dinheiro até que possamos fazer três coisas. Temos que atrair uma equipe de gerenciamento muito além de nossas necessidades de expansão. Temos que construir uma instalação de torrefação de classe mundial", e, finalmente, acrescentou, eles precisavam de um sistema de TI "sofisticado o suficiente para acompanhar as vendas em centenas e centenas de lojas"[276]. Ele realmente quis dizer *centenas e centenas* de lojas? Alguns investidores estavam céticos. A Starbucks tinha apenas 20 filiais na época. E agora esse Schultz queria investir muito dinheiro em um sistema de computador capaz de gerenciar centenas de lojas?

E por que diabos, perguntavam os céticos, ele queria contratar executivos experientes e caros, que seriam lamentavelmente superqualificados para o trabalho? Em sua autobiografia, Schultz reflete: "Contratar antes da curva de crescimento pode parecer caro no momento, mas é muito mais sensato contratar especialistas antes de precisar deles do que tropeçar com pessoas inexperientes e não testadas que estão propensas a cometer erros evitáveis"[277].

Mas a empresa continuou engolindo dinheiro. Depois de todos os problemas que teve para levantar os 3,8 milhões de dólares de que precisava para comprar a Starbucks, ele agora precisava encontrar outros 3,9 milhões para financiar seus ambiciosos planos de expansão. Em 1990, a empresa precisava de ainda mais capital, que obteve de um fundo de capital de risco. Um ano depois, Schultz teve que levantar outros 15 milhões de dólares. Ao todo, houve quatro rodadas das chamadas colocações privadas de ações da empresa antes que a Starbucks abrisse o capital, em 1992.

---

276. *Ibid.*, p. 142.
277. *Ibid.*, p. 143.

164 | A fórmula do sucesso: resistência + experimentação

Imagine quanta resistência deve ter sido necessária para passar por esse período. A vida de Howard Schultz não teria sido muito mais fácil se ele tivesse mirado mais baixo e mantivesse os custos baixos? Ele teria conseguido lucrar muito antes, o que o teria poupado de muitos problemas ao lidar com seus investidores e suas questões críticas. Ele estava realmente no caminho certo? Ele não estava aumentando o risco a cada milhão que gastava?

Schultz não via dessa forma. De onde ele estava, o maior risco era não investir o suficiente. "Quando as empresas falham ou não conseguem crescer, quase sempre é porque não investem nas pessoas, nos sistemas e nos processos de que precisam. A maioria das pessoas subestima quanto dinheiro será necessário para fazer isso. Eles também tendem a subestimar como se sentirão ao relatar grandes perdas"[278]. Grandes investimentos nos primeiros dias da empresa não apenas resultaram em grandes perdas anuais, mas também significaram que o fundador teve que desistir cada vez mais de sua participação na empresa. Mas Schultz estava disposto a pagar o preço, e sua resistência seria recompensada no final.

Schultz tem o seguinte conselho para outros aspirantes a empreendedores: "Quando você está iniciando um negócio, seja qual for o tamanho, é extremamente importante reconhecer que as coisas vão demorar mais e custar mais dinheiro do que você espera. Se o seu plano for ambicioso, você deve contar com o investimento temporário de mais do que ganha, mesmo que as vendas estejam aumentando rapidamente. Se você recrutar executivos experientes, construir instalações de fabricação muito além de suas necessidades atuais e formular uma estratégia clara para administrar durante os anos de escassez, você estará pronto quando a empresa mudar para patamares cada vez mais altos"[279].

O tipo de resistência que Schultz demonstrou depende de dois fatores principais: uma alta tolerância ao desapontamento e um objetivo verdadeiramente elevado. Somente uma meta alta o motivará o

---

278. *Ibid.*, p. 145.
279. *Ibid.*, p. 142-143.

suficiente para não desistir, apesar das derrotas e dos períodos de vacas magras. Mas a chave do sucesso é a alta tolerância ao desapontamento. Schultz teve que se desenvolver no início de sua carreira, quando trabalhava como vendedor para a Xerox.

Durante seis meses, ele bateu às portas de todos os escritórios em seu território em Manhattan, entre as ruas 42 e 48, do East River à Quinta Avenida. *"Cold calls* foram um ótimo treinamento para os negócios", lembra ele. "Tantas portas bateram diante de mim que tive que desenvolver uma casca grossa e um discurso de vendas conciso, para uma máquina então moderna, chamada processador de texto"[280]. Tornou-se um vendedor de muito sucesso. "Vendi muitas máquinas e superei muitos de meus colegas. À medida que fui me provando, minha confiança cresceu. Vender, descobri, tem muito a ver com autoestima"[281].

Esse tipo de autoconfiança é um requisito necessário para desenvolver resistência suficiente para se recuperar da derrota. No entanto, quanto mais resistência você desenvolver, mais sua autoconfiança crescerá. Se você tem resistência e alta tolerância ao desapontamento, e se acaba sendo bem-sucedido por causa dessas mesmas qualidades, sua autoconfiança tende a aumentar. Só então você será capaz de definir seus objetivos ainda mais alto e superar os obstáculos no caminho para o sucesso, que por sua vez também crescerão cada vez mais. Não é à toa, então, que muitas das personalidades apresentadas neste livro foram bons vendedores acima de tudo, um trabalho que, tanto quanto empatia e assertividade, exige alta tolerância à decepção.

Sem resistência, você não terá sucesso no mundo dos negócios. Michael Bloomberg passou 15 anos trabalhando para o Salomon Brothers antes de ser demitido e decidir abrir sua própria empresa. Em sua autobiografia, ele escreve: "Graças a Deus, toda vez que outra empresa vinha me contratar, eu dizia não. Sempre encontrava uma razão para ficar, uma nova visão da minha vida no Salomon que me fazia comprometer-me novamente com a empresa"[282]. A paciência

---

280. *Ibid.*, p. 21.
281. *Ibid.*
282. BLOOMBERG, Michael. *Bloomberg by Bloomberg.* Nova York, 1997, p. 32.

166 | A fórmula do sucesso: resistência + experimentação

de Bloomberg foi frequentemente testada, até seus limites e além. Depois de seis anos com o Salomon, as coisas estavam indo muito bem para ele. Ele era o queridinho de Wall Street e festejado pela mídia. Ele estava ganhando um bom dinheiro e só havia um prêmio que ainda esperava: ele ainda não havia se tornado sócio da empresa. O prestígio de ser sócio "importava mais do que tudo no mundo para mim", escreveu ele. "Eu fiz por merecer essa parceria e agora queria o reconhecimento público do meu valor de uma vez por todas, como um peixe grande no grande lago"[283].

A lista de novos sócios foi publicada em agosto de 1972. Bloomberg, que contava com a lista e a desejava mais do que qualquer outra coisa, ficou arrasado ao descobrir que seu nome não estava nela. Ele havia sido preterido em favor de colegas que nada fizeram para merecer essa honra. "Fui preterido e, com um grupo tão grande aceito, humilhado também". Bloomberg foi destruído. Ele tinha lágrimas nos olhos. E começou a planejar sua vingança. "Procurei alguém para culpar. 'Vou desistir', disse a mim mesmo, no primeiro de muitos murmúrios malucos. 'Vou matá-los', 'Vou atirar em mim mesmo'"[284].

A maioria das pessoas teria reagido da mesma forma e atribuído sua derrota a outros que não reconheceram suas conquistas ou conspiraram contra elas. Mas Bloomberg logo caiu em si. A partir de agora, seu lema era: "Dane-se!". Ele trabalhou ainda mais do que antes, tornou-se ainda mais focado e deu tudo o que tinha para dar. E ele dizia a si mesmo: "Dane-se!". Três meses depois, ele conseguiu sua tão cobiçada sociedade[285].

Quando formou sua própria empresa, em 1981, sua paciência e resistência foram testadas novamente. Ele foi ricamente recompensado por sua persistência pelo Salomon Brothers, que o mandou embora com um aperto de mão dourado no valor de 10 milhões de dólares. Ele fundou sua própria empresa com alguns colegas. Para começar, eles alugaram um pequeno escritório, cerca de 30 metros quadrados,

---

283. *Ibid.*, p. 33.
284. *Ibid.*
285. *Ibid*, p. 34.

na Madison Avenue, em Manhattan. "No armário de vassouras do escritório, comemoramos nosso início no primeiro dia com uma garrafa de champanhe"[286].

Bloomberg sempre trabalhou muito, trabalhava 14 horas por dia, seis dias por semana, durante esse período. Então ele se deparou com a mesma dura verdade de Howard Schultz: "Eu não tinha investido nem perto do dinheiro suficiente para financiar o desenvolvimento"[287]. Suas despesas foram muito maiores do que ele esperava originalmente. Não havia como prever se os clientes estariam dispostos a pagar pelo produto que ele planejava vender, um tipo completamente novo de terminal de computador para exibição e distribuição de informações financeiras. Ele até começou a se perguntar se arriscar sua fortuna e seu bom nome era uma boa ideia. Afinal, ele já havia gastado 4 milhões dos 10 milhões de dólares que recebera da Salomon Brothers. E seu novo negócio ainda estava dando prejuízo. "Felizmente, porém, mesmo que eu quisesse deixar esse empreendimento para trás, não havia uma maneira elegante de sair (graças a Deus pelo ego!), então seguimos em frente"[288]. A resistência e a tolerância ao desapontamento são de grande importância, mas não o levarão muito longe a menos que você esteja disposto a experimentar e esteja aberto a novas ideias. Se você seguir um plano rígido, não importa o que aconteça, toda a sua resistência não o levará a lugar nenhum. Michael Bloomberg não acredita em planejamento detalhado: "Você inevitavelmente enfrentará problemas diferentes daqueles que previu. Às vezes, você terá que fazer *zig* quando o projeto diz *zag*. Você não quer um plano detalhado e inflexível atrapalhando quando precisa responder instantaneamente"[289].

Deixe-me repetir mais uma vez: a resistência só levará ao sucesso se for acompanhada por uma vontade de experimentar. Thomas Edison, um dos maiores inventores da história, teve resistência para conduzir 10.000 experimentos diferentes antes de conseguir inventar

---

286. *Ibid.*, p. 46.
287. *Ibid.*, p. 53.
288. *Ibid.*, p. 43.
289. *Ibid.*, p. 45-46.

168 | A fórmula do sucesso: resistência + experimentação

a lâmpada. Quantos de nós teriam desistido depois de cem ou mil experimentos fracassados?

Aqueles que agem proativamente e são capazes de aprender rapidamente com os erros tendem a ter mais sucesso do que aqueles que continuam trabalhando para aperfeiçoar suas ideias, mas hesitam em colocá-las em prática. "Cometemos erros, é claro", admite Bloomberg. "A maioria deles foram omissões nas quais não pensamos quando inicialmente escrevemos o *software*. Nós os consertamos fazendo isso repetidamente, de novo e de novo. Fazemos o mesmo hoje". Enquanto seus concorrentes ainda estavam ocupados tentando chegar ao design final perfeito, ele já trabalhava em sua quinta versão do protótipo. "Isso volta ao planejamento *versus* atuação. Atuamos desde o primeiro dia; outros planejam como planejar, por meses"[290].

Se você está começando uma nova empresa, não tente se ater a um plano, mas esteja sempre disposto a aprender e experimentar. Bloomberg sempre enfatizou que as previsões sobre novas ideias de negócios são em sua maioria inúteis e sem sentido, por mais que os bancos e outros investidores insistam nelas. "O ruído nas suposições que você tem que fazer é tão grande, e o conhecimento que você tem de áreas estranhas tão limitado, que toda a análise detalhada é geralmente irrelevante"[291].

Um empresário tão cético quanto Bloomberg quando se trata de planos rígidos, e que mostrou o que a combinação de perseverança e experimentação pode fazer, é Jack Ma, o fundador do Alibaba. Nos Estados Unidos e na Europa a Amazon ainda pode ser mais conhecida que a Alibaba, mas uma comparação entre as duas empresas ilustra a importância da gigante do comércio eletrônico de Jack Ma. O Dia dos Solteiros é comemorado em 11 de novembro e serve para ilustrar o poder de mercado do Alibaba. Em 2009, Jack Ma teve a ideia de fazer desta data um dia de ofertas especiais. Os quatro "uns" na data simbolizam os solteiros que devem dar presentes uns aos outros no Dia dos Solteiros — e eles dão. Em 11 de novembro de 2016, a

---

290. *Ibid.*, p. 52.
291. *Ibid.*, p. 78.

campanha despejou 15,1 bilhões de euros nas caixas registradoras dos comerciantes do *Alibaba.com*. Em 2017, o número aumentou ainda mais, com o Alibaba relatando um faturamento de 22 bilhões de euros no Dia dos Solteiros. Em comparação, os varejistas *on-line* nos EUA faturaram 7,11 bilhões de euros combinados na *Cyber Monday*, *Black Friday*, *Thanksgiving* e *Prime Day*.

Em 2018, a marca Alibaba valia 113 bilhões de dólares, à frente de empresas americanas conhecidas como IBM (96 bilhões), Coca-Cola (80 bilhões) e Disney (54 bilhões). Por meio de sua empresa, Jack Ma passou de um simples professor para uma das pessoas mais ricas do mundo. Em outubro de 2018, a revista chinesa *Hunrun* informou que ele era o homem mais rico da China, com ativos de 39 bilhões de dólares. Segundo a *Forbes*, em 2018 ele foi uma das 20 pessoas mais ricas do mundo. Um ano antes, a *Fortune* o havia coroado em segundo lugar na lista dos 50 maiores líderes do mundo, e na *Forbes* ele foi classificado como uma das "pessoas mais influentes" do mundo por anos.

Ma é um excelente exemplo do que a combinação de perseverança e experimentação pode alcançar. Jack Ma nasceu em 1964. Quando menino, fez de tudo para aprender inglês. Ele era um ávido leitor dos livros de Mark Twain, e aproveitava todas as oportunidades para melhorar seu conhecimento do idioma. Aos 12 anos, ele teve uma ideia de como poderia melhorar: todas as manhãs, às cinco horas, ele andava de bicicleta por 40 minutos até um hotel internacional em sua cidade natal, e esperava por turistas. Ao abordá-los, ele sugeria um acordo: mostraria a cidade como guia de viagem e eles lhe ensinariam inglês em troca. Quer estivesse nevando ou chovendo, ele esperava do lado de fora do hotel, dia após dia, manhã após manhã, ano após ano. Um dia ele conheceu uma família australiana com quem fez amizade e que o convidou para ir à Austrália, onde ele ficou impressionado com o alto padrão de vida que as pessoas de lá desfrutavam, em comparação com a China.

Seu inglês estava melhorando constantemente, mas ele era tão fraco em matemática que foi reprovado no teste padronizado de admissão à universidade — ele conseguiu apenas 1 de 120 pontos possíveis. Ele tentou novamente e, desta vez, conseguiu 19 de 120. Seus resultados

170 | A fórmula do sucesso: resistência + experimentação

gerais foram tão ruins que a universidade o rejeitou. Mesmo assim, não desistiu e, em determinado momento, conseguiu entrar no Teachers College, embora admita que era a universidade menos respeitada de sua cidade. Em 1988, obteve o diploma de bacharel em inglês, e conseguiu um emprego como professor de inglês.

Uma viagem a Seattle em 1995, onde um amigo lhe mostrou a internet pela primeira vez, foi decisiva para moldar sua vida futura. Ele ficou imediatamente interessado e intuitivamente reconheceu o papel que a internet desempenharia no futuro. Nesse mesmo ano, ele fundou a empresa China Yellow Pages, que lutava para sobreviver. Ele havia gastado quase todo o seu dinheiro no registro da empresa, o que sobrava pouco para qualquer outra coisa. O escritório da empresa consistia em uma única sala com uma estação de trabalho no meio, onde ficava um computador de mesa muito antigo.

O maior problema era que não era possível acessar a internet em sua cidade natal, Hangzhou, naquela época. Dadas tais circunstâncias, qualquer outra pessoa teria desistido da ideia de abrir uma empresa de internet lá. Mas Jack Ma era diferente. Ele contou a todos os seus amigos sobre as possibilidades da internet e conseguiu convencer alguns a contratá-lo para criar sites para eles. Ele pediu que eles lhe enviassem documentos sobre sua empresa, que ele traduziu para o inglês e enviou pelo correio para Seattle, onde os sites foram criados. Os amigos em Seattle tiraram *screenshots* dos sites em que estavam trabalhando e os enviaram de volta para a China, onde ele os mostrou a seus clientes. O fato de ele ter conseguido encontrar empresas em sua cidade natal dispostas a gastar a quantia não insignificante de 20.000 *renminbi* (cerca de 2.400 dólares) é uma prova de sua enorme capacidade de persuasão. "Fui tratado como um vigarista por três anos", é como Jack Ma se lembra daqueles primeiros dias[292].

Nos anos seguintes, Ma mudou repetidamente seu modelo de negócios, combinando experimentação com perseverança. Em 1999, ele fundou o Alibaba Group como uma plataforma de comércio eletrônico *business-to-business*. As coisas não foram nada fáceis no início. Jack Ma

---

292. CLARK, Duncan. *Alibaba*. The House that Jack Ma Built. Nova York, 2016, p. 73.

lembrou mais tarde: "Na primeira semana, tínhamos sete funcionários. Nós comprávamos e vendíamos, nós mesmos. Na segunda semana, alguém começou a vender em nosso site. Compramos tudo o que eles vendiam. Tínhamos dois quartos cheios de coisas que compramos sem uso, tudo lixo, nas primeiras duas semanas, para dizer às pessoas que funciona"[293]. Desde o início, ele pensou grande e estabeleceu metas muito ambiciosas. Pouco depois de fundar sua empresa, ele disse a um jornalista: "Não queremos ser o número um da China. Queremos ser o número um do mundo"[294]. Ele estava tão convencido de seu sucesso futuro que até filmou uma reunião em seu modesto apartamento em fevereiro de 1999, como um documento para a história posterior da empresa. Durante a pequena reunião, ele fez a pergunta: "Nos próximos cinco ou dez anos, o que será do Alibaba?". Respondendo à sua própria pergunta, ele disse que "nossos concorrentes não estão na China, mas no Vale do Silício [...]. Devemos posicionar o Alibaba como um site internacional"[295].

Ma tentou levantar dinheiro de capitalistas de risco em Palo Alto, Vale do Silício. Os investidores que ele conheceu esperavam que ele apresentasse um plano de negócios totalmente desenvolvido. Mas, assim como Bloomberg, os fundadores do Google e tantos outros fundadores de empresas de sucesso, Jack Ma não tinha um plano de negócios. Seu lema era: "Se você planeja, você perde. Se você não planejar, você ganha"[296]. Infelizmente, os investidores tiveram dificuldade em entender a abordagem de Ma. "Ainda não temos um modelo de negócios claramente definido", admitiu. "Se você considera o Yahoo um mecanismo de busca, a Amazon uma livraria, e o eBay um centro de leilões, o Alibaba é um mercado eletrônico. Yahoo e Amazon não são modelos perfeitos e ainda estamos tentando descobrir o que é melhor"[297]. Mesmo assim, graças ao seu carisma, conseguiu persuadir

---

293. LEE, Suk; SONG, Bob. *Never Give Up*. Jack Ma In His Own Words. Chicago, 2016, p. 29.
294. CLARK, Duncan. *Alibaba*. The House that Jack Ma Built. Nova York, 2016, p. 110.
295. *Ibid.*, p. 93.
296. *Ibid.*, p. 111.
297. *Ibid.*, p. 121.

172 | A fórmula do sucesso: resistência + experimentação

o funcionário responsável pela China do Goldman Sachs a investir 5 milhões de dólares em sua empresa.

O exemplo de Jack Ma mostra que a intuição empreendedora e, principalmente, a disposição de estar aberto a novas ideias e de estar sempre pronto para adaptar um modelo de negócio são muito mais importantes do que conhecimentos livrescos como os ensinados em cursos de administração pelo mundo. Em palestra, ele disse: "Não é necessário fazer um MBA. A maioria dos graduados em MBA não é útil [...]. A menos que eles voltem de seus estudos de MBA e esqueçam o que aprenderam na escola, eles não serão úteis. Porque as escolas ensinam conhecimento, enquanto iniciar um negócio requer sabedoria. A sabedoria é adquirida através da experiência. O conhecimento pode ser adquirido através do trabalho árduo"[298].

O que Jack Ma diz é confirmado pela pesquisa empresarial: o sucesso empresarial não é resultado de aprendizado acadêmico explícito e conhecimento de livros: é o produto de processos de aprendizado implícitos que se manifestam na intuição e no sentimento. No entanto, isso não é algo irracional ou místico; é experiência acumulada, que por sua vez é fruto de uma combinação de perseverança e vontade de experimentar. Escrevi mais sobre esse assunto em meu livro *The Wealth Elite*.

Para Ma, nem mesmo o conhecimento tecnológico era necessário, pois ele se esforçou para alcançar um sucesso excepcional como empreendedor da internet: "Não sou bom em tecnologia", declarou em 2014. "Fui treinado para ser professor do ensino médio. É uma coisa engraçada. Dirijo uma das maiores empresas de comércio eletrônico da China, talvez do mundo, mas não entendo nada de computadores. Tudo o que sei sobre computadores é como enviar e receber um e-mail e como navegar"[299].

Jack Ma, que começou como designer de sites e depois entrou no comércio eletrônico *business-to-business*, continuou a desenvolver seus negócios em novas direções. Em 2003, ele fundou o Taobao, o maior

---

298. *Ibid.*, p. 123.
299. LEE, Suk; SONG, Bob. *Never Give Up*. Jack Ma In His Own Words. Chicago, 2016, p. 18.

site chinês de compras *business-to-consumer*. Ele foi recebido com ceticismo quando revelou seus planos para o Taobao, tanto dentro de sua empresa quanto de investidores. Afinal, as operações *business-to-business* do Alibaba ainda não eram lucrativas. Além disso, nessa época também era difícil levantar novos fundos de empresas de capital de risco. A empresa deveria realmente abrir uma nova frente quando ainda não havia vencido a batalha *business-to-business*? Muitas das pessoas com quem ele falou estavam cautelosas. Mas Jack Ma estava certo. Em 2007, ele até conseguiu derrotar seu concorrente mais feroz, o eBay, que tinha muito mais poder financeiro do que a empresa de Ma. O eBay foi forçado a encerrar seus negócios na China porque nunca conseguiu entender o mercado chinês, incluindo a mentalidade do grande número de pequenos varejistas que usam o Taobao. Em 2004, Ma fundou o Alipay, o maior serviço de pagamento pela internet do mundo.

Jack Ma estava e está sempre aberto a novas ideias. "Desde o primeiro dia", explicou ele em 2004, "todos os empreendedores sabem que seu dia é lidar com dificuldades e fracassos, em vez de ser definido pelo sucesso. Meu momento mais difícil ainda não chegou, mas certamente chegará. Quase uma década de experiência empresarial me diz que esses tempos difíceis não podem ser evitados ou suportados por outros: o empreendedor deve ser capaz de enfrentar o fracasso e nunca desistir"[300].

Larry Page e Sergej Brin, os fundadores do Google, têm algumas coisas em comum com Jack Ma; eles também começaram sem um plano de negócios totalmente desenvolvido e mudaram seu modelo repetidamente.

Os dois criadores do Google, ambos nascidos em 1973, tiveram uma ideia brilhante: eles queriam construir o melhor mecanismo de busca do mundo. Eles não estavam satisfeitos com o desempenho dos mecanismos de pesquisa existentes, como o Alta Vista, e estavam convencidos de que poderiam fazer melhor. Ao usar o Alta Vista, eles descobriram que os resultados da pesquisa mostravam não apenas uma lista de sites, mas também informações aparentemente sem sentido nos *links*. Ao integrar o fator de popularidade do *link* nos algoritmos

---

300. *Ibid.*, p. 83.

174 | A fórmula do sucesso: resistência + experimentação

usados para pesquisar na web, o desempenho do mecanismo pode ser melhorado consideravelmente, descobriram eles.

Os dois universitários estavam obcecados com a ideia de criar o melhor e mais avançado mecanismo de busca do mundo. A princípio, eles nem planejavam abrir sua própria empresa, mas precisavam de dinheiro para comprar centenas de computadores de mesa, que se conectavam uns aos outros, para pesquisar na internet.

Eles conseguiram encontrar investidores de capital de risco. Mas eles ainda não tinham um plano de negócios definido. Em *The Google Story*, David A. Vise e Mark Malseed comentam: "Nenhum dos caras tinha uma ideia clara de como a empresa ganharia dinheiro, embora lhes parecesse que, se tivessem o melhor mecanismo de busca, outros iriam querer usar em suas organizações"[301]. Ao contrário do conselho dado regularmente aos estudantes de negócios, eles também não se preocuparam em elaborar um plano de negócios. A questão de como o Google iria ganhar dinheiro permaneceu sem resposta.

A ideia original de Page e Brin era vender licenças para sua tecnologia de mecanismo de busca para outras empresas de internet. Isso provou ser muito difícil de colocar em prática. Michael Moritz, da Sequoia, um dos dois primeiros investidores de capital de risco do Google, lembra: "Durante o primeiro ano, tínhamos coletivamente a preocupação de que o mercado que buscávamos era mais difícil e mais intratável do que havíamos previsto originalmente. As conversas com clientes em potencial e as negociações com eles foram prolongadas. Havia muita concorrência e não tínhamos uma força de vendas direta"[302].

Page e Brin não deixaram que isso os impedisse. A princípio, eles se opuseram à venda de espaços publicitários porque pensaram que a objetividade dos resultados da pesquisa poderia ser comprometida. Eles apontaram o exemplo negativo dado por outras empresas que seguiram esse caminho. De qualquer forma, os *banners* publicitários usados na época não se mostraram muito eficientes.

---

301. VISE, David A.; MALSEED, Mark. *The Google Story*. Nova York, 2005, p. 59.
302. *Ibid.*, p. 84-85.

Finalmente, eles descobriram uma empresa que parecia conseguir combinar publicidade com resultados de pesquisa com bastante sucesso. Parecia que o conceito poderia funcionar, afinal. Page e Brin decidiram modificá-lo e usá-lo como base para seu modelo de negócios. Era uma estratégia simples: o mecanismo de busca seria gratuito para os usuários; o dinheiro viria das vendas de publicidade.

Nos primeiros anos, o Google sofreu perdas. Em 2000, a empresa operava com um déficit de 14,7 milhões de dólares. Mas, apenas um ano depois, obteve um lucro de 7 milhões. Nos anos seguintes, essa soma aumentaria constantemente, de 100 milhões em 2002 para 400 milhões em 2004 e 1,5 bilhão de dólares em 2005. Em 2017, o Google alcançou um faturamento de 110 bilhões e um lucro de 25 bilhões de dólares. Hoje, a marca Google vale mais que a Coca-Cola ou o McDonald's. Com um patrimônio líquido de mais de 300 bilhões de dólares, foi a marca mais valiosa do mundo em 2018.

Em 1998, quando eles criaram a base tecnológica para o que viria a ser o mecanismo de busca do Google e estavam tentando vender a licença para empresas como o Yahoo!, Page e Brin receberam pouca atenção em todos os lugares. Eles estavam pedindo um milhão de dólares por seu sistema, o que todos a quem eles ofereceram achavam que era demais. Foi uma derrota que se revelaria uma fuga feliz para os criadores do Google: se eles tivessem encontrado algum comprador para sua oferta, provavelmente nunca teriam fundado sua empresa. Mais uma vez, um aparente revés provou ser a sementeira de um sucesso ainda maior.

Como demonstra a história do Google, o fator-chave para uma empresa bem-sucedida não é um planejamento perfeito, mas a capacidade de aprender e se adaptar rapidamente. Muitas pessoas podem estar inclinadas a rir de alguns aspirantes a empreendedores sem um plano de negócios e sem uma ideia clara de como vão ganhar dinheiro. Nenhum banco no mundo teria dado a eles um empréstimo para financiar sua ideia de negócio. Mas uma grande visão aliada ao pragmatismo, à vontade de experimentar e à capacidade de aprender vale muito mais do que um pedaço de papel com um elaborado plano de negócios, pelo qual só um professor de economia se entusiasmaria.

176 | A fórmula do sucesso: resistência + experimentação

A atitude pragmática e experimental que os serviu tão bem em seus primeiros dias continua sendo uma marca registrada do sucesso dos criadores do Google até hoje. Novos serviços são frequentemente lançados como versões beta para indicar que ainda estão em desenvolvimento. O Google deve sua existência à vontade de experimentar de seus fundadores.

Atletas de sucesso precisam de grande resistência. Mas, em vários estágios de suas carreiras, todos os atletas de sucesso chegarão a um ponto em que seu desempenho estagnará. Tentar reagir mantendo a rotina de treinamento, mas treinando cada vez mais, corre o risco de treinar demais, o que é prejudicial ao corpo e resulta em desempenho ainda pior. Para superar esses períodos de estagnação, que inevitavelmente ocorrem na carreira de todo atleta, e continuar melhorando e se desenvolvendo, ele precisa estar aberto a novas rotinas de treinamento.

Oliver Kahn, o jogador de futebol, cita Albert Einstein, que disse certa vez: "Repetir o mesmo experimento várias vezes sem alterar a configuração é uma espécie de loucura"[303]. Kahn aconselha os melhores atletas e qualquer outra pessoa que almeja o sucesso a estar aberta à "experimentação orientada para objetivos na área [...] na qual você deseja ter sucesso [...]. Nunca sem sentido, mas selvagem, extremo, apenas aberto a experimentos"[304]. Ele também adverte contra o perfeccionismo equivocado: "A arte não está em ser perfeito, isso pode até resultar em pura perda de tempo. 'A perfeição é inimiga de começar'"[305]. Podemos acrescentar: a perfeição é frequentemente pouco mais do que uma desculpa conveniente para não começar, porque as condições não são perfeitas.

A vontade de experimentar requer a coragem de cometer erros. "Tente se concentrar em fazer certo; não em não fazer errado", enfatiza Kahn[306]. Esse é um bom conselho, que você deve guardar na memória: "Tente se concentrar em fazer as coisas certas, não em não fazer nada de errado". O que distingue as pessoas bem-sucedidas daquelas que

---

303. KAHN, Oliver. *Ich*. Erfolg kommt von innen. Munique, 2008, p. 275.
304. *Ibid.*, p. 134.
305. *Ibid.*, p. 213.
306. *Ibid.*, p. 263.

passam a vida inteira se esquivando de um possível fracasso é seu foco obstinado no sucesso, em querer fazer as coisas direito. Infelizmente, aqueles que apenas tentam evitar fazer qualquer coisa errada tendem a se encaixar bem em muitas grandes empresas, bem como em instituições governamentais, onde o sucesso conta muito pouco, enquanto o fracasso traz penalidades severas. Na pior das hipóteses, isso leva a uma atitude do tipo: "Se eu trabalhar muito e arriscar muito, vou errar muito, se trabalhar menos e arriscar menos, errarei menos, e se eu não trabalhar, não cometerei nenhum erro". Em qualquer caso, um medo exagerado de cometer erros irá impedi-lo de experimentar e fazer com que você se atenha a procedimentos testados e comprovados.

Mesmo que você falhe com um modelo de negócios, isso não o torna um perdedor, muito pelo contrário. Muitas pessoas têm tanto medo de fracassar com sua ideia de negócio que nem tentam colocá-la em prática. Na verdade, muitos empreendedores bem-sucedidos falharam com uma ou outra ideia de negócio, mas aprenderam com o fracasso e, em muitos casos, transformaram-no na base de sucessos ainda maiores.

"Se tudo o que você tenta funciona, então você não está se esforçando o suficiente", disse o pioneiro americano da computação e cofundador da Intel, Gordon Moore. E como ele está certo! Os vencedores não são vencedores porque têm sucesso em tudo. Pelo contrário, os vencedores estabelecem grandes objetivos e experimentam o caminho para alcançá-los. Eles não precisam de uma garantia de que algo terá sucesso antes de enfrentá-lo. Eles sabem e aceitam que muito do que tentarem, falhará. "Se você não falha de vez em quando, é um sinal de que está jogando pelo seguro", disse apropriadamente o ator americano Woody Allen. E o fundador da Nike, Phil Knight, disse: "Se não estamos cometendo erros, não estamos tentando coisas novas o suficiente". Mesmo um investidor brilhante como Warren Buffett tem que relatar todos os anos os investimentos sobre os quais ele errou totalmente. Não é possível nem necessário estar certo o tempo todo. Você só precisa ter certeza de que está certo com mais frequência do que errado. Se você ousa algo novo e não tem medo do próximo passo, pode ser que esse passo seja muito pequeno para você.

178 | A fórmula do sucesso: resistência + experimentação

Não importa se você é empresário, empregado, *freelancer*, acadêmico, artista ou atleta: você não terá sucesso a menos que esteja disposto a experimentar e cometer erros. Dizer que você "já tentou tudo" é uma opção fácil. Se você analisar sua vida com um olhar autocrítico, provavelmente verá que não é verdade. Tanto nos esportes quanto nos negócios, há um número infinito de maneiras de abordar as coisas e de proceder, e ninguém pode seriamente afirmar que "tentou todas elas". Normalmente, isso não passa de uma desculpa para explicar a si mesmo e aos outros por que você não está progredindo.

Os restaurantes McDonald's são famosos por seu elaborado sistema de operação, em que cada detalhe foi otimizado para máxima eficiência. Este sistema não nasceu de um súbito lampejo de inspiração, mas foi aperfeiçoado ao longo do tempo com uma combinação de experimentação e resistência. O fato de nenhum dos executivos que dirigiam a empresa na década de 1950 ter experiência na indústria de *catering* provou ser uma vantagem. "Como não tínhamos experiência anterior em restaurantes, nada era considerado garantido", diz o contemporâneo e eventual sucessor de Ray Kroc, Fred Turner. "Tivemos que aprender tudo sozinhos [...]. Estávamos continuamente procurando uma maneira melhor de fazer as coisas e, em seguida, uma maneira melhor e revisada de fazer as coisas e, em seguida, uma maneira melhor, revisada mais uma vez"[307].

O próprio Ray Kroc sempre incentivou seus gerentes de restaurante a expressar quaisquer diferenças de opinião e a ser experimentais e abertos a novas ideias. "Eu não tinha experiência anterior no ramo de hambúrgueres", diz ele. "Na verdade, nenhum de nós tinha motivos para dizer qualquer coisa. Então, se eles [os gerentes dele] tivessem uma ideia diferente da minha, eu os deixaria trabalhar com ela por seis meses e ver o que acontecia". Ele admite ter cometido tantos erros quanto seus colegas, "mas crescemos juntos"[308]. James Kuhn, outro veterano do McDonald's desde os primeiros dias, resume o segredo

---

307. LOVE, John F. *McDonald's*. Behind the Arches. Revised Edition. Nova York, 1995, p. 120-121.
308. *Ibid.*, p. 106.

de seu sucesso da seguinte forma: "Na verdade, somos um bando de pessoas motivadas que disparam muitos canhões e nem todos acertam o alvo. Cometemos muitos erros, mas são os erros que fazem o nosso sucesso, porque aprendemos com eles"[309].

John F. Love diz em *Behind the Arche*s: "Tudo foi feito na base de tentativa e erro. Nenhuma ideia era indigna de discussão [...]. Resumindo, o negócio do McDonald's evoluiu como resultado de milhares de experimentos feitos no mundo real das operações da loja"[310].

A experimentação requer disposição para admitir erros e aprender com as críticas. Embora as pessoas que são dogmáticas e opinativas achem isso mais difícil do que outras, a autoconfiança é, na verdade, um trunfo a esse respeito. Quanto mais autoconfiante você for, menos se sentirá ameaçado pelas críticas. Bill Gates, por exemplo, estava sempre disposto a mudar de ideia se alguém tivesse argumentos melhores a seu favor. "Bill não é dogmático sobre as coisas. Ele é muito pragmático", diz um dos programadores originais da Microsoft. "Ele pode ser extremamente vocal e persuasivo ao defender um lado de uma questão e, um ou dois dias depois, dirá que estava errado e vamos em frente. Não, há muitas pessoas que tenham o impulso, a intensidade e as qualidades empreendedoras para serem tão bem-sucedidas que também tenham a capacidade de deixar o ego de lado"[311].

Outro membro da equipe de Gates lembra: "Se ele realmente acreditasse em algo, ele teria esse zelo intenso e apoiaria e impulsionaria a organização e falaria sobre isso, e sempre que se encontrasse com as pessoas, falaria sobre o quão bom era. Mas se aquela coisa em particular não fosse melhor, ele se afastava dela e ela era esquecida [...]. Isso o tornou incrivelmente ágil no sentido comercial"[312].

Nos 20 anos que Garry Kasparov passou no auge de sua profissão como um jogador de xadrez de classe mundial, ele teve que lidar com "enxurradas constantes de condenações e elogios". Ele adverte contra

---

309. *Ibid.*, p. 7.
310. *Ibid.*, p. 120-121.
311. WALLACE, James; ERICKSON, Jim. *Hard Drive*. Bill Gates and the Making of the Microsoft Empire. Chichester, 1992, p. 128-129.
312. *Ibid.*, p. 298-299.

180 | A fórmula do sucesso: resistência + experimentação

a tentação de "ignorar as primeiras e abraçar as segundas. Devemos lutar contra nossos próprios egos e instintos defensivos para perceber que algumas críticas são merecidas e construtivas, e que podemos usá-las como uma ferramenta"[313]. Kasparov insiste na importância da autocrítica. Ele exorta os outros jogadores a aprender não apenas com a derrota, mas também com a vitória, "a procurar erros em nossos sucessos". Vencer um jogo não significa necessariamente que um jogador fez tudo certo, argumenta ele — o vencedor pode ter apenas tido sorte[314]. "O sucesso raramente é analisado tão de perto quanto o fracasso, e sempre somos rápidos em atribuir nossas vitórias à superioridade em vez de às circunstâncias. Quando as coisas estão indo bem, é ainda mais importante questionar. O excesso de confiança leva a erros, uma sensação de que qualquer coisa é boa o suficiente"[315].

Se você é gerente, executivo ou empresário, deve aprender a permitir que seus funcionários cometam erros. Claro, não é aceitável que alguém continue cometendo o mesmo erro repetidamente porque não quer ou não consegue aprender. Mas se um erro acontece porque alguém se arriscou e tentou algo novo, não deveria ser punido por isso.

Ao punir cada erro, você suprimirá qualquer vontade de experimentar que tenham seus funcionários. Quando Jack Welch trabalhava para a General Electric no início de sua carreira, ele teve a sorte de ter um chefe que permitia que ele cometesse erros. Seu departamento estava testando um novo processo químico quando ocorreu um acidente. "Eu estava sentado em meu escritório em Pittsfield, do outro lado da rua da planta piloto, quando ocorreu a explosão. Foi uma grande explosão, que derrubou o telhado do prédio e quebrou todas as janelas do último andar. Isso abalou todo mundo, especialmente eu, até os dedos dos pés"[316].

Como Welch estava no comando do projeto, a responsabilidade ficou com ele. No dia seguinte, ele teve que dirigir 160 quilômetros até Bridgeport, em Connecticut, para relatar o acidente a seu superior.

---

313. KASPAROV, Garry. *How Life Imitates Chess*. London, 2007, p. 185.
314. *Ibid.*, p. 184.
315. *Ibid.*, p. 152.
316. WELCH, Jack; BYRNE, John A. *Jack. Straight from the Gut*. London, 2001, p. 27.

"Eu sabia que poderia explicar por que a explosão aconteceu e tinha algumas ideias sobre como resolver o problema. Mas eu estava uma pilha de nervos. Minha confiança foi abalada quase tanto quanto o prédio que eu destruí", lembra Welch[317].

Welch não conhecia muito bem seu chefe e não fazia ideia de como ele reagiria. No evento, seu chefe mostrou muita compreensão e fez todas as perguntas certas: como aconteceu o acidente? O que Welch havia aprendido com isso? Em vez de ficar com raiva e atribuir a culpa, ele adotou uma abordagem racional. "É melhor sabermos sobre esse problema agora do que mais tarde, quando tivemos uma operação em grande escala. Graças a Deus ninguém se feriu"[318]. Welch ficou muito impressionado com essa reação.

Welch acha que é preciso desenvolver um instinto para a reação apropriada ao erro de um funcionário: "quando abraçar e quando chutar. É claro que pessoas arrogantes, que se recusam a aprender com seus erros, devem ir embora. Se estamos gerenciando boas pessoas, que estão claramente incomodadas por causa de um erro, nosso trabalho é ajudá-las a superar isso"[319].

Você pode querer se lembrar dessa história na próxima vez que um de seus funcionários cometer um erro grave! Se você não aprender a aceitar os erros — os seus e os dos outros —, você não terá sucesso, porque o sucesso é baseado na combinação de resistência e experimentação. E a vontade de experimentar inclui cometer erros. O bilionário britânico Richard Branson alcançou muito sucesso ao longo de sua carreira, mas, como sempre esteve disposto a experimentar coisas novas, também experimentou sua cota de fracassos e derrotas. "Mas o que é pior", Branson pergunta: "cometer um erro ocasional, ou ter uma mente fechada e perder oportunidades?"[320].

Dê uma olhada crítica em suas próprias fraquezas: você sofre de falta de resistência, você tende a desistir muito facilmente? Ou você não

---

317. *Ibid.*, p. 28.
318. *Ibid.*, p. 29.
319. *Ibid.*, p. 30.
320. BRANSON, Richard. *Screw It, Let's Do It.* Lessons in Life and Business. London, 2007, p. 2.

182 | A fórmula do sucesso: resistência + experimentação

tem vontade de experimentar? Para alguém que almeja alto, ser bem-sucedido moderadamente pode ser mais prejudicial do que fracassar completamente. Depois de um fracasso real, qualquer pessoa em sã consciência começará a pensar sobre as lições que pode aprender com isso e sobre como fazer melhor da próxima vez. O sucesso moderado, por outro lado, muitas vezes o impedirá de experimentar. Depois de terem alcançado um certo grau de sucesso, as pessoas tendem a se ater ao que consideram sua maneira comprovada e verdadeira de fazer as coisas, sem nem mesmo se perguntar se não teriam sido ainda mais bem-sucedidas se tivessem agido de maneira diferente.

Para não cair na armadilha do sucesso moderado, você deve deliberadamente definir seus objetivos *muito* mais alto, de modo que não seja capaz de alcançá-los, a menos que tente uma nova maneira de fazer as coisas. Você tem que se forçar a testar e experimentar coisas que nunca tentou antes.

Você tende a gastar muito tempo fazendo planos? Você usa o planejamento como desculpa para não agir? Tenho uma notícia para você: a economia planificada foi refutada pela história, de uma vez por todas. A economia de livre mercado baseada na competição, espontaneidade e experimentação ganhou o dia. Não importa o que você possa ter lido sobre a importância do planejamento detalhado em outros guias de autoajuda para o sucesso! Claro, um certo planejamento é necessário, mas não exagere. É muito mais importante que você se atreva a sonhar, a estabelecer metas realmente altas. Não tenha muito medo de cometer erros, apenas vá em frente e comece a experimentar!

Capítulo 10

A insatisfação como motor

"**A**umentar sua mira. Abrir novos caminhos. Competir com os imortais"[321]. Esse era o lema de David Ogilvy. O lendário publicitário que fundou uma das maiores agências do mundo "tinha um ódio quase psicopático da preguiça" e da mediocridade, lembra um ex-funcionário. "Por melhor que estivesse, tudo tinha de ser melhor"[322]. Uma das máximas mais importantes que ele aprendeu ao longo de sua vida, diz Ogilvy, foi "ter padrões exorbitantes, tentar fazer tudo o que você faz melhor do que qualquer um já fez ou fará novamente"[323]. As pessoas de sucesso exalam uma combinação específica de satisfação e insatisfação. Elas extraem uma confiança básica — chame isso de satisfação — dos sucessos que já alcançaram. Ao mesmo tempo, elas nunca estão satisfeitas com o que alcançaram. Elas estão sempre lutando por mais e acreditam firmemente que qualquer coisa boa ainda pode ser melhorada. Muitas pessoas de sucesso são perfeccionistas, no sentido positivo da palavra.

Encontrar o equilíbrio certo de perfeccionismo não é uma tarefa fácil. Ray Kroc, o criador do McDonald's, cuja história já apareceu em outras partes deste livro, conseguiu. Ele tinha padrões tão elevados que, como disse um de seus sócios mais próximos, "quando via um McDonald's ruim, enlouquecia"[324]. Kroc havia inventado a fórmula QSC (Qualidade, Serviço, Limpeza), e essa fórmula se tornou uma

---

321. ROMAN, Kenneth. *The King of Madison Avenue*. David Ogilvy and the Making of Modern Advertising. Nova York, 2009, p. 232.

322. *Ibid.*, p. 7.

323. *Ibid.*, p. 220.

324. LOVE, John F. *McDonald's*. Behind the Arches. Revised Edition. Nova York, 1995, p. 115.

184 | A insatisfação como motor

espécie de evangelho para ele. A arte de transformar batatas em batatas fritas não era algo em que alguém tivesse passado muito tempo pensando. Kroc transformou isso em um projeto de ciências. Nos primeiros 30 anos de existência, o McDonald's investiu mais de 3 milhões de dólares em pesquisa e desenvolvimento sobre como fazer a batata frita perfeita.

No decorrer da pesquisa, descobriu-se que a qualidade das batatas fritas dependia, em grande parte, do tipo de batata utilizada, que para obter melhores resultados deveria ter um teor de sólidos de pelo menos 21%. Ray Kroc enviou especialistas a seus fornecedores para medir o conteúdo sólido de suas batatas com um aparelho de aparência estranha, chamado hidrômetro. A visão dos especialistas do McDonald's com seus hidrômetros deixou alguns dos produtores de batata sem palavras. Foi a primeira vez que alguém apareceu para testar suas batatas com métodos científicos.

Kroc ainda não estava satisfeito. Ele começou a investigar as condições de armazenamento e ficou chocado ao saber que a maioria dos fornecedores armazenava suas batatas em cavernas artificiais, forradas com chumaços de turfa. Ele, então, procurou plantas de processamento preparadas para investir em um sistema de armazenamento de última geração, com controle de temperatura automatizado.

Isso ainda não era bom o suficiente para ele. Ele fez com que o processo de fritura nos restaurantes fosse analisado com precisão científica para descobrir como melhorá-lo. O marido de sua secretária, que trabalhava como engenheiro eletricista para a Motorola antes de começar a administrar um restaurante McDonald's com sua esposa, passou vários meses estudando o processo de fritura no porão de seu restaurante. Ele chegou à conclusão de que a empresa precisava de um laboratório de pesquisa próprio, porque a qualidade das batatas fritas ainda era desigual, apesar de todas as melhorias feitas, algo que Kroc não toleraria. Ele concordou em estabelecer um pequeno laboratório de pesquisa.

Algumas pessoas o ridicularizaram por seu perfeccionismo, mas ele queria que as batatas fritas tivessem exatamente o mesmo sabor em todas as suas filiais. Isso lhe daria uma vantagem sobre seus concorrentes, que não investiam tanto tempo e dinheiro na seleção do tipo certo de batata e no aperfeiçoamento do processo de fritura.

Fred Turner, o colaborador mais próximo de Kroc, era outro perfeccionista. Ele literalmente escreveu o livro sobre a padronização da qualidade do serviço e da alimentação em todas as franquias do McDonald's. Pouco depois de começar a trabalhar para a empresa, ele publicou um manual de 15 páginas, que logo seria substituído por um guia de 38 páginas. Depois de conversar com centenas de funcionários e franqueados, Turner mandou imprimir e encadernar a edição seguinte. Ele continuou acrescentando ao longo dos anos, e o volume cresceu de 75 páginas em 1958 para 200 e, finalmente, para mais de 600 páginas.

Turner transformou a arte de administrar um restaurante de *fast food* em uma ciência. Seu livro exorta qualquer pessoa envolvida nas operações do McDonald's: "VOCÊ DEVE SER PERFECCIONISTA! Há centenas e centenas de detalhes a serem observados. Nada deve ser comprometido"[325]. Tanto Kroc quanto Turner estavam convencidos de que só havia uma maneira certa de administrar um McDonald's. Eles não suportavam franqueados que se desviavam de suas regras e faziam as coisas do seu jeito. "Ou, (A) os detalhes são observados e seu volume cresce, ou (B) você não é cuidadoso, não é meticuloso e não tem orgulho ou afeição pelo negócio, caso em que você será um coadjuvante. Se você se enquadra na categoria 'B', este não é o negócio para você!"[326].

O manual continha instruções elaboradas sobre como preparar um milkshake, como virar um hambúrguer e como fazer batatas fritas. Para manter os padrões de qualidade, foram fornecidas informações detalhadas sobre os tempos e temperaturas de cozimento exatos de cada produto. Havia instruções precisas para cada etapa do processo, até movimentos individuais das mãos e orientações exatas sobre quanta cebola e quantos gramas de queijo deveriam ser colocados em um hambúrguer. Até o tamanho das batatas fritas foi padronizado.

---

325. *Ibid.*, p. 141.
326. *Ibid.*

186 | A insatisfação como motor

Se você está buscando esse grau de perfeição, deve ter cuidado para não perder o cenário geral, caso contrário ele pode acabar sendo seu pior inimigo. Um excesso de perfeccionismo pode fazer mais mal do que bem, paralisando, ao invés de motivar. No caso do McDonald's, a abordagem perfeccionista funcionou apenas por causa das restrições que Kroc e Turner impuseram a si mesmos em relação à variedade de pratos oferecidos e à escolha dos fornecedores. "Não foi porque éramos mais espertos", diz Fred Turner. "O fato de estarmos vendendo apenas dez itens, ter uma instalação pequena e usar um número limitado de fornecedores criou um ambiente ideal para realmente explorar tudo"[327].

Kroc foi implacável na implementação dos padrões que considerava necessários. De que adiantava ter alguns restaurantes exemplares que seguiam religiosamente seus padrões de qualidade, se todos os demais falhavam em cumpri-los?

"Descobrimos, como vocês, que não podemos confiar em algumas pessoas que não são conformistas", aconselhou ele aos irmãos McDonald em 1958. "Vamos transformá-los em conformistas rapidamente [...]. Portanto, do ponto de vista do crescimento sobre o tipo de fundação mais firme, a única maneira de sabermos com certeza que essas unidades estão fazendo o que devem fazer [...] é fazer com que não tenham alternativa de jeito nenhum [...]. A organização não pode confiar no indivíduo; o indivíduo deve confiar na organização [ou] não deve entrar nesse tipo de negócio"[328].

Apesar de toda a sua obsessão por padrões e normas, Kroc ainda incentivava seus funcionários a experimentar e a ser criativos. Por perceber que os franqueados estavam mais próximos do mercado, ele aceitava sugestões de melhoria contínua, que seriam sistematicamente testadas. O que ele não queria era que os franqueados se desviassem de seus padrões e experimentassem coisas novas por conta própria. Kroc era inabalável quando se tratava de impor seus padrões. Ele insistiu que usar barba era uma violação dos regulamentos básicos de higiene. Seu amigo Bob Dondanville, que era membro do *Rolling Green*

---

327. *Ibid.*, p. 120.
328. *Ibid.*, p. 144.

Club e um dos primeiros licenciados do McDonald's, gostava de irritar Kroc. Ele ignorou completamente as constantes advertências deste último para raspar a barba. A simples ideia do barbudo Dondanville cortando rosbife na vitrine de um *drive-in* do McDonald's deixou Kroc desesperado. Dondanville começou a deixar a barba crescer enquanto esperava a construção de seu restaurante e, originalmente, havia prometido raspá-la para a inauguração. Mas então ele decidiu manter a barba, só porque incomodava muito Kroc. Mas essas foram infrações comparativamente menores contra o regime perfeccionista de Kroc. No início, ele estava envolvido em uma guerra constante de desgaste com franqueados que se recusavam a implementar seus padrões de QSC. Sua resistência, teimosia e firmeza, que lhe permitiram impô-los a franqueados relutantes, foram a chave de seu sucesso.

Algumas pessoas consideravam Kroc um ditador, mas, se ele era, pelo menos ele era capaz e estava disposto a ouvir e respeitar as opiniões dos outros. "Sabíamos que ele tinha um temperamento explosivo e era capaz de estourar a qualquer momento", diz Turner, "mas ele me ouvia, me dava a chance de argumentar e me dizia o que pensava. E se eu estava defendendo meu ponto com convicção, ele geralmente me deixava fazer o que queria"[329]. Kroc não se preocupava em mostrar aos outros quem mandava, nem em ganhar todas as discussões a qualquer custo. Ele lutava por uma causa e aceitava qualquer sugestão que pudesse ajudá-lo a atingir sua meta de aperfeiçoar o processo de produção e o atendimento em todos os restaurantes do McDonald's.

Todas as pessoas extraordinariamente bem-sucedidas buscam o perfeccionismo. Enquanto Kroc transformou a busca pela batata frita perfeita em uma ciência, apenas o melhor era bom o suficiente para Boris Becker quando se tratava de encordoar sua raquete de tênis. Sua raquete, disse ele, era para ele o que o violino prodígio de Anne-Sophie Mutter era para ela. Cada corda tinha que ter exatamente 0,8 milímetros de espessura. Sua raquete pesava exatamente 367 gramas. Ele devolvia regularmente oito em cada dez raquetes à fábrica, alegando que não eram adequadas para uso no tênis profissional.

---

329. *Ibid.*, p. 102.

188 | A insatisfação como motor

"Agassi, Sampras e eu, profissionais que podiam pagar, trabalhávamos com nossos próprios especialistas em raquetes. O meu me seguiu, junto com sua maquinaria, até a Austrália. Este investimento valeu a pena. Minha quase perfeição deveu-se, em parte, aos materiais aos quais tive acesso"[330].

Becker era extremamente sensível às mudanças mais minuciosas em sua raquete. Quando mudou da Puma para a fabricante taiwanesa Estusa, solicitou inúmeras modificações e ajustes do modelo recém-desenvolvido. "Minhas demandas deixaram meus parceiros de negócios tão agitados que eles trouxeram um dos maiores especialistas em raquete dos EUA. Eles pintaram com spray o Estusa e o meu velho Puma de preto, e me pediram para dizer qual deles era o Puma. Precisei de apenas dois toques na bola — então isso resolveu tudo"[331].

Depois que o contrato de Becker com a Estusa expirou, seu gerente romeno, Ion Tiriac, comprou os estoques restantes das raquetes da Estusa em todo o mundo. Quando eles se esgotaram, Becker encontrou outra empresa que estava "preparada para 'assar' algumas centenas de raquetes de acordo com necessidades específicas. Finalmente, comprei a máquina de raquete deles para garantir meu suprimento"[332].

A busca constante pela melhoria, que gosto de chamar de *insatisfação como motor*, é requisito essencial para o sucesso. Certamente foi isso que motivou Werner Otto, o fundador da empresa de vendas por correspondência Otto. O negócio que ele iniciou com um capital de 6.000 marcos alemães, em 1949, tornou-se a maior empresa de vendas por correspondência do mundo, muito antes do surgimento de gigantes do varejo *on-line*, como a Amazon. Com uma fortuna estimada em cerca de 10 bilhões de euros, a família Otto estava entre as 12 famílias mais ricas da Alemanha em 2018.

Depois que Werner Otto voltou da guerra, ele abriu uma fábrica de calçados em 1948, mas não conseguiu sobreviver contra a forte concorrência. Otto não deixou que esse revés o incomodasse. Aos 40

---

330. BECKER, Boris. *The Player*. The Autobiography. Londres, 2004, p. 128.
331. *Ibid*.
332. *Ibid*.

anos, formou a empresa Werner Otto Versandhandel. Ele começou seu negócio de mala direta com três funcionários trabalhando em dois pequenos barracos. O primeiro catálogo, lançado em 1950, consistia em 14 páginas com 28 pares de sapatos. Ao todo, foram impressas 300 cópias. Otto havia colado as fotos nas páginas.

No ano seguinte, Otto imprimiu 1.500 exemplares e faturou mais de um milhão de marcos alemães. Ele continuou apresentando novas ideias sobre como estimular o interesse e aumentar suas vendas. Em 1952, ele introduziu os chamados pedidos em grupo, o que significava que os clientes que faziam pedidos em conjunto com amigos, vizinhos ou parentes recebiam um desconto. Em 1958, o negócio já movimentava mais de 100 milhões de marcos alemães e 250.000 exemplares do catálogo de 168 páginas foram impressos.

Otto estava constantemente se esforçando para crescer e melhorar. Em abril de 1954, ele escreveu um memorando a todos os gerentes de departamento de sua empresa, pedindo-lhes uma "satisfação de seu desempenho produtivo pessoal". Quanto às informações a serem discriminadas nesses relatórios, que deveriam ajudá-lo a avaliar a "elasticidade mental" de sua equipe, ele especificou: "Marco com zero qualquer relatório mensal que se ocupe com a listagem de trivialidades, que não indiquem um desenvolvimento adicional". "Os gerentes", acrescentou, não devem "colocar mais nada no relatório, exceto seus próprios golpes de gênio, que levaram ao progresso dentro do departamento de alguma forma. Se não houver nada a relatar, a falta de progresso deve ser indicada afirmando: 'Não houve desenvolvimento no departamento'"[333].

Alguns gerentes de departamento obviamente presumiram que reiterar as ideias que o próprio Otto havia expressado em suas próprias palavras seria suficiente para impressioná-lo. É por isso que suas instruções incluíram o aviso: "Qualquer ideia de gerente de departamento para desenvolvimento posterior que tenha sido expressa anteriormente ou ao mesmo tempo por mim, não contará. Espero que os meus gerentes de departamento pensem um minuto mais rápido do

---

333. SCHMOOCK, Matthias. *Werner Otto*. Der Jahrhundert-Mann. Frankfurt, 2009, p. 73.

190 | A insatisfação como motor

que eu. Assim, não desejo ser presenteado com meu próprio trabalho por ninguém"[334].

Otto constantemente dava palestras para sua equipe sobre a importância de não "andar em círculos". Ele defendia um certo tipo gerencial, ao qual chamava de "construtor de empresas", "o homem que pressente o futuro, que impulsiona o desenvolvimento, que dirige seu departamento para algo novo"[335].

Não havia nada que Otto desprezasse mais do que funcionários com mentalidade de funcionários públicos, que procuravam acima de tudo evitar erros e nunca arriscavam nada ou experimentavam. Na festa de Natal da empresa, ele ainda elogiou os funcionários que erraram no último exercício. Ele era grato àqueles que cometeram erros, porque ousaram sair do caminho percorrido, disse ele à sua equipe.

Fiel à sua palavra, o primeiro de seus próprios princípios de negócios era "Conheça a si mesmo". Ele elabora: "Tente olhar seus erros diretamente nos olhos, o que significa olhar nos seus olhos! Só podemos melhorar nosso desempenho examinando cuidadosamente nossas fraquezas"[336]. Este é realmente um dos fatores mais vitais para o sucesso, seja o sucesso pessoal ou o sucesso de um negócio. Claro, confrontar nossas fraquezas e erros parece desconfortável no começo. Assim como estar constantemente atento a coisas que não estão funcionando tão bem quanto deveriam. Mas é o único caminho a seguir.

São as pessoas mais trabalhadoras, capazes e ativas, disse Otto, que cometem mais erros. Mas a diferença entre elas e as simplesmente incompetentes é que são autocríticas e dispostas a enfrentar seus erros. Só quem não tem autoconfiança sente a necessidade de defender seus erros, em vez de se perguntar o que causou o erro e o que pode fazer para evitar que isso aconteça novamente.

Dentro de sua empresa, Otto promoveu uma cultura do que chamou de *análise de deficiência*. Ele estava convencido de que seu negócio não progrediria, a menos que processos que não funcionassem tão bem

---

334. *Ibid.*
335. *Ibid.*, p. 76.
336. *Ibid.*, p. 219.

quanto o esperado fossem constantemente monitorados e analisados. Ele ficou surpreso ao ver que outras empresas, seus fornecedores, por exemplo, tendiam a não gostar de ter quaisquer deficiências apontadas para eles. Ele próprio sempre agradeceu as críticas, principalmente de forasteiros. "As pessoas de fora da empresa podem não ter o conhecimento interno, mas à distância podem às vezes ver espaço para melhorias dentro da empresa, para o qual o especialista tornou-se cego por conta da familiaridade"[337].

Otto tinha padrões muito elevados quando se tratava de decisões pessoais. Isso nem sempre facilitou para seus principais executivos, pelo contrário. Em sete anos, ele demitiu 12 diretores de marketing que não corresponderam às suas expectativas. "A maioria das pessoas", disse ele, "teria desistido depois da terceira ou quarta vez. Mantive-me fiel às minhas convicções"[338]. O 13º provou ser tão bom em seu trabalho que acabou comandando o departamento de marketing por mais de 20 anos.

Não confunda a "insatisfação com o motor" com um perfeccionismo excessivo, que mais prejudica do que ajuda. Superficialmente, aqueles que estão constantemente se esforçando para fazer ainda melhor podem se assemelhar ao tipo perfeccionista. Werner Otto destaca a diferença entre os dois ao apontar que o empresário não deve se preocupar demais com os problemas do momento. "Ele nunca deve tentar cumprir nada cem por cento. Isso significaria insistir constantemente em coisas do passado". Essa atitude, diz Otto, é um desperdício de energia, tempo e dinheiro. "O empresário precisa de tempo suficiente para reconhecer as mudanças que devem ser implementadas em sua empresa para ganhar o futuro"[339].

Os perfeccionistas no sentido negativo da palavra são perfeitos em hesitar quando deveriam apenas começar — e aprender *fazendo*. Eles sempre têm a desculpa perfeita para explicar por que não estão prontos para fazer o que sempre falam. Otto nunca foi assim. Quando abriu sua fábrica de calçados após a guerra, não sabia nada sobre

---

337. *Ibid.*, p. 226.
338. *Ibid.*, p. 227.
339. *Ibid.*, p. 229.

192 | A insatisfação como motor

o negócio. Ele achava que sua ingenuidade trabalhava a seu favor. "Como fabricante de calçados iniciante, eu tinha uma vantagem a meu favor: não sabia nada sobre calçados e nunca tinha visto uma fábrica de calçados antes". Portanto, seu otimismo não foi "afetado por nenhum conhecimento especializado"[340].

Como outros empreendedores de sucesso, Otto nunca foi orgulhoso demais para pedir conselhos. Quando ele viajou para os Estados Unidos, em 1955, na companhia de outros varejistas por correspondência, fez muitas perguntas a seus parceiros de negócios americanos, muito mais do que seus colegas. "Eles agiram como se já soubessem de tudo, o que eu achei uma atitude completamente errada". Ele passou noites inteiras "incomodando" os especialistas americanos em vendas por correspondência para ter novas ideias sobre como melhorar seu próprio negócio[341].

Ted Turner nunca ficou satisfeito com os sucessos extraordinários que alcançou em várias áreas ao longo de sua vida. Entre outras coisas, criou o canal de notícias *CNN*. Quando a *CNN* foi lançada, em 1º de junho de 1980, era assistida em 1,7 milhão de lares americanos. Hoje, a *CNN* é a segunda emissora de notícias mais assistida nos Estados Unidos, atrás da *Fox News*, e pode ser vista em mais de 200 países. Turner também é o segundo maior proprietário privado de terras nos Estados Unidos, com propriedades de 8.000 quilômetros quadrados (quase 3.100 milhas quadradas). O maior criador de búfalos do mundo, possui cerca de 15% da população mundial de búfalos. Ele também costumava ser um dos principais velejadores competitivos do mundo, um esporte para o qual encontrou tempo enquanto construía seu império de mídia. Ele ganhou a lendária America's Cup em 1974 e foi nomeado membro honorário do America's Cup Hall of Fame em 1993. Ele também ganhou a reputação de *playboy* notório até se casar com sua terceira esposa, a atriz Jane Fonda, em 1991, ficando com ela por dez anos.

---

340. *Ibid.*, p. 46.
341. *Ibid.*, p. 78.

O biógrafo Porter Bibb diz que Turner "organizou cuidadosamente sua própria vida para evitar qualquer possibilidade que ele pudesse ter de descansar sobre seus próprios louros"[342]. Mesmo quando jovem, ele estabelecia metas muito altas. Para citar seu ex-professor de matemática: "Quando ele definia algo em sua mente, ele sempre se apegava até que finalmente o alcançasse — ou fosse derrubado tentando"[343]. O pai de Turner também teve muito sucesso e era milionário. Mas, pelos padrões de seu filho, ele era um perdedor, porque não tinha mirado alto o suficiente. "Meu pai sempre disse para nunca definir metas que você pode alcançar em sua vida. Depois de alcançá-las, não sobra mais nada"[344]. Ed Turner ensinou seu filho a mirar alto e continuar redefinindo seus objetivos enquanto subia, cada vez mais alto, na escada do sucesso[345].

Quando adolescente, Ted Turner devorava histórias de heroísmo. "Eu estava interessado em uma coisa: descobrir o que poderia realizar se realmente tentasse", diz Turner. "Meu interesse sempre foi saber por que as pessoas fazem as coisas que fazem e o que faz com que as pessoas cheguem a conquistas gloriosas"[346].

Turner nasceu em 19 de novembro de 1930, em Cincinnati, e cresceu em Savannah, Geórgia. Seu pai, um maníaco-depressivo como o próprio Ted, cometeu suicídio em 1963 e Ted assumiu a administração da Turner Advertising Company. Ele viu o potencial da TV a cabo desde cedo, numa época em que ainda era um nicho de mercado. Turner sempre pensou um passo além de seus concorrentes. Para ele, o negócio era "como um jogo de xadrez, e você tem que olhar várias jogadas à frente. A maioria das pessoas não o faz. Elas só pensam em um movimento de cada vez. Mas qualquer bom jogador de xadrez sabe que quando você está jogando contra um oponente de um movimento, você o vencerá todas as vezes"[347].

---

342. BIBB, Porter. *Ted Turner*. It Ain't As Easy As It Looks. Boulder, 1993, p. 408.
343. *Ibid.*, p. 19.
344. *Ibid.*, p. 43.
345. *Ibid.*, p. 154.
346. *Ibid.*, p. 23.
347. *Ibid.*, p. 153.

194 | A insatisfação como motor

Em 1980, Turner teve a ideia de criar um canal de notícias 24 horas por dia, um conceito que não existia na época. Quando ele apresentou sua ideia aos executivos da rede a cabo, eles recusaram. Mas Turner estava tão confiante que arriscou tudo por isso. Reese Schonfeld, o jornalista que ele contratou para administrar o canal de notícias, lembra: "Não era apenas o dinheiro. Não era nem mesmo sua convicção [...]. Foi também o fato de que ele estava disposto a perder tudo — suas estações de televisão, seus times esportivos, sua plantação, seus iates, tudo — se a *Cable News Network* não funcionasse"[348]. Turner foi forçado a colocar seus bens imobiliários, ouro e outros ativos privados como garantia de uma linha de crédito para financiar seus planos. "Existe risco em tudo que você faz", diz Turner. "O céu pode cair, o telhado desabar. Quem sabe o que vai acontecer? Vou fazer notícias como o mundo nunca viu antes"[349].

Turner teve que lutar contra a resistência maciça dos grandes canais de televisão americanos. Diante de sua equipe, ele brandia uma enorme espada que guardava em seu escritório, agitando-a acima de sua cabeça e gritando: "Não seremos detidos! Custe o que custar, vamos em frente!". Usando meios legais e quaisquer outros à sua disposição, seus concorrentes tentaram de tudo para impedir o lançamento do canal, mas Turner persistiu: "Eu disse que estaremos ativos em primeiro de junho e estaremos ativos em primeiro de junho [...]. Não vamos desativar, até o fim do mundo — mas vamos cobrir ao vivo!"[350].

O novo canal sofreu grandes perdas no início, e os investimentos necessários para mantê-lo funcionando excederam em muito os 20 milhões de dólares que Turner havia calculado. Foi sua cobertura ao vivo da Guerra do Golfo que fez o nome do canal. Antes da invasão, a *CNN* já havia negociado com os iraquianos e obtido permissão para reportar de Bagdá, usando novos transmissores portáteis de satélite. Um jato particular fretado pela *CNN* por 10.000 dólares por dia estava pronto e esperando em Amã para evacuar a equipe da *CNN*,

---

348. *Ibid.*, p. 166.
349. *Ibid.*, p. 171.
350. *Ibid.*, p. 172.

se necessário. O presidente George Bush fez um apelo pessoal a Ted Turner para tirar sua equipe de Bagdá antes que qualquer fatalidade ocorresse. Mas os jornalistas ficaram e a *CNN* foi o único canal a transmitir ao vivo da zona de guerra. Logo no primeiro dia da guerra, 10,8 milhões de lares sintonizaram suas televisões na *CNN*, mais do que nunca. Antes do início da guerra, o canal raramente era assistido por mais de um milhão de pessoas, e agora esse número havia subido para 50 a 60 milhões.

Em 1996, Ted Turner vendeu o canal de notícias para a corporação de mídia Time Warner por 7,4 bilhões de dólares. Ele permaneceu como vice-presidente responsável pela televisão. Em junho de 2003, após a fusão da Time Warner com a AOL, ele se aposentou de seu cargo. Em 2010, Turner juntou forças com Bill Gates, Warren Buffett, Larry Ellison, Michael Bloomberg e outros bilionários para lançar uma iniciativa com o compromisso de doar mais da metade de sua fortuna para caridade.

Se você quiser uma ilustração de quão poderosa pode ser a força motriz da insatisfação, basta olhar para a notável carreira da magnata americana dos cosméticos Estée Lauder. Uma mulher que começou misturando loções hidratantes na cozinha de seus pais tornou-se bilionária — a única mulher a fazer parte da lista da revista *Time* dos vinte empresários mais influentes do século XX.

O tio de Estée Lauder, Johann Schotz, um químico que emigrou da Hungria para os Estados Unidos, construiu um laboratório em um estábulo atrás de sua casa, onde misturava loções hidratantes. Lauder, que nasceu Estelle Mentzer, o ajudou a vender suas loções e percebeu que tinha um talento fenomenal para vendas.

Em sua autobiografia, ela diz: "Nunca trabalhei um dia na minha vida sem vender"[351]. Seu tio sugeriu que ela deveria ir para Miami. Palm Beach estava cheia de mulheres ricas, um local promissor para um negócio de cosméticos sofisticados. Lauder não era tímida. Ela abordava estranhos na rua, sugeria que trocassem a maquiagem, dis-

---

351. Mencionado em LANFRANCONI, Claudia; MEINERS, Antonia. *Kluge Geschäftsfrauen.* Maria Bogner, Aenne Burda, Coco Chanel, u.v.a. Munique, 2010, p. 141.

196 | **A insatisfação como motor**

tribuía amostras e até mesmo vendia suas loções diretamente para eles. Uma amiga dela tinha um salão de beleza onde aplicava maquiagem no rosto das clientes enquanto elas arrumavam o cabelo. "Toque no seu cliente e você estará no meio do caminho", ela logo descobriu[352].

Ela finalmente conseguiu a loja de departamentos Bonwit Teller na Quinta Avenida, em Nova York, para estocar seus produtos. Seu grande sonho era um balcão de exibição na famosa loja de departamentos Saks. Se a Saks vendesse seus produtos, com certeza receberia atenção nacional. Ela continuou tentando persuadir o comprador da Saks a estocar seus cosméticos. Mas ele não faria isso. Em primeiro lugar, a Saks insistia em ser a estoquista exclusiva e seus produtos já estavam sendo vendidos na Bonwit. E em segundo lugar, disse o comprador, até então eles não tiveram nenhum cliente solicitando os produtos da Lauder. A Saks tinha uma política muito voltada para o cliente: se um cliente pedisse um produto que não estivesse em estoque, a equipe de vendas pegaria esse produto em outra loja e o venderia pelo mesmo preço. Mas se os clientes continuassem pedindo um produto, a Saks acrescentaria uma nova linha ao seu catálogo.

Foi aqui que Lauder viu sua chance. Ela teve que criar uma demanda. Quando ela foi convidada a fazer um discurso em um evento de caridade, ela distribuiu batons estilosos que custavam 3 dólares cada. As mulheres na plateia adoraram — assim que o discurso acabou, longas filas de clientes querendo comprar o mesmo batom começaram a se formar do lado de fora da Saks. A compradora não teve escolha a não ser começar a estocar seus produtos. Pouco depois, ela formou a Estée Lauder Companies junto com seu marido, que se tornou diretor financeiro.

Depois de ganhar seus primeiros 50.000 a 60.000 dólares, ela decidiu contratar uma agência de publicidade. Ela abordou a BBD&O, uma empresa que havia se destacado com campanhas de sucesso para a Revlon, concorrente de Lauder, entre outras. Mas o diretor da

---

352. ISRAEL, Lee. *Estée Lauder*. Beyond the Magic. An Unauthorized Biography. Nova York, 1985, p. 29.

agência disse que ela não tinha dinheiro suficiente para pagar uma campanha de sucesso.

Como vimos antes, as pessoas bem-sucedidas raramente aceitam um *não* como resposta. Para Lauder, foi todo o incentivo de que ela precisava para ter uma ideia inovadora que lhe daria uma vantagem vital sobre a concorrência. Distribuir amostras grátis em lojas é uma prática padrão na indústria de cosméticos hoje; na época, era uma abordagem nova. Foi Lauder quem teve a ideia. Ela perguntou à Saks se poderia lançar uma campanha de marketing direto e enviar *vouchers* para amostras grátis, que os clientes poderiam resgatar na loja da Saks.

Sua maior chance veio alguns anos depois, quando ela lançou um óleo de banho feito de extratos de flores e ervas que ela chamou de *Youth Dew*. O segredo de Lauder era que ela não estava vendendo produtos, mas promessas — neste caso, a promessa de eterna juventude e beleza, magicamente encapsuladas em um óleo de banho. *Youth Dew* vendeu fenomenalmente bem, respondendo por 80% de seu faturamento na Saks em meados da década de 1950. Seu faturamento disparou de 50.000 dólares no primeiro ano para 150 milhões, 30 anos depois. Nas décadas seguintes, o perfume mágico na banheira azul-escuro permaneceu a marca registrada da empresa.

Anteriormente, os cosméticos eram vendidos por cerca de 2 a 5 dólares. Lauder teve coragem de cobrar muito mais por suas loções e perfumes. Sua intuição era que seus clientes dariam mais valor a um produto se tivessem que pagar mais por ele. O *slogan* publicitário de sua loção *Re-Nutriv* era "O que faz um creme valer 115,00 dólares?". A concorrente de Lauder, Helena Rubinstein, logo percebeu o valor de cobrar preços altos. Questionada sobre por que sua última loção não estava vendendo tão bem quanto ela esperava, ela respondeu: "Não é cara o suficiente". Custava apenas 5,50 dólares[353].

Lauder comercializou seus produtos de alta qualidade apelando para os gostos dos membros do *jet set*, celebridades e outros divulgadores semelhantes. Para isso, ela voltou a Palm Beach, onde gente bonita se reunia. "Veja, o mundo inteiro vem para Palm Beach. E você os tem

---

353. *Ibid.*, p. 50.

198 | A insatisfação como motor

aqui, em poucas palavras, todos de uma vez, em uma temporada. E quando você entretém essas pessoas aqui, elas vão retribuir quando voltarem de onde vieram: Europa, sul da França"[354]. Ela também achou que essa seria a melhor maneira de chegar aos tabloides, que muitas mulheres liam.

Lauder tinha como alvo celebridades como o duque e a duquesa de Windsor, na época os visitantes mais famosos de Palm Beach. Ela se esforçou muito para descobrir qual trem eles planejavam pegar, então entrou no mesmo trem e os emboscou: "Oh, vocês também estão pegando o trem?"[355]. Um fotógrafo de jornal que ela havia avisado capturou o encontro deles para a posteridade. Com o tempo, o casal aristocrático se tornaria amigo de Lauder, assim como muitas outras figuras proeminentes da sociedade. Foi a melhor publicidade possível para sua empresa.

Muitos concorrentes começaram a copiar os produtos de Lauder. Charles Revson, o criador da bem-sucedida marca Revlon, foi especial-mente culpado por isso, como relata um de seus funcionários, citando o lema de Revson: "Copie tudo e você não errará. Dessa forma, você deixa os concorrentes fazerem o trabalho de base e cometerem os erros. E quando eles acertam com algo bom, faça-o melhor, embale-o melhor, anuncie-o melhor e enterre-os"[356].

Lauder tentou descobrir como reagir a um mercado cada vez mais competitivo. Por fim, ela simplesmente fundou outro negócio, que posicionou de maneira diferente para competir com sua própria empresa. Ela chamou a nova empresa de Clinique. "A razão pela qual lançamos a Clinique é que senti que, se fosse entrar no negócio contra a Estée Lauder, seria exatamente assim que o faria", afirma Lauder[357].

Mas ela também estava comprometida com a melhoria constante de seus próprios produtos, e provou ser uma espécie de perfeccionista. A equipe de vendas da Saks ficou surpresa quando ela fez o *recall* de um novo produto, que acabara de ser entregue na loja, porque faltava

---

354. *Ibid.*, p. 53.
355. *Ibid.*, p. 67.
356. *Ibid.*, p. 62.
357. *Ibid.*, p. 70.

um único ingrediente. Eles não entendiam por que o produto tinha que ser retirado das prateleiras — ninguém notaria a diferença de qualquer maneira, argumentaram. "Mas eu saberei a diferença!", ela respondeu, e manteve sua decisão de retirar o produto.

"Criar uma fragrância", afirma Lauder, "é algo como compor uma sinfonia". Sua máxima mais essencial: um novo perfume tinha que desencadear uma forte reação emocional. As pessoas tinham que amá-lo ou odiá-lo. "Então eu sei, estou no caminho certo. Se o cheiro evoca apenas uma reação morna, eu jogo a fórmula fora"[358].

Insatisfação significa coisas completamente diferentes para pessoas bem-sucedidas e malsucedidas. As pessoas malsucedidas associam a insatisfação a uma experiência negativa de paralisia. Por outro lado, para pessoas bem-sucedidas, é uma poderosa força motriz. O perfeccionismo também tem significados diferentes para os dois grupos. Os perdedores esperam passivamente por condições perfeitas e procuram desculpas para não começar a agir ou não terminar o que começaram. Os vencedores agem apesar das condições imperfeitas e se esforçam constantemente para melhorá-las.

Arnold Schwarzenegger certa vez confessou à revista *Newsweek* que sempre se sentira movido pelo medo do fracasso, por uma sensação de que nada do que fizera fora bom o suficiente[359]. Madonna também atribui seu desejo quase obsessivo de se tornar famosa a lutar contra um sentimento de inadequação. "Tenho uma vontade de ferro, e toda a minha vontade sempre foi vencer algum sentimento horrível de inadequação. Estou sempre lutando com esse medo. Eu supero esse feitiço e me descubro como um ser humano especial, e então chego a outro estágio e acho que sou medíocre [...]"[360].

Essas autoanálises sugerem que a insatisfação como motor é, em si, impulsionada por um sentimento profundo de inadequação. Se isso é realmente verdade ou não, é difícil dizer. Madonna e Schwarzenegger

---

358. *Ibid.*, p. 97.

359. LOMMEL, Cookie. *Schwarzenegger*. A Man with a Plan. Munique/Zurique, 2004, p. 16.

360. O'BRIEN, Lucy. *Madonna*. Like an Icon. The Definitive Biography. Londres, 2007, p. 185.

200 | A insatisfação como motor

podem simplesmente ter repetido frases favoritas da psicologia popular, que na superfície parecem bastante plausíveis.

O que certamente é verdade é que a falta de ambição é um dos obstáculos mais difíceis de superar no caminho para o sucesso. No entanto, parece improvável que isso seja algo de que você esteja sofrendo — se estivesse, dificilmente teria comprado um livro que trata de estabelecer metas para si mesmo e almejar mais alto, muito menos ler até o final do capítulo 10.

Como você pode aproveitar sua própria insatisfação como motor no caminho para o sucesso? Acima de tudo, programando metas mais altas e mais ambiciosas em seu GPS interior — como sugeri no capítulo 8. Uma vez que você plantou uma meta mais alta em seu subconsciente, você sentirá uma tensão constante, resultante da discrepância entre sua situação real e sua situação projetada como alvo. Essa tensão gerará a energia necessária para alimentar sua insatisfação e impulsioná-lo.

A lacuna entre o que você é hoje e o que você tem hoje, de um lado, e seus objetivos elevados, de outro lado, só pode ser fechada com o desenvolvimento de ideias completamente novas. Você não alcançará seus objetivos financeiros ou quaisquer outros apenas trabalhando duro e "tentando muito". As ideias são a chave para o seu sucesso. A tensão que resulta da diferença entre o que você tem e o que você quer, entre a tua situação atual e os objetivos que você programou em seu GPS interior só pode ser resolvida por novas ideias que o seu subconsciente colocará à sua disposição para ajudá-lo a alcançar seus objetivos.

Capítulo 11

Ideias o enriquecerão

A América do meio do século XIX foi dominada pela corrida do ouro. Dezenas de milhares deixaram seus empregos e se mudaram para a Califórnia após rumores de que ouro havia sido encontrado lá e que qualquer um poderia ficar rico rapidamente. É claro que a maioria das pessoas não enriqueceu, mas acabou falindo e tendo que voltar para o lugar de onde veio. Entre os vencedores estava Levi Strauss, que emigrou da Alemanha para a América com sua mãe e irmãs quando tinha 18 anos. Não foi o ouro que o tornou rico, mas um par de calças de trabalhador.

Strauss estava morando em Nova York quando ouviu falar do *boom* na Califórnia. Ele não tinha ambições de se tornar um garimpeiro. Em vez disso, esperava vender produtos úteis para os muitos milhares que seguiram a atração do ouro até a Califórnia. De volta à Alemanha e depois de se mudar para os Estados Unidos, ele ganhava a vida como vendedor de porta em porta de todos os tipos de itens.

Um dia, ele teve problemas com clientes insatisfeitos que reclamavam da má qualidade do material de lona que ele havia vendido. Eles pediram o dinheiro de volta porque, ao contrário do que haviam sido levados a acreditar, o material não era à prova d'água. Strauss não tinha dinheiro para reembolsá-los. Ele se ofereceu para usar os materiais restantes para fazer calças que seriam mais resistentes do que qualquer coisa que pudessem comprar em qualquer outro lugar. Os homens concordaram — e o resto é história.

Strauss logo percebeu que os garimpeiros precisavam de calças que resistissem a muito desgaste. Depois de vender os primeiros pares por 6 dólares cada, suas calças começaram a vender muito. Os pares originais eram marrons, porque eram feitos de cânhamo. Mais tarde, Strauss começou a usar um tecido de algodão azul chamado denim.

202 | Ideias o enriquecerão

Logo, sua família não conseguia mais atender à demanda. Strauss levou o tecido a vários alfaiates em San Francisco e fez com que fizessem calças de acordo com suas especificações. O único problema eram os bolsos em que os garimpeiros carregavam suas ferramentas — eles tendiam a rasgar.

Jacob Davis, um alfaiate de Riga, encontrou uma solução: depois que uma cliente reclamou com ele sobre as calças do marido, que ficavam rasgando, ele tentou usar rebites de cobre, que normalmente eram usados para reforçar os arreios usados pelos cavalos. Ele prendeu as pequenas peças de metal para reforçar os bolsos dianteiros e traseiros, bem como as costuras ao longo da parte superior da perna. O que começou como uma improvisação logo se transformou em uma lucrativa ideia de negócio. Os clientes adoraram suas calças — em 18 meses, ele vendeu 200 pares por três vezes mais do que cobrava sem os rebites[361].

Davis teve a ideia de patentear sua invenção. Mas ele não tinha dinheiro suficiente, nem sabia escrever. Com a ajuda de um amigo, ele redigiu meticulosamente uma carta para Levi Strauss, esperando que ele entendesse o significado da invenção de Davis e o ajudasse a registrar a patente. E foi exatamente assim que aconteceu: Strauss teve a ideia assim que abriu o pacote contendo a carta e um par de amostras, e fez um pedido de patente em ambos os nomes.

O escritório de patentes recusou, a princípio, porque os rebites já haviam sido usados para reforçar as botas das tropas do Norte durante a Guerra Civil. Não desistindo tão facilmente, Strauss modificou sua inscrição — e foi recusado novamente. "Durante dez meses, ele poliu e revisou as reivindicações nos formulários, pagando taxa após taxa, até que, em 20 de maio de 1873, ele finalmente teve a patente n° 139.121 em suas mãos"[362]. Ele vendeu seu primeiro par patenteado duas semanas depois, em 2 de junho de 1873. Strauss posteriormente

---

361. DOUBEK, Katja. *Blue Jeans*. Levi Strauss und die Geschichte einer Legende. Munique/Zurique, 2003, p. 269.
362. *Ibid.*, p. 278.

comprou a parte de Davis na patente e prometeu lhe construir uma bela casa. Com certeza foi um investimento que valeu a pena!

As calças fizeram tanto sucesso que Strauss decidiu construir uma fábrica que não produziria mais nada. Logo no primeiro ano, ele produziu um total de 5.800 pares de calças e outros itens com rebites. Um ano depois, esse número subiu para 20.000, com um valor total de quase 150.000 dólares.

Claro, a concorrência logo pegou e tentou copiar o produto.

Strauss lutou e ganhou muitos processos contra plagiadores. Sua empresa permaneceu líder de mercado para as novas calças, que ele decidiu chamar de *jeans*. Poucas empresas fundadas há 150 anos ainda existem. E poucos produtos inventados há 150 anos continuam fortes e vendidos em todo o mundo. *Jeans* é um desses poucos produtos. E hoje, a empresa fundada por Levi Strauss é uma corporação global com cerca de 17.000 funcionários, que vende seus produtos para 110 países.

Outro homem que, com as ideias certas, se tornou o homem mais rico dos Estados Unidos foi Henry Ford. Ele é amplamente considerado o inventor da produção industrial em massa e transformou o carro em uma mercadoria produzida em massa nos Estados Unidos. Em particular, seu lendário Modelo T, do qual mais de 15 milhões de unidades foram vendidas, fez história e mudou a face da América para sempre.

Ford começou sua carreira inventando coisas em seu tempo livre. Seu trabalho principal era como funcionário da Edison Company. Fora de seu trabalho regular, ele começou a tentar inventar um carro. Em 1899, ao ser informado de que seria promovido, largou o emprego principal e fundou sua primeira empresa. Caso contrário, ele percebeu, não teria tempo para continuar trabalhando em seu carro. No entanto, sua primeira empresa foi um fracasso e fechou depois de vender menos de uma dúzia de automóveis.

Ford ficou famoso pela primeira vez como piloto do Modelo A, com o qual venceu uma importante corrida de automóveis em 1903. Ao contrário de outros inventores, o próprio Ford não era tanto o artesão, mas o homem de ideias inspiradoras que sabia delegar. Ele entendeu que apenas as ideias importavam — ele deixou para outros implementá-las. "Nunca vi o Sr. Ford fazer nada", disse um de seus primeiros assistentes.

204 | Ideias o enriquecerão

"Ele estava sempre comandando"[363]. Se Ford tivesse pensado como muitos outros inventores, ele nunca teria se tornado tão rico.

Desde o início, Ford concentrou-se em construir carros com peso muito leve. E, acima de tudo, ele queria construir um carro que fosse muito mais barato do que qualquer outro fabricado por seus concorrentes. Naquela época, o automóvel ainda era um artigo de luxo para pessoas extremamente ricas. Os carros custavam muito mais do que as casas familiares: nos preços de hoje, eles custariam até vários milhões de dólares. Naquela época (1906), mais da metade dos carros nos Estados Unidos custavam entre 3.000 e 5.000 dólares. Ford frequentemente confrontava investidores no segmento automobilístico porque queria construir um carro que custasse apenas um décimo disso. Mas ele estava certo: uma década depois, apenas 2% dos carros vendidos custavam nessa faixa.

Com o carro que construiu, Ford abriu todo um novo grupo de compradores — o maior que havia nos Estados Unidos na época, ou seja, agricultores regulares. Ele vendeu dois terços de seus carros para fazendeiros. Seu biógrafo destaca as consequências sociais que isso teve para os Estados Unidos: "Em uma década, o Modelo T quebrou o antigo isolamento da fazenda"[364]. Muitos agricultores começaram a pedir dinheiro emprestado por suas fazendas apenas para poder comprar um carro.

O Modelo T foi mais do que uma marca de automóveis: tornou-se um mito nos Estados Unidos. A Ford refinou-o constantemente, fazendo pequenas melhorias regulares, mas o carro permaneceu praticamente inalterado. As maiores mudanças foram em termos de preço, que reduzia constantemente. Em outubro de 1910, a Ford baixou o preço de 950 para 780 dólares, um ano depois para 690 dólares e novamente, um ano depois, para 600 dólares. Em 1913, custava apenas 550 dólares, seguido por 490 dólares em 1914, 440 dólares em 1915, 360 dólares em 1916 e 290 dólares em 1924.

---

363. SNOW, Richard. *I Invented the Modern Age*. The Rise of Henry Ford. New York, 2013, p. 49.

364. *Ibid.*, p. 194.

Ao mesmo tempo em que reduzia os preços, ele aumentava significativamente os salários de seus trabalhadores e dava a eles um salário-mínimo de 5 dólares por dia, o que em muitos casos significava que seus salários anteriores dobravam. Isso levou a uma verdadeira corrida de trabalhadores que queriam trabalhar para a Ford. Os investidores, que detinham a maior parte da Ford Motor Company, não gostaram do fato de a Ford estar constantemente baixando preços e aumentando salários, situação que fazia com que, após os investimentos de capital, quase nada sobrasse para os dividendos dos acionistas. Eles o levaram ao tribunal, onde ganharam e forçaram a Ford a pagar dividendos mais altos.

Ford então teve sucesso com um grande blefe: anunciou que estava saindo para abrir uma nova empresa, que teria quatro ou cinco vezes mais funcionários do que os 50.000 da Ford. Ele anunciou que já tinha planos para um carro que custaria apenas 250 dólares, pronto e esperando. Isso assustou os acionistas e eles estavam dispostos a vender suas ações para Ford. Seu biógrafo escreve: "Mas, no final de 1919, Henry Ford tinha a maior empresa de todos os tempos nas mãos de uma pessoa. Sua operação valia um bilhão de dólares, e ele a possuía tão completamente quanto seu piano e suas casas de pássaros"[365].

Tudo o que foi feito pelo homem começou como uma ideia, como uma imagem na cabeça de alguém. Hoje, as ideias são mais valiosas do que nunca. E transformar uma ideia em uma fortuna gigante não leva necessariamente mais décadas, às vezes pode acontecer ao longo de apenas alguns anos. A invenção da internet contribuiu muito para acelerar esses processos, como já vimos na história de sucesso dos criadores do Google. Ou veja Mark Zuckerberg, que se tornou bilionário em apenas alguns anos com sua invenção, o Facebook. Segundo a *Forbes*, ele era uma das pessoas mais ricas do mundo em 2019, com ativos de cerca de 63 bilhões de dólares.

A história do Facebook, que hoje é de longe a rede social mais bem-sucedida do mundo, começou na Universidade de Harvard. O site leva o nome dos chamados *facebooks* dados aos alunos de muitas

---

365. *Ibid.*, p. 261.

206 | Ideias o enriquecerão

universidades americanas, que contêm fotos de todos os alunos matriculados na instituição. Harvard não tinha um facebook para toda a universidade, mas apenas para cada dormitório individual no *campus*.

Mark Zuckerberg formou-se em psicologia em Harvard. Por acaso, mais do que qualquer outra coisa, ele descobriu a atração das redes sociais e a velocidade com que elas podem se espalhar. No final de outubro de 2003, ele se conectou ilegalmente ao servidor de Harvard para baixar fotos de seus colegas. Tudo começou como uma brincadeira — ele estava planejando pedir a outros alunos que avaliassem as alunas pela aparência.

Ele chamou seu site de *Facemash.com* e enviou o *link* por e-mail para alguns amigos. Quando ele voltou para seu quarto depois de uma aula, seu laptop havia travado porque o site tinha muitos acessos. Um de seus colegas havia encaminhado seu e-mail para o Departamento de Políticas. Grupos de mulheres, como a *Latina Women's Issues Organization* ou a *Association of Black Women at Harvard*, também conseguiram o *link* e não acharam graça. Ao tentar angariar apoio para sua campanha contra o site, elas inadvertidamente despertaram mais interesse.

De repente, o Facemash estava em todo lugar: "Um site onde você comparava duas garotas da graduação, por fotos, votava em qual era a mais bonita e então observava alguns algoritmos complexos calcularem quais eram as garotas mais bonitas — se tornou viral em todo o *campus*. Em menos de duas horas, o site já registrava vinte e dois mil votos. Quatrocentos visitaram o site nos últimos trinta minutos", como diz Mezrich em *The Accidental Billionaires*[366].

Muitos outros alunos teriam parado por aí, mas Zuckerberg começou a pensar sobre o que a popularidade instantânea do Facemash poderia significar. Não era só que ele postava fotos de garotas bonitas *on-line* — havia muitos sites como esse. O que tornou o Facemash único foi o fato de apresentar fotos de alunas de Harvard que a maioria dos outros alunos conhecia de vista ou até pessoalmente.

---

366. MEZRICH, Ben. *The Accidental Billionaires*. The Founding of Facebook, a Tale of Sex, Money, Genius and Betrayal. Nova York, 2009, p. 65.

Nos meses seguintes, ele trabalhou na ideia de criar um site que representasse as redes sociais do mundo real e que apresentasse não apenas imagens, mas perfis escritos e uma variedade de aplicativos. Cada usuário deveria ter seu próprio perfil, que poderia usar para se apresentar ou fazer *upload* de fotos ou vídeos. Haveria um quadro de avisos onde os usuários poderiam deixar mensagens que seriam acessíveis ao público ou publicar notas e postagens em blogs. Os usuários seriam alertados sobre novas postagens nos perfis de seus amigos.

Zuckerberg chamou seu projeto de Facebook. Seu amigo Eduardo Saverin adorou a ideia quando Zuckerberg lhe contou. Em troca dos 1.000 dólares de que precisava para financiar seu projeto, ele deu a Eduardo uma participação de 30%. Logo depois, dois outros alunos se juntaram a eles, Dustin Moskovitz e Chris Hughes.

O site original do Facebook prometia a seus usuários: "*Thefacebook* é um diretório *on-line* que conecta pessoas por meio de redes sociais em faculdades. Abrimos o Thefacebook para consumo popular na Universidade de Harvard. Você pode usá-lo para procurar pessoas em sua instituição, descobrir quem está em suas aulas, procurar os amigos de seus amigos, ou ter uma visualização de sua rede social"[367].

Thefacebook foi registrado como um domínio em 12 de janeiro de 2004. Pouco depois, alguns outros alunos causaram problemas para Zuckerberg, alegando que ele havia roubado a ideia deles. Depois de sua brincadeira com o Facemash, eles o abordaram para pedir ajuda com a programação de seu próprio site. Para isso, eles haviam dado a ele um código-fonte que agora diziam ser o verdadeiro começo do Facebook. Zuckerberg, eles afirmaram, havia quebrado um contrato verbal entre eles. Os estudantes levaram sua reclamação até o presidente de Harvard, que lhes disse para resolverem a discussão entre si. Em 2004, ano em que o Facebook foi lançado, os alunos processaram Zuckerberg por suposto plágio em nome de sua empresa ConnectU. O Facebook disse ao público que eles fizeram um acordo fora do tribunal e pagaram 65 milhões de dólares de indenização.

---

367. *Ibid.*, p. 105.

208 | Ideias o enriquecerão

Apesar de todos esses problemas, o Facebook se espalhou como fogo. No início, o site era aberto apenas para alunos de Harvard. Então Zuckerberg permitiu que estudantes de outras universidades nos Estados Unidos ingressassem e, finalmente, foi aberto para escolas de ensino médio e empresas. Em setembro de 2006, estudantes universitários de outros países foram autorizados a ingressar e, logo depois, todas as restrições remanescentes foram suspensas. Na primavera de 2008, as versões em alemão, espanhol e francês foram lançadas – e muitos outros idiomas logo se seguiram.

No verão de 2010, o Facebook ultrapassou o limite mágico de 500 milhões de usuários em todo o mundo, e levou apenas mais três anos para ultrapassar o limite de 1 bilhão de usuários pela primeira vez. Em 2018, o Facebook registrou mais de 2,5 bilhões de usuários ativos em suas diversas plataformas, que, desde 2014, incluem também o serviço de mensagens WhatsApp. Zuckerberg costumava enfatizar o fato de que ainda não havia desenvolvido um modelo de negócios totalmente formado. Isso era algo que ele tinha em comum com os criadores do Google. Como Larry Page e Sergej Brin, Zuckerberg estava convencido de que amplas oportunidades de ganhar dinheiro se apresentariam assim que seu site tivesse usuários suficientes para dominar o mercado. Como eles, ele estava certo. Os lucros do Facebook em 2017 totalizaram 4,3 bilhões de dólares, enquanto suas receitas chegaram a 40,6 bilhões de dólares.

Logo no início, Zuckerberg conseguiu convencer vários financiadores de que havia muito dinheiro a ser ganho com sua ideia, embora tenha demorado até 2009 para que o site desse lucro. Em 2004, o Facebook foi lançado com a módica quantia de 1.000 dólares que o amigo de Zuckerberg, Eduardo Saverin, havia investido. Quando o Facebook abriu o capital, em maio de 2012, a empresa obteve um lucro de cerca de 16 bilhões, o maior IPO de uma *startup* da internet. Com base no preço de emissão de 38 dólares por ação, a empresa valia 104 bilhões. Embora o preço das ações da empresa tenha caído significativamente nas semanas seguintes, para metade do valor original em agosto de 2012, ele se recuperou posteriormente e até ultrapassou a marca de 180 dólares, em julho de 2018.

Assim como Larry Page e Sergej Brin, Zuckerberg faz parte de uma nova geração de empreendedores. Nos primeiros dias da empresa, a maneira como ele se vestia era uma tentativa calculada de se distinguir das normas e convenções do mundo dos negócios. Sua roupa favorita consistia em chinelos, jeans e uma jaqueta de flanela usada sobre uma camiseta cinza. Certa vez, ele apareceu nos escritórios da empresa Sequoia, de capital de risco, vestindo pijamas. Comentário de Zuckerberg: "Não sou exceção. Steve Jobs até entrou sem sapatos"[368]. Hoje, no entanto, ele é visto com a mesma frequência em um belo terno e gravata, como foi o caso durante as audiências no Senado dos EUA.

A história do Facebook demonstra o poder das ideias, que hoje se espalham mais rápido do que nunca graças à internet. No entanto, não basta ter a ideia certa: você também precisa pensar grande o suficiente para ter sucesso financeiro. Na época em que o Facebook foi fundado, já existiam várias redes sociais. Zuckerberg não só tinha uma série de ideias que seus concorrentes não tinham, como também tinha um nome cativante para seu projeto. Em pouco tempo conseguiu encontrar investidores dispostos a apoiar um projeto com centenas de milhões de dólares, sem nenhum plano de negócios.

Uma das pessoas mais criativas e engenhosas que já conheci é Hans Wall. Eu o conheci por coincidência, quando estava comprando sua casa em Berlim. Você pode ver seu nome em todos os pontos de ônibus da capital alemã. Wall AG, a sociedade anônima que ele construiu, está ativa em mais de 50 cidades europeias. Em 2009, vendeu-a ao seu concorrente, o grupo francês JCDecaux, líder mundial no mercado de "mobiliário urbano", que opera em 55 países.

Depois de terminar o ensino básico obrigatório, Wall deixou a escola para iniciar um aprendizado como mecânico. No início dos anos 1970, ele teve uma ideia genial. Ele fez às cidades alemãs uma oferta que dificilmente poderiam recusar: ele iria construir pontos de ônibus e outros móveis urbanos, e se encarregar de todos os trabalhos de limpeza e manutenção, totalmente de graça. Sua única condição: sua empresa ficaria com qualquer receita gerada pela publicidade.

---

368. Entrevista de Zuckerberg para a *Vanity Fair*, 29 de outubro de 2008.

Wall tinha visto algo que outros também "viram", mas não pensaram: a maioria dos pontos de ônibus eram lamentáveis. Os passageiros que esperavam por um ônibus tinham que ficar em locais feios e cheios de vento. A maioria deles tinha sido feita de chapa de metal, madeira e plástico corrugado, não exatamente uma proposta atraente para possíveis clientes de publicidade.

Wall substituiu os feios pontos de ônibus e seus anúncios de papelão por vitrines iluminadas de vidro. Ele conseguiu atrair novos clientes que estavam dispostos a pagar muito mais por uma exibição de qualidade para seus anúncios ao invés de pôsteres colados nas paredes, baratos e frequentemente vandalizados.

Ele abordou um prefeito após o outro e explicou sua ideia. Em três anos, ele construiu um total de 1.300 abrigos de ônibus em mais de 40 cidades alemãs. No entanto, ele havia subestimado os problemas logísticos envolvidos em sua limpeza e manutenção regulares. Ele logo percebeu que seu plano não era economicamente viável. Ele teve a sorte de encontrar um comprador para seus abrigos de ônibus.

A ideia dele era boa — mas só funcionaria em grandes cidades, com muitos pontos de ônibus próximos uns dos outros. Conquistar a capital alemã com sua ideia tornou-se uma espécie de obsessão para Wall. Na época, os serviços municipais de transporte público estavam lançando um concurso para um projeto que incluía a concessão de equipamentos públicos que deviam ser acessíveis a pessoas em cadeiras de rodas.

Os concorrentes de Wall alegaram que este era um desafio impossível. Eles pareciam ter razão à primeira vista: os banheiros para deficientes que estavam no mercado na época eram grandes demais para serem colocados no meio da cidade. "Eu sabia", diz Wall, "que se eu dissesse a mesma coisa à cidade de Berlim, ou seja, que eles estavam pedindo o impossível, eu não teria chance contra grandes empresas de renome internacional; eu teria que encontrar uma maneira de tornar isso possível".

Para Wall, a derrota não era uma opção. "Numa época em que é possível enviar homens à lua e construir mísseis nucleares, deve ser possível construir um banheiro adequado para deficientes, basta vontade de fazê-lo", disse a si mesmo. Seu treinamento como mecânico o ajudou: ele passou muitas noites mexendo em ideias diferentes, contratou engenheiros competentes e finalmente inventou um banheiro adequado, que ocupava um espaço mínimo. Hoje, seu design é patenteado globalmente. Sua solução: um vaso sanitário que girava 72 graus para a esquerda ou para a direita, com uma largura total de apenas um metro e oitenta. Assim, foi criado o menor banheiro para deficientes do mundo, pelo qual Wall recebeu o prêmio *Breaking Barriers* da Comissão Europeia, em 2001. "Se não fosse por aquele banheiro, eu nunca teria vencido meu concorrente mais feroz, uma empresa muito maior", sustenta Wall.

Hoje, ele é uma inspiração para fundadores de empresas: "Mesmo sendo uma empresa pequena, você ainda tem chance contra concorrentes com muito mais capital. Não importa se você não tem dinheiro — você pode compensar com boas ideias, rapidez e comprometimento". Seu exemplo favorito é a luta pela metrópole americana Boston, que venceu em 2001. Como Berlim muitos anos antes, Boston havia aberto concursos para um projeto de "mobiliário urbano". Alguns dos candidatos tinham mais de 100 vezes mais capital e influência do que Wall, entre eles empresas como a Viacom e sua antiga rival JCDecaux da França. Para chegar a um design visualmente mais atraente do que a competição, Wall contratou o designer mundialmente famoso Josef Paul Kleihues, cujo objetivo era simplesmente criar algo muito especial, como convinha à distinta história e tradição da cidade.

No entanto, Wall percebeu que mesmo isso não seria suficiente para vencer seus poderosos concorrentes. "Fiz tudo em uma única aposta. Em vez de mostrar modelos em pequena escala como meus concorrentes, fiz minha equipe construir 20 peças em tamanho real. Ao colocá-los nas ruas de Boston, demonstramos muito mais comprometimento do que nossos concorrentes". O prefeito de Boston estava cheio de elogios por seu presente para sua cidade. O empresário alemão teve todos os motivos para se orgulhar quando o prefeito anunciou que a licitação de Wall havia sido escolhida por sua fidelidade ao legado histórico da cidade, o que deixou o empresário especialmente orgulhoso.

"Sempre considerei uma vantagem o fato de minha empresa ser menor do que muitos concorrentes. Grandes empresas muitas vezes ficam estorvadas pela burocracia, por isso são muito lentas. Esse problema

212 | Ideias o enriquecerão

é agravado pela arrogância, porque eles subestimam concorrentes menores, como nossa empresa, o que significa que eu sabia que tinha uma chance real. Especialmente porque eu tinha muito mais fome de sucesso do que as grandes empresas estabelecidas". O próprio Wall nunca se tornou arrogante, nem mesmo quando venceu concorrentes muito maiores. "No início, muitas vezes tive que reconhecer sem inveja que meus concorrentes eram melhores e mais profissionais. Em vez de lançar calúnias sobre a competição, aprendi com aqueles que me venceram e vi como um desafio ser ainda melhor do que já éramos". Ele não considera uma competição acirrada uma desvantagem. "Pelo contrário. Nunca teríamos crescido tanto como crescemos se não tivéssemos um concorrente tão poderoso e de qualidade como a Decaux, com quem éramos constantemente forçados a competir e a nos comparar. A competição acirrada não nos fez nenhum mal, ao contrário, nos ajudou, nos obrigando a continuar melhorando nossa qualidade e nossa velocidade, e a continuar desenvolvendo novas ideias".

Muitas pessoas têm dúvidas se são criativas o suficiente. No entanto, este livro apresenta exemplos que mostram que ser bem-sucedido não necessariamente significa inventar algo novo. Basta ter uma boa ideia de como ganhar dinheiro com as invenções de outras pessoas. De Levi Strauss a Sam Walton, da fama do Walmart a Bill Gates, os empreendedores de sucesso sempre tiraram suas ideias-chave de outras pessoas. A maioria das invenções, seja a receita da Coca-Cola ou o sistema operacional de disco que se tornaria famoso sob a abreviatura MS-DOS, não enriqueceu seus criadores originais. As pessoas que ficaram ricas foram as que souberam transformar uma boa ideia em um modelo de negócio viável.

"Não se trata apenas de ter boas ideias, mas de colocá-las em prática", diz Ekkehard Streletzki. "Tantas grandes novas ideias são concebidas todos os dias, mas a maioria delas nunca vê a luz do dia". Entre outras empresas, Streletzki é proprietária do maior complexo hoteleiro, de entretenimento e de conferências da Europa, o Estrel Hotel and Conference Center, em Berlim. Seus 1.125 quartos o tornam o maior hotel da Alemanha, bem como o de maior sucesso comercial, que é lucrativo mesmo com uma taxa de ocupação de apenas 35%.

Streletzki teve a ideia quando viu os preços dos hotéis dispararem de 100 para 400 ou mesmo 500 marcos alemães por noite, após a reunificação alemã. Ele nunca se interessou por hotéis antes e sabia pouco sobre eles, como admite abertamente. Mas decidiu construir um hotel de 4 estrelas e cobrar não mais do que 100 marcos alemães por noite por um quarto básico. No entanto, sua escolha do local foi controversa, para dizer o mínimo. Ele comprou um terreno em Neukölln, que era considerada a parte mais insegura de Berlim na época. Ao lado de um antigo ferro-velho, a quilômetros do centro da cidade, era lá que ele planejava construir o maior hotel da Alemanha.

Poucas pessoas admitiram abertamente o quão louca consideraram sua ideia. Afinal, Streletzki já havia feito fortuna como empresário de sucesso e investidor imobiliário. "Mas você poderia dizer pelos olhares que as pessoas me deram e lendo nas entrelinhas do que foi dito que as pessoas pensaram que construir o maior hotel da Alemanha em Neukölln era uma ideia maluca. A verdade é que fui o único que achou uma ótima ideia". Mas até ele admite ter se sentido atormentado por dúvidas, tarde da noite, quando olhou para o canteiro de obras com seus 17 grandes guindastes e pensou consigo mesmo: "Devo estar louco para fazer isso".

A ambição de Streletzki não terminou aí, no entanto. Depois de construir o hotel, ele também queria administrá-lo. Em vez de encontrar uma grande rede para operá-lo para ele, ele recrutou um gerente que já havia administrado um hotel Ramada e contratou 220 membros da equipe meses antes de o hotel ser inaugurado, o que significava que estava com todos os funcionários desde o primeiro dia. "A fase de pré-abertura me custou doze milhões de marcos alemães", lembra Streletzki. No total, o estágio inicial do projeto custou 240 milhões de marcos alemães, um terço dos quais foi o próprio dinheiro de Streletzki, que ele ganhou em um negócio imobiliário inteligente.

Em vez de gastar muito dinheiro contratando uma agência de marketing para criar um *slogan* cativante, Streletzki centrou sua campanha de marketing em torno de seu próprio conceito: "Quatro estrelas a preços de duas estrelas". O Estrel Hotel provou ser um sucesso retumbante logo que abriu. "Começamos a ter lucro logo no primeiro

214 | Ideias o enriquecerão

ano, o que significa que conseguimos pagar juros e empréstimos", diz Streletzki. Cinco anos depois, ele adicionou um centro de conferências que custou mais 100 milhões de marcos alemães. Grandes corporações alemãs e internacionais agora realizam conferências regularmente ali.

Originalmente, Streletzki decidiu construir o hotel porque o então prefeito de Berlim, Eberhard Diepgen, havia prometido a ele que o novo aeroporto internacional da capital estaria operando no mais tardar em 1996 ou 1997. "Ninguém poderia prever que levaria mais vinte anos", como diz Streletzki. Em 2013, quando os responsáveis continuaram adiando a inauguração do novo aeroporto e a mídia começou a especular que ele poderia nunca operar, Streletzki lançou um concurso de projeto arquitetônico para outro edifício com 800 quartos adicionais e um novo anexo ao centro de conferências.

Ideias não convencionais sempre foram o forte de Streletzki. Depois de se formar como engenheiro, ele foi dono de uma pequena empresa de engenharia estrutural com uma equipe de dez pessoas em Munique, na década de 1970. "Na preparação para os Jogos Olímpicos de 1972, tínhamos muito trabalho, mas depois as obras secaram quase da noite para o dia".

"A necessidade é a mãe da invenção", como diz o ditado, e o escritor britânico John Fowles cunhou o aforismo: "Um homem que se afoga, logo aprende a nadar". Um conhecido contou a Streletzki sobre um arquiteto de Munique que trabalhava na Arábia Saudita. Seu interesse foi despertado e ele pensou: "Se os arquitetos são necessários no Oriente Médio, certamente eles também precisarão de engenheiros estruturais". Seu instinto provou estar certo. "Fiz algumas pesquisas, juntei alguns documentos e, algumas semanas depois de saber sobre o arquiteto que trabalhava na Arábia Saudita, embarquei em um avião para Teerã". Sua primeira parada foi a embaixada alemã. Ele simplesmente se apresentou e perguntou se eles conheciam alguma empresa local que precisasse de engenheiros estruturais. Dez minutos depois, um membro da embaixada deu-lhe uma carona até um escritório de arquitetura nas imediações.

Nos anos seguintes, a empresa de Streletzki trabalhou em um gigantesco projeto para construir novos arranha-céus e um shopping center em Teerã. "Minha empresa tinha tanto trabalho que consegui contratar novos funcionários em um momento em que outras empresas de engenharia estrutural, em Munique, tiveram que demitir seus funcionários ou desistir completamente".

Quais são as lições a serem aprendidas com a história de Ekkehard Streletzki? Não basta ter coragem de pensar grande e fora da caixa. Acima de tudo, você vai precisar de coragem para colocar suas ideias em prática! Ou você prefere ser uma daquelas pessoas que se sentam no bar, ano após ano, contando a seus companheiros de mesa como eles tiveram uma grande ideia e uma grande oportunidade e acrescentando: "Eu poderia, se quisesse?".

Theo Müller, que se tornou um bilionário fazendo leitelho, kefir e iogurte, básicos da dieta alemã, é outro exemplo. Quando Müller assumiu a leiteria de seu pai, em 1971, ele tinha cinco pessoas trabalhando para ele. Hoje, seu grupo, dono da Müllermilch, Weihenstephan e Sachsenmilch, entre outras marcas, tem 27.500 funcionários e um faturamento de pouco menos de 6 bilhões de euros em 2018. Com uma fortuna de 5 bilhões de euros, Müller ficou em 32º lugar na lista dos 1.000 alemães mais ricos da revista *Bilanz*, em 2018. Aliás, ele também foi uma das pessoas que entrevistei para meu livro *The Wealth Elite*. As entrevistas deveriam ser anônimas, mas como a revista *Der Spiegel* queria um rosto para anexar a uma matéria importante sobre o livro, ele concordou em ter seu nome mencionado.

"Tudo começou com leite azedo", diz Müller. Em 1970, lançou um novo produto chamado *Kneipp Dickmilch* [*Leite Azedo Kneipp*, em tradução livre], do qual vendeu três milhões de unidades no primeiro ano. Müller foi um dos primeiros empresários a entender que produtos básicos como o leite longa vida não eram nem de longe tão lucrativos quanto os produtos de marca. Em 1971, ele descobriu um processo para tornar o leitelho — que antes era um mero subproduto da fabricação de manteiga — muito mais espesso e cremoso.

Outra coisa que Müller entendeu desde o início foi o poder do marketing e da publicidade para posicionar seus produtos. Em 1974, lançou uma campanha publicitária na TV bávara. Sua mensagem era tão simples quanto eficaz: "Agora existe um leitelho com sabor

216 | Ideias o enriquecerão

inigualável". Müller enfatiza que isso foi "importante não apenas para atrair a atenção dos usuários finais, mas também para se registrar com os varejistas". O novo leitelho provou ser um sucesso, vendendo mais de 100 milhões de unidades em 1975. Até então, Müller conseguiu transformar sua leiteria de cinco funcionários em uma operação de grande escala, que gerou um lucro de 5 milhões de marcos alemães por ano. "Usando a evaporação para remover a água, conseguimos criar um produto espesso e cremoso que chamamos de *leitelho puro de Müller*".

Em meados dos anos 70, ele adicionou outros produtos da marca, como o kefir, e contratou um especialista em marketing e vendas que sempre apresentava ideias para novos produtos. "Outra grande ideia foi o nosso arroz doce, do qual vendemos 60 milhões de unidades logo no primeiro ano", conta. Nos dez anos seguintes, a empresa continuou lançando novos produtos inovadores, como os Müller Corners, que hoje vendem mais de um bilhão de unidades por ano na Alemanha e no Reino Unido.

No final dos anos 1980, a Müller se expandiu para o mercado do Reino Unido. Ele também comprou um pequeno laticínio após o outro na Alemanha. "No total, comprei cerca de 200 produtores de leite de suas cooperativas nas décadas de setenta e oitenta. Fiz isso oferecendo a eles um *pfennig*[369] a mais por litro de leite." Em 1994, ele comprou a falida empresa Sachsenmilch por 15 milhões de euros. "Ninguém mais os queria, embora 170 milhões de euros tenham sido investidos apenas em uma nova fábrica de laticínios, edifícios e outras máquinas". Como os contratos de fornecimento com os produtores de leite valiam quase tanto quanto o preço de compra, todo o resto veio como um bônus. Posteriormente, Müller transformou Sachsenmilch em uma marca líder, investindo quase um bilhão de euros apenas nesta empresa.

Qual é o segredo do sucesso de Theo Müller? "É trabalho do empreendedor criar valor", diz ele. Ele conseguiu criar valor ao lançar novos produtos que imediatamente se tornaram populares entre os consumidores. Acima de tudo, ele transformou um produto básico em uma gama de produtos de marca. "Um produto de marca como

---

369. Expressão alemã para "um trocado". (N. T.)

o Müller Corner é cerca de seis ou sete vezes mais lucrativo do que um produto básico como o leite longa vida, que qualquer fabricante pode produzir". Em toda a indústria, diz Müller, apenas 15% dos produtos lácteos têm uma identidade de marca. Para os produtos vendidos por seu grupo, esse número é de 50%. Isso é o que permitiu a Müller alcançar enormes margens de lucro, que ele então usa para novos investimentos para construir seu império corporativo.

"A publicidade desempenhou um papel importante", diz ele, "mas foi ainda mais importante para nós desenvolvermos produtos verdadeiramente inovadores. Por outro lado, essas inovações certamente não teriam sido tão bem-sucedidas se não fosse por nossos investimentos em publicidade, que sempre foram muito mais substanciais do que os de nossos concorrentes".

As ideias são a base do sucesso. Isso não se aplica apenas aos empreendedores. Qualquer funcionário tem mais chance de promoção conforme contribuir para a empresa em suas ideias. Claro, toda empresa precisa de funcionários que simplesmente implementam e processam as ideias dos outros. Mas, por mais importantes que esses funcionários possam ser, muito raramente serão promovidos aos escalões mais altos de uma empresa bem administrada. O que é de suma importância para qualquer empresa é reconhecer novas oportunidades de mercado, criar produtos ou adaptar produtos existentes às mudanças nas expectativas dos clientes e desenvolver novas ideias sobre como otimizar serviços e soluções. Ao fazer grandes contribuições para esses processos e ao se posicionar, os funcionários podem criar uma base importante para suas futuras carreiras.

Jack Welch, um dos executivos mais bem-sucedidos da história recente, viu como sua principal tarefa como CEO da General Electric (GE), que na época empregava uma força de trabalho de 300.000 pessoas em todo o mundo, criar uma cultura na qual novas ideias eram continuamente desenvolvidas. Todos os anos, no início de janeiro, 500 gerentes líderes da GE se reuniam para uma reunião de dois dias, na qual palestrantes de todos os níveis da empresa faziam discursos de dez minutos sobre o progresso que haviam feito nos últimos 12 meses. "Sem discursos longos e enfadonhos, sem registros de viagem, apenas a

218 | Ideias o enriquecerão

transferência de grandes ideias"[370]. O evento foi realizado para celebrar as melhores pessoas com as melhores ideias.

Em março, os 35 principais executivos da corporação global se reuniriam. Esperava-se que cada um deles "apresentasse uma nova ideia inovadora que pudesse ser aplicada a outras unidades"[371]. Welch chegou a lançar um grupo de iniciativas corporativas formado por 20 MBAs, cuja única função era desenvolver e promover a troca de ideias. "Toda vez que tínhamos uma ideia, nós a exauríamos"[372]. Em toda a empresa, Welch tentou instalar uma cultura que encorajasse novas ideias, que floresceriam e se espalhariam.

Seja você um empresário ou um empregado, e quaisquer que sejam os objetivos que tenha definido para si mesmo, você não terá sucesso até que tenha descoberto a importância e o poder das ideias. Infelizmente, um equívoco comum sustenta que a criatividade é uma qualidade inata. A verdade é que criatividade é algo que você pode treinar. Aqui está uma lista de etapas sobre como fazer isso:

1. Para aumentar sua criatividade, a primeira coisa que você precisa fazer é parar de pensar em si mesmo como alguém *pouco criativo*. Em vez disso, você deve perceber que a criatividade pode ser treinada e exercitada como um músculo.

2. Cerque-se de pessoas criativas e bem-sucedidas — de preferência, muito mais bem-sucedidas do que você! Isso ajudará você a aumentar sua criatividade.

3. Leia o máximo que puder — especialmente as histórias de vida de pessoas bem-sucedidas e criativas. Novas ideias geralmente se desenvolvem transferindo conceitos de outras áreas da vida para sua própria área. Depois de terminar este livro, comece a relê-lo desde o início e, ao final de cada capítulo, anote as ideias que ele inspirou para sua própria vida.

4. Comece a manter um registro de ideias, no qual você anota qualquer ideia que lhe ocorrer. Treine-se para anotar suas ideias

---

370. WELCH, Jack; BYRNE, John A. *Jack*. Straight from the Gut. Londres, 2001, p. 193.
371. *Ibid*.
372. *Ibid.*, p. 196.

assim que elas entrarem em sua cabeça, mesmo e principalmente se você não tiver certeza se e como transformá-las em realidade.

5. Aprenda a fugir da corrida dos ratos delegando tarefas de rotina para sua equipe sempre que possível, a fim de dedicar mais tempo e energia ao desenvolvimento de ideias. Você encontrará mais conselhos e informações sobre isso no capítulo 14.

6. Use seu tempo de férias para desenvolver novas ideias. Isso só funcionará se você realmente deixar o seu dia a dia para trás nesse período.

7. Pegue uma folha de papel em branco, sente-se por 45 minutos em uma sala onde não haja nada para distrair sua atenção. Anote todas as ideias que vierem a você sobre um determinado assunto. Como você faz em sessões de *brainstorming* com outras pessoas, colete ideias sem examiná-las criticamente. Às vezes, basta um pequeno ajuste para transformar uma ideia ruim em uma engenhosa! E quando se trata de revisar uma nova ideia, você deve adquirir o hábito de escrever pelo menos cinco argumentos a favor dessa ideia, antes de considerar os vários argumentos contra ela.

Capítulo 12

A arte
da autopromoção

Inventores e exploradores geralmente têm ideias engenhosas, sem nunca colher os benefícios materiais. Aqueles que se beneficiam de suas invenções são as pessoas que criam estratégias de marketing sagazes para vendê-las. Empresários, profissionais autônomos e funcionários precisam dominar a arte de anunciar. Se você deseja alcançar metas extraordinárias, este é um dos requisitos mais vitais e fundamentais.

Veja os inventores da Coca-Cola, ou da bebida que hoje é universalmente conhecida como Red Bull, ou do fermento em pó — nenhum deles ficou rico. Quem o fez foram os gênios do marketing, como Dietrich Mateschitz, o homem por trás do sucesso comercial da Red Bull, ou os investidores que desde o início compraram a receita da Coca-Cola. Outro exemplo é August Oetker, o empresário alemão que há mais de cem anos se tornou o principal fabricante de fermento em pó, lançando assim as bases de uma das empresas familiares de maior sucesso do século passado.

Comecemos pela história do empresário austríaco Dietrich Mateschitz, hoje um dos homens mais ricos da Europa, graças ao sucesso da marca Red Bull. Em 2017, foram vendidas mais de 6 bilhões de latas de Red Bull em todo o mundo, consolidando a posição da empresa como uma das marcas mais valiosas da Europa, com vendas anuais de mais de 6 bilhões de euros.

No início dos anos 1980, Dietrich Mateschitz trabalhava para o conglomerado anglo-holandês Unilever. Por puro acaso, ele notou que a Taisho Pharmaceuticals, que produzia uma bebida contendo um ingrediente chamado taurina, encabeçava a lista dos maiores

222 | A arte da autopromoção

contribuintes do Japão. O interesse de Metschitz foi despertado. Em sua próxima viagem de negócios à região, ele abordou um dos parceiros de franquia tailandeses da Unilever, fabricante de uma bebida chamada Krating Daeng — tailandês para "Red Bull". Mateschitz ficou tão intrigado com a bebida energética, que era desconhecida na Europa e nos Estados Unidos na época, que comprou os direitos de distribuição para vender a bebida fora da Ásia. Um ano depois, aos 41 anos, largou o emprego na Unilever.

Um experiente profissional de marketing, Mateschitz sabia da importância da publicidade. Para ele, este era mais do que apenas um fator entre muitos sobre os quais o sucesso de sua empresa foi construído: era o componente mais importante. Nenhum outro empreendedor havia aplicado estratégias de marketing com tanto zelo quanto Mateschitz. Ele investiu suas economias de 5 milhões de xelins austríacos (pouco mais de 500.000 dólares) em sua nova empresa. A maior parte foi gasta no desenvolvimento de um conceito de marketing que seria o ingrediente essencial na receita da Red Bull para o sucesso global.

Mateschitz pretendia originalmente abrir sua empresa na Alemanha, mas cada vez mais se desesperava com a lentidão e a complexidade da burocracia alemã, que se recusava a acelerar sua licença. Ele desistiu depois de um ano e formou uma empresa na Áustria. Aliás, levaria quase dez anos para que a bebida fosse licenciada na Alemanha.

Na Áustria, a nova bebida chegou às lojas em 1° de abril de 1987. Não teve um bom começo. De acordo com Wolfgang Fürweger, autor de uma história abrangente da empresa, "a história da Red Bull foi quase interrompida antes de realmente começar. No começo, as vendas não decolaram. A empresa e seu fundador estavam em má situação financeira"[373].

No entanto, Mateschitz acreditou em sua ideia. O fato de várias centenas de milhares de latas terem sido vendidas no primeiro ano ele viu como uma confirmação de que estava no caminho certo. Em 1988, esse número subiu para 1,2 milhão e, em seu terceiro ano no

---

373. FÜRWEGER, Wolfgang. *Die Red-Bull-Story*. Der unglaubliche Erfolg des Dietrich Mateschitz. Viena, 2008, p. 16.

mercado europeu, com vendas de 1,7 milhão de latas, a empresa começou a dar lucro.

Mateschitz estava firmemente convencido de que o sucesso ou o fracasso de seu produto dependeria não apenas de seu sabor e qualidade, mas também da estratégia correta de marketing e publicidade. Ele havia pedido a Johann Kastner, um velho amigo seu da universidade, que elaborasse uma estratégia, mas nenhuma das propostas de Kastner era boa o suficiente para Mateschitz. Por 18 meses, ele rejeitou uma ideia após a outra. Cerca de 50 propostas diferentes foram descartadas durante esse período. Aparentemente incapaz de atender aos padrões exigentes de seu amigo, Kastner quase desistiu mais de uma vez.

Mas as boas ideias tendem a atingi-lo quando você menos espera, muitas vezes no meio da noite. Foi exatamente o que aconteceu com a Red Bull. Uma noite, Mateschitz recebeu um telefonema surpresa de Kastner, que finalmente apareceu com a propaganda perfeita: *Red Bull verleiht Flüüüügel*, que funcionou quase igualmente bem em inglês (*Red Bull give you wiiings*[374]). Provou ser um golpe de puro gênio do marketing e atingiu exatamente a nota certa com o público-alvo.

Como se viu, as autoridades oficiais involuntariamente deram à Red Bull um grande empurrão no caminho para o sucesso. A Alemanha e alguns outros países inicialmente proibiram a bebida devido a preocupações com possíveis riscos à saúde, que já foram refutados em vários estudos. Seu prestígio como artigo ilegal, que tinha que ser contrabandeado para o país, tornou a bebida e a marca Red Bull ainda mais populares entre adolescentes e jovens.

Na Áustria, casa da Red Bull, o Partido Social-Democrata (SPÖ) queria proibir a bebida. Na França, foi classificado como medicamento e licenciado apenas para uso medicinal. Na Escandinávia e no Canadá, a empresa também enfrentou problemas semelhantes. Mas, em vez de assustar os consumidores, os enormes avisos de saúde impressos nas latas que o governo canadense impôs apenas aumentaram o apelo da bebida.

---

374. Em português, o famoso *Red Bull te dá aaaaaasas!* (N. T.)

224 | A arte da autopromoção

O que torna a Red Bull especial é que a empresa não produz nem distribui a bebida. Outras empresas da indústria de bebidas usam marketing e publicidade para apoiar suas operações principais, que são produção e distribuição. Mas, como outros empreendedores de sucesso, Mateschitz se importava pouco com a maneira *normal* de fazer as coisas. Sua empresa não possui fábricas e armazéns, porque Mateschitz optou por terceirizar essas partes da operação. O negócio principal de sua empresa é marketing. Segundo fontes do setor, a Red Bull investe um terço de sua receita total no fortalecimento e divulgação da marca.

Desde o início, Mateschitz encontrou maneiras incomuns de fazer isso. Se a história da Red Bull pode nos ensinar alguma coisa, é que boas ideias valem mais do que um grande orçamento. A maior parte do orçamento de marketing da empresa foi gasta no patrocínio de esportes radicais não convencionais, para aumentar o perfil da Red Bull como a bebida preferida dos jovens aventureiros da moda, que gostavam de viver do lado selvagem. "Esses eventos podem não ter atraído grandes multidões, afinal, geralmente eram realizados em lugares afastados, mas, por serem tão extravagantes, atraíram muita atenção da mídia, o que os tornou populares entre um público mais amplo. Entre os mais conhecidos desses eventos estão as corridas aéreas — uma espécie de Fórmula 1 para aviões — ou a competição Dolomites Man, uma das corridas de revezamento mais difíceis do mundo para corredores de montanha, parapentes, canoístas e ciclistas de montanha"[375].

Mateschitz teve a engenhosa ideia de posicionar a marca Red Bull no contexto desses desafios ao ar livre. Ele filmou as corridas e ofereceu as imagens à mídia. "Se eles fizessem isso da *maneira usual*, ou seja, reservando espaço publicitário, um orçamento de marketing de um bilhão de euros não seria suficiente para comprar à Red Bull o tipo de exposição em horário nobre, cobertura de jornais e revistas, que a marca foi capaz de angariar"[376].

---

375. FÜRWEGER, Wolfgang. *Die Red-Bull-Story*. Der unglaubliche Erfolg des Dietrich Mateschitz. Viena, 2008, p. 57.
376. *Ibid.*, p. 58.

O exemplo da Red Bull mostra que você não precisa necessariamente gastar muito capital para obter um grande impacto. O pensamento criativo pode ser muito mais eficaz. Em vez de patrocinar esportes estabelecidos mais caros, Mateschitz preferiu investir em acordos de parceria de longo prazo com atletas envolvidos em esportes radicais, como parapente, escalada livre, *snowboard* e *tombstoning* (pular de penhascos altos), bem como com dublês e outros caçadores de emoção, posicionando assim a Red Bull como uma marca jovem e dinâmica.

Foi só mais tarde que Mateschitz investiu em esportes convencionais como futebol ou Fórmula 1, que exigiam muito mais capital. Em 2010, o sexto ano de existência da equipe Red Bull de Fórmula 1, eles se tornaram campeões mundiais pela primeira vez, vencendo o *Constructors' World Championship* e o *Drivers' World Championship* com Sebastian Vettel. A equipe conseguiu repetir esse sucesso em 2011, 2012 e 2013. Além disso, a equipe Red Bull detém o recorde de 18 *pole positions* em 19 corridas, desde a temporada de 2011.

Existem alguns paralelos notáveis entre as histórias da Red Bull e da Coca-Cola. Este último foi inventado pelo farmacêutico americano John Stith Pemberton. Entre os remédios que ele preparou, em seu laboratório em Atlanta, havia um tônico que continha folhas de coca e nozes de cola. Supunha-se que aliviava dores de cabeça e curava fadiga crônica, impotência, fraqueza e muitos outros males. Seu tônico, que foi vendido pela primeira vez em 1886 e era chamado simplesmente de Cola, era um xarope espesso. Misturado com água, também tinha um gosto muito bom, como os consumidores logo perceberam. Sem saber do enorme potencial de sua invenção, Pemberton vendeu suas ações da empresa e a fórmula secreta para várias pessoas, entre elas Asa Griggs Candler, que em 1892 uniu forças com seu irmão e dois outros investidores para fundar a Coca-Cola Company. Seu investimento custou a Candler 500 dólares.

Poucos anos depois de fundar a empresa, Candler também já gastava 100.000 dólares por ano em publicidade — uma quantia sem precedentes na época. Assim como Mateschitz um século depois, Candler também teve que lutar contra as autoridades de saúde pública para obter a licença de sua bebida, embora a cocaína tenha sido

226 | A arte da autopromoção

removida da receita já em 1903. Ele foi acusado, alternadamente, de misturar Coca-Cola com cocaína e de enganar os consumidores com a venda de uma bebida que, apesar do nome, não continha cocaína.

Pouco antes da morte de sua esposa, Candler transferiu todas as ações da empresa Coca-Cola para seus sete filhos, que venderam a empresa para um grupo de investidores em 1919, sem avisar ao pai. Eles receberam 25 milhões de dólares por isso, 50.000 vezes o valor que seu pai havia pagado originalmente.

Como o próprio Candler, os novos proprietários se concentraram principalmente na comercialização do produto. Ainda hoje, a Coca-Cola só vende licenças de produção de refrigerantes para empresários independentes. "A empresa Coca-Cola nunca viu o seu trabalho na produção do produto, que afinal é essencialmente uma simples mistura de água, açúcar e uma essência aromática. Desde o início, o verdadeiro trabalho da empresa foi construir a marca e abrir novos mercados"[377].

Mais ou menos na mesma época em que Pemberton inventou a fórmula da Coca-Cola, um colega alemão dele estava fazendo experiências com fermento em pó. No entanto, esse colega, um certo Dr. August Oetker, não era tanto um inventor ou um gênio criativo, mas sim um profissional de marketing — e foi assim que ele conseguiu construir uma fortuna com fermento em pó. Com mais de 26.000 funcionários e vendas anuais de quase 12 bilhões de euros, o Grupo Oetker é hoje uma das maiores empresas familiares no mercado europeu. O grupo compreende mais de 300 empresas diferentes que oferecem diversos produtos e serviços. Entre eles, pizzas congeladas, bebidas alcoólicas, seguros, um banco e uma companhia de navegação (180 navios para a Hamburg Süd, outros 30 para a Alancia) e um faturamento anual superior a 6 bilhões de euros.

Tudo começou em 1891, quando o Dr. August Oetker passou no exame de licenciamento e começou a administrar sua própria farmácia na cidade de Bielefeld, na Alemanha Ocidental. Mesmo quando ainda

---

377. EXLER, Andrea. *Coca-Cola*. Vom selbstgebrauten Aufputschmittel zur amerikanischen Ikone. Hamburgo, 2006, p. 10.

era aprendiz, já se vangloriava: "Por enquanto, meu objetivo principal é comprar uma farmácia, claro; uma vez que eu tenha conseguido isso, então tentarei alcançar algo especial"[378]. Mais tarde, ele citaria com frequência a mesma frase: "Na maioria dos casos, basta uma boa ideia para fazer um homem"[379]. Sua própria *boa ideia* seria o fermento em pó, que desde então se tornou um alimento básico na Alemanha e é amplamente usado em outros países também.

Nos fundos de sua farmácia, Oetker começou a fazer experiências com a fabricação de um fermento em pó especialmente nobre. Agentes fermentadores à base de bicarbonato de sódio foram inventados pelo famoso químico Justus von Liebig algumas décadas antes, e um dos ex-alunos de Liebig desenvolveu ainda mais o produto e começou a popularizar o bicarbonato de sódio nos Estados Unidos.

A genialidade do Dr. Oetker estava em desenvolver um conceito de marketing inovador para um produto que outros haviam descoberto antes dele. Ele encontrou uma fórmula concisa que resumia sucintamente o ponto de venda exclusivo de seu produto: "A composição do meu fermento em pó é a melhor possível, livre de quaisquer aditivos prejudiciais, consistente em sua qualidade, a escolha da dona de casa criteriosa. Seu preço baixo significa que é acessível para todos"[380].

"Desde o início", diz Rüdiger Jungbluth em sua história da família Oetker e sua empresa de mesmo nome, "Oetker não vendia um agente de criação mundano, mas sim saúde e qualidade. O sucesso da empresa baseou-se em uma psicologia da publicidade extremamente sofisticada, que hoje mal notamos pela simples razão de ter sido copiada tantas vezes desde então. Essa estratégia revelou a verdadeira grandeza do jovem empresário August Oetker, que não era um cientista engenhoso nem um grande químico de alimentos, mas sim um homem com um dom especial para o marketing"[381].

---

378. JUNGBLUTH, Rüdiger. *Die Oetkers*. Geschäfte und Geheimnisse der bekanntesten Wirtschaftsdynastie Deutschlands. Frankfurt/Nova York, 2004, p. 50.

379. *Ibid.*, p. 62.

380. *Ibid.*, p. 55.

381. *Ibid.*, p. 56.

O fermento em pó era originalmente vendido em potes, o que significava que os clientes tinham que medi-lo sozinhos. Oetker teve a ideia de embalá-lo em saquinhos de papel de 20 gramas cada e vendê-los a um preço inflacionado, que ainda parecia muito baixo para os clientes, simplesmente porque a quantidade de fermento em cada saco era muito pequena. Oetker investiu pesadamente em marketing e publicidade. Nos primeiros anos, gastou todo o lucro da venda de fermento em pó na compra de espaços publicitários em todos os jornais distribuídos em cidades com mais de 3.000 habitantes.

"Como o mundo vai saber que você tem algo bom a oferecer, a menos que você conte ao mundo sobre isso?" era o lema de Oetker[382]. Usando a canção do rouxinol como exemplo, ele explicou à sua equipe que a publicidade estava em toda parte, até mesmo na natureza. "Assim como as flores com suas cores vivas, que atraem insetos, ele usaria cartazes e outdoors coloridos para atrair clientes para comprar seus produtos"[383]. Na época, era muito incomum para o proprietário de uma empresa alemã de médio porte, como era o Dr. Oetker, devorar artigos de revistas sobre publicidade e marketing com a sua vivacidade.

Em vez de recorrer a frases comuns para divulgar os benefícios de seu produto, Oetker preferiu apoiar suas afirmações com fatos e provas. Sua estratégia antecipou uma abordagem que 50 anos depois se tornaria central na filosofia publicitária de David Ogilvy. Ogilvy teria adorado a cópia que Oetker escreveu para seus anúncios de jornal. Em uma delas, reimprimiu uma carta da empresa que fornecia os saquinhos de papel em que vendia seu fermento em pó, na qual o fornecedor confirmava ter encomendado dez milhões de saquinhos. Oetker acrescentou: "Em vez de propaganda indigna e sem fundamento, ofereço fatos como os acima, que provam a extraordinária popularidade de meu fermento em pó entre as donas de casa"[384]. Ele usou os resultados dos testes de qualidade para fins publicitários, assim como as empresas fazem hoje. Quando seu fermento em pó ficou em

---

382. *Ibid.*, p. 67.
383. *Ibid.*
384. *Ibid.*, p. 62.

primeiro lugar em um teste comparativo de qualidade, ele garantiu que os consumidores soubessem disso. "Ele sonhava com publicidade", disse um de seus funcionários[385].

Ele também publicou um livro de receitas *best-seller*. Claro, todas as receitas em seu livro recomendavam o uso do fermento em pó do Dr. Oetker. Milhões de exemplares foram vendidos, e Oetker ainda tentou — em vão — torná-lo material didático obrigatório para as escolas alemãs. Ele era uma verdadeira fonte de ideias inovadoras de marketing. Para citar apenas um exemplo, ele produziu o primeiro comercial animado, que mostrava um bolo inglês crescendo com a ajuda do fermento especial do Dr. Oetker.

A demanda por seu fermento em pó continuou aumentando. Oetker foi capaz de deixar a administração diária de sua farmácia para outros e construir uma fábrica capaz de produzir 100.000 sachês de fermento em pó por dia. Após o fim da Segunda Guerra Mundial, o neto de August Oetker, Rudolf-August, nascido em 1916, assumiu a empresa. Ele começou a investir os lucros do negócio de alimentos em navios para reduzir significativamente sua carga tributária. Em poucos anos, ele possuía 40 navios oceânicos com uma capacidade total de 370.000 toneladas. Também investiu no prestigioso Lampe Bank, instituição financeira com tradição centenária, além de comprar e fundar diversas seguradoras, uma fábrica de marzipan e uma companhia aérea. Hoje, a família Oetker é a dinastia empresarial mais famosa da Alemanha — 98% dos alemães estão familiarizados com a marca Dr. Oetker.

Com uma fortuna pessoal estimada em 5 bilhões de dólares e propriedade de cerca de 35 empresas, Richard Branson é outro empresário que sabe usar o poder do marketing. Poucas pessoas dominam a arte da publicidade e se apresentam com o estilo de Branson. Sua carreira nos negócios começou com uma revista nacional para estudantes e uma gravadora por correspondência, quando ele ainda estava na escola. Hoje, seu império Virgin consiste em várias companhias aéreas, operadoras de telefonia celular no Reino Unido,

---

385. *Ibid.*, p. 61.

230 | A arte da autopromoção

Austrália, Canadá, África do Sul, Estados Unidos e França, serviços de banda larga, uma cadeia de lojas de CD e DVD, uma editora, uma agência de viagens, uma financeira prestadora de serviços, uma linha ferroviária, uma marca de vinhos, uma rede de *fitness*, uma estação de rádio, uma varejista de cosméticos e joias, uma agência de promoção de eventos, uma fabricante de refrigerantes e uma empresa chamada Virgin Galactic, que planeja organizar e promover viagens ao espaço. Ao todo, o Virgin Group emprega cerca de 69.000 pessoas e atinge vendas anuais de cerca de 17 bilhões de libras.

Mas vamos começar do começo. Quando Branson lançou sua revista, *Student*, ele já havia demonstrado muito mais ambição do que a maioria dos adolescentes que publicam jornais estudantis. Ele pôde entrevistar personalidades conhecidas como o filósofo Jean-Paul Sartre e músicos como John Lennon e Mick Jagger. "Eu estava tão confiante que nunca parei para me perguntar por que eles estavam dispostos a me deixar entrar por suas portas e falar comigo cara a cara, e minha confiança deve ter sido contagiante, porque poucas pessoas me rejeitaram"[386].

Ele também usou suas habilidades criativas para vender espaço publicitário. Embora não tivesse um telefone em seu escritório na escola e tivesse que usar uma cabine telefônica pública, ele foi notavelmente bem-sucedido em persuadir grandes empresas a anunciar na *Student*. "Eu diria ao gerente de publicidade do Lloyds Bank que o Barclays estava pegando a última página — eles queriam prestigiar a própria página antes de eu oferecê-la ao Nat-West? Competi com a Coca-Cola contra a Pepsi. Aperfeiçoei minhas habilidades de apresentação, meu discurso de vendas e nunca dei a menor pista de que era um estudante de quinze anos parado em uma cabine fria com um bolso cheio de moedas"[387].

Quando Branson percebeu que as lojas de discos não ofereciam nenhum desconto, mesmo após a abolição do acordo de manutenção do preço de varejo, ele viu uma oportunidade de negócio e decidiu lançar

---

386. BRANSON, Richard. *Screw It, Let's Do It*. Lessons in Life and Business. Londres, 2007, p. 15.
387. *Ibid.*, p. 12.

Ouse ser diferente e enriqueça | Rainer Zitelmann | 231

um negócio de venda de discos pelo correio, que anunciou na *Student*. A Virgin Mail Order tornou-se muito popular entre os jovens, até que uma greve dos correios em janeiro de 1971 interrompeu os negócios e deixou a empresa à beira da ruína. A Virgin Mail Order não podia receber cheques de clientes, nem enviar seus registros. Foi a primeira de muitas crises, grandes e pequenas, que Branson teria que superar e, mesmo assim, encarou o desafio de frente, inovando e expandindo.

Se ele não pudesse mais enviar discos aos clientes, ele simplesmente teria que abrir uma loja de discos. "Tivemos que encontrar uma loja dentro de uma semana antes de ficarmos sem dinheiro. Na época, não tínhamos ideia de como funcionava uma loja. Tudo o que sabíamos era que tínhamos que vender discos de alguma forma, ou a empresa entraria em colapso"[388].

Branson queria que sua loja de discos fosse um lugar onde os jovens se sentissem encorajados a ficar, ouvir discos e conversar sobre música juntos, um conceito inovador na época. Seu modelo de negócios era simples: "Queríamos que a loja da Virgin Records fosse um lugar agradável para ir, em uma época em que os compradores de discos recebiam pouca atenção. Queríamos nos relacionar com os clientes, não tratá-los com condescendência, e queríamos ser mais baratos do que as outras lojas"[389]. Os clientes recebiam "fones de ouvido, sofás e pufes para sentar, cópias gratuitas de *New Musical Express* e *Melody Maker* para ler e café grátis para beber. Permitimos que ficassem o tempo que quisessem e se sentissem em casa"[390].

No final de 1972, a Virgin tinha 14 lojas de discos em Londres e em todas as outras grandes cidades do Reino Unido. Branson, que havia deixado a escola aos 16 anos, ainda tinha apenas 22 anos e era dono de uma das maiores redes de lojas de discos do país.

Mas ele logo percebeu que, para ganhar dinheiro de verdade na indústria fonográfica, teria que abrir sua própria gravadora. Ele pediu dinheiro emprestado a amigos e parentes e comprou uma mansão do

---

388. *Ibid.*, p. 80.
389. *Ibid.*, p. 81.
390. *Ibid.*, p. 84.

232 | A arte da autopromoção

século XVII, que queria usar como estúdio de gravação. "Se a Virgin estabelecesse uma gravadora", raciocinou ele, "poderíamos oferecer aos artistas um lugar para gravar (pelo qual poderíamos cobrar); podíamos publicar e lançar seus discos (com os quais poderíamos lucrar), e tínhamos uma grande e crescente rede de lojas onde podíamos promover e vender seus discos (e obter a margem de lucro do varejo)"[391].

Não apenas tudo fazia sentido para os negócios, mas Branson também provou ter um bom ouvido para o gosto do público comprador de discos. Ele contratou o então desconhecido baixista do Kevin Ayers Group, Mike Oldfield. Seu álbum *Tubular Bells* foi lançado em 1973 e vendeu mais de cinco milhões de cópias. Branson investiu todo o lucro que obteve com o álbum em novos artistas e na expansão do negócio.

Mas, ainda assim, a empresa estava em má situação financeira, com gastos muito superiores aos ganhos. Branson foi forçado a rescindir contratos com vários artistas, ele e seus sócios venderam seus carros, fecharam a piscina que haviam instalado e pararam de pagar seus salários. A empresa parecia estar à beira da falência. Branson sabia que cortar custos não salvaria a Virgin a longo prazo. "Sempre acreditei que a única maneira de lidar com uma crise não é contrair, mas tentar expandir para sair dela"[392]. Em meio à crise, ele ainda optou por correr riscos. "E se encontrássemos mais dez Mike Oldfields? [...] O que isso faria?"[393].

Pouco depois, ele encontrou um novo ato provocativo que atraiu muita atenção da mídia e polarizou o público em geral. "Os Sex Pistols geraram mais recortes de jornais do que qualquer outra coisa em 1977, exceto o próprio Jubileu de Prata. Sua notoriedade era praticamente um bem tangível"[394]. Branson não se incomodou com o fato de que a maior parte dessa publicidade era negativa — ele a via como publicidade gratuita e extremamente eficaz.

Branson estava constantemente à procura de novos desafios. Quando seu voo foi cancelado durante um feriado, em vez de se irritar como os outros passageiros, ele teve uma ideia. Ele fretou um avião por

---

391. *Ibid.*, p. 113-114.
392. *Ibid.*, p. 154.
393. *Ibid.*
394. *Ibid.*, p. 164.

2.000 dólares, que depois dividiu pelo número de passageiros. Em um quadro-negro, ele escreveu: "Virgin Airways. Voo simples de 39 dólares para Porto Rico"[395]. Mais tarde, esse episódio o convenceu a seguir com um plano de negócios proposto a ele por um jovem advogado americano em 1984, que sugeriu a criação de uma companhia aérea transatlântica.

Depois de sua conversa com o americano, Branson mal podia esperar para ligar para a Boeing na segunda-feira, para saber quanto custaria um jato jumbo. Quando ele se encontrou com seus parceiros de negócios na Virgin Music no dia seguinte para contar a eles sobre seu novo projeto, eles não ficaram exatamente nas nuvens. Ele finalmente conseguiu engajá-los, "mas eles não ficaram felizes"[396].

Branson foi aconselhado a ficar atento a quaisquer práticas desleais por parte da concorrência, em particular a companhia aérea estatal British Airways. E assim aconteceu. Em junho de 1986, a British Airways reagiu à nova ameaça de Branson lançando uma oferta promocional de 5.200 passagens gratuitas para voos de Nova York a Londres. Inventivo e criativo como sempre, Branson contra-a-tacou exibindo um anúncio que dizia: "Sempre foi política da Virgin incentivá-lo a voar para Londres pelo menor preço possível. Portanto, em 10 de junho, encorajamos você a voar com a British Airways"[397]. A British Airways gastou grandes somas em sua promoção, "mas a maior parte da cobertura de notícias incluiu uma menção ao nosso anúncio atrevido [...]. Colhemos uma grande fatia de publicidade, a um custo muito baixo"[398].

No início da década de 1990, a Virgin Atlantic Airways enfrentou problemas financeiros, com graves repercussões para todo o Virgin Group. Colocado sob crescente pressão dos bancos e da BA, Branson acabou sendo forçado a vender sua gravadora, que acabara de assinar com os Rolling Stones. Ele não viu outra escolha a não ser aceitar a oferta da EMI de comprar a Virgin Music por um bilhão de dólares. Foi uma decisão difícil de tomar, depois que ele e seus sócios investiram 20

---

395. *Ibid.*, p. 39.
396. *Ibid.*, p. 53.
397. *Ibid.*, p. 163.
398. *Ibid.*

234 | A arte da autopromoção

anos de suas vidas na construção da empresa. Eles contrataram artistas de sucesso como Boy George, Bryan Ferry, Janet Jackson e agora os Rolling Stones — e de repente tudo isso terminou. "É como a morte de um pai", comentou um de seus sócios. "Você acha que se preparou para isso, mas quando acontece, você percebe que é totalmente incapaz de lidar com isso". O próprio Branson "sentiu que era mais como a morte de um filho"[399].

Demorou um pouco para ver o lado positivo e perceber o que a venda significava para ele. "Pela primeira vez na minha vida, eu tinha dinheiro suficiente para realizar meus sonhos mais loucos"[400].

Em cada derrota — e, claro, ter que vender a gravadora que ele passou anos construindo foi uma grande derrota para Branson — existe o cerne de uma oportunidade ainda maior. E Branson nunca foi de deixar passar uma oportunidade.

Grandes empreendedores têm que lidar com a derrota como todo mundo, eles apenas reagem a ela de uma maneira diferente. Acima de tudo, eles não vivem no passado, que não podem mudar de forma alguma. Em vez de perder meses ou mesmo anos chorando sobre o leite derramado, eles olham para o futuro e aprendem com suas derrotas. "Algumas você ganha e outras você perde", diz Branson. "Fique feliz quando você ganhar. Não se arrependa quando perder. Nunca olhe para trás"[401].

Nos anos seguintes, Branson experimentou muitas outras ideias e formou uma empresa após a outra. Algumas tiveram sucesso, outras nem tanto. Mas sempre que alguém lhe propunha um novo projeto, sua reação inicial era positiva. Para sua diversão, sua equipe o apelidou de *Dr. Sim*. "Obviamente, isso aconteceu porque minha resposta automática a uma pergunta, solicitação ou problema tem mais probabilidade de ser positiva do que negativa. Eu sempre tentei encontrar razões para fazer algo, se parece uma boa ideia, do que não fazê-lo"[402].

---

399. *Ibid.*, p. 465.
400. *Ibid.*, p. 468.
401. *Ibid.*, p. 58.
402. *Ibid.*, p. 1.

Branson sempre foi aventureiro — não apenas como empresário. Em 1986, ele quebrou o recorde de travessia mais rápida do Atlântico em seu barco, *Virgin Atlantic Challenger II*. Um ano depois ele se tornou a primeira pessoa a cruzar o Atlântico em um balão de ar quente. Entre 1995 e 1998, ele repetidamente tentou dar a volta ao mundo em um balão. Em 1998, ele cobriu uma distância recorde do Marrocos ao Havaí, antes que as más condições climáticas o obrigassem a desistir. "Se eu fosse pensar sobre isso com mais cuidado", reflete Branson, "eu diria que adoro experimentar o máximo que posso da vida. As aventuras físicas em que me envolvi acrescentaram uma dimensão especial à minha vida, reforçando o prazer que tenho em meus negócios"[403].

Todos os três empreendedores apresentados neste capítulo — Dietrich Mateschitz, August Oetker e Richard Branson — têm uma coisa em comum: eles positivamente transbordam ideias. Embora nenhum deles tenha inventado nenhum produto novo, todos pegaram as ideias e invenções de outros e correram com eles. Ao desenvolver estratégias de marketing engenhosas, eles contribuíram significativamente para o sucesso dessas ideias e produtos.

Ainda hoje, existem alguns empresários que ainda acreditam que basta ter um produto forte e que "a qualidade vai prevalecer". Claro, sem um produto forte, a melhor estratégia de marketing do mundo não terá sucesso a longo prazo. Mas o contrário também é verdadeiro: sem uma forte estratégia de marketing, o melhor produto do mundo não vende. O fato de os consumidores serem bombardeados com produtos e serviços torna o marketing mais importante do que nunca.

Por outro lado, os consumidores são muito mais críticos hoje do que costumavam ser. Muito dinheiro gasto em publicidade tradicional é, de fato, desperdiçado. As pessoas não caem mais em afirmações simplistas. Mesmo que um comercial divertido consiga fazer o público rir, isso não significa que eles vão comprar o produto.

Especialistas de marketing bem conhecidos, como Al Ries, acreditam que a publicidade convencional tem pouco efeito hoje. Em vez disso, eles recomendam que as empresas invistam seus recursos

---

403. *Ibid.*, p. 238.

em relações públicas. "Você não pode lançar uma nova marca com publicidade tradicional porque ela sozinha não tem credibilidade", afirma Ries. "É apenas a voz egoísta de uma empresa ansiosa para fazer uma venda. Invista em relações públicas ou numa publicidade em que o público comente sobre a marca"[404].

Ries cita empresas como Starbucks, Google, Red Bull, Microsoft, Oracle e SAP — todas abordadas neste livro — para apoiar sua afirmação de que todos os "sucessos de marketing recentes foram sucessos de relações públicas, não sucessos de publicidade". Em seus primeiros dez anos, a Starbucks gastou menos de 10 milhões de dólares em publicidade nos Estados Unidos — um valor insignificante em comparação com os números de vendas da empresa[405].

A publicidade tradicional, argumenta ele, tornou-se uma forma de arte em vez de uma técnica de marketing eficaz. Os profissionais de publicidade estão muito mais interessados em ganhar prêmios por suas abordagens inovadoras e criativas do que em realmente promover o produto que estão anunciando. A vantagem essencial que a RP tem sobre a propaganda é sua credibilidade. Mesmo que não endosse sem reservas o produto em questão, um artigo editorial em um meio respeitado é cem vezes mais eficaz do que uma campanha publicitária cara e inteligente. Novamente, essa estratégia só funcionará se o produto for interessante e de alta qualidade. Porque, felizmente, você não pode comprar cobertura positiva da imprensa em jornais de qualidade. E, felizmente, produtos fracos gerarão má impressão a longo prazo. Uma marca na qual os consumidores confiam não é construída com base em propagandas descoladas, mas em credibilidade, transparência e comunicação.

No entanto, a imprensa clássica e as relações públicas também têm seus limites, porque os jovens assistem muito menos televisão e leem significativamente menos mídia impressa do que os mais velhos. É por isso que o marketing *on-line* e as relações públicas na mídia *on-line* estão se tornando cada vez mais importantes. Os instrumentos

---

404. RIES, Al; RIES, Laura. *The Fall of Advertising & the Rise of PR*. Frankfurt, 2003, p. 11.
405. *Ibid.*, p. 16.

de marketing estão mudando constantemente, mas sua importância na verdade cresceu.

Isso vale não apenas para empresas, mas também para indivíduos, não importa se você é um empresário, um profissional autônomo ou um empregado. Você tem que se transformar em uma marca e aprender a se vender. A princípio, existem três tipos de indivíduos: o primeiro tipo é formado por aqueles que realizam muito pouco, mas são muito bons em se apresentar e se vender. Claro, eles estão fadados ao fracasso a longo prazo. As pessoas do segundo tipo são muito boas no que fazem, mas muito menos bem-sucedidas quando se trata de fazer com que os outros percebam suas realizações. Apenas as do terceiro tipo são bem-sucedidas em ambos: realizam muito e conseguem vender suas conquistas para os outros.

Para fazer isso, você precisa se transformar em uma marca. Questionados sobre seus pontos fortes específicos, muitas pessoas cometem o erro de mencionar muitas áreas diferentes, parecendo vagas e vacilantes. Lembre-se de que um pau para toda obra provavelmente não será o mestre de ninguém! Em vez disso, você deve aprender a se posicionar, descobrir onde realmente estão seus pontos fortes e como comunicar aos outros seus aspectos únicos.

Se você é um empreendedor ou profissional autônomo, seus clientes ou consumidores são o público-alvo que você precisa atingir. Se você é um funcionário, seu gestor direto ou chefe pode muito bem ser o alvo mais importante para sua campanha de autopromoção. Existem indivíduos talentosos e comprometidos em todas as empresas, que contribuem para o seu sucesso de maneiras importantes, mas cujos esforços e conquistas são subestimados porque eles não são bons em se promover. A esse respeito, eles agem como uma empresa que falha em promover seus produtos na suposição errônea de que suas qualidades bastam e que os clientes irão percebê-las, mais cedo ou mais tarde. Em ambos os casos, tanto para empresas quanto para pessoas físicas, esse é um erro fatal para se cometer.

Para ter sucesso, você precisa ser percebido como *representando algo*, precisa criar um perfil para si mesmo e comunicar seus atributos exclusivos. No jargão de marketing, isso é conhecido como *posicionamento*,

238 | A arte da autopromoção

e é o núcleo de qualquer estratégia de marketing digna desse nome. Isso se aplica tanto às empresas quanto aos advogados, contadores fiscais, médicos e aos funcionários. A maioria das empresas, e especialmente a maioria dos profissionais autônomos e funcionários, subestima a importância desse tipo de posicionamento e de uma estratégia de relações públicas ativa e profissional.

Os homens e mulheres apresentados neste livro dominaram a arte da comunicação e da autopromoção com perfeição. Madonna e Arnold Schwarzenegger, Estée Lauder e Richard Branson, Jack Welch e Warren Buffett — todos eles alcançaram sucessos extraordinários, mas, igualmente importante, todos encontraram maneiras de se posicionar e de comunicar esses sucessos aos outros de maneira profissional.

Nenhum deles deve sua fama a campanhas publicitárias, mas sim à cobertura editorial da mídia. Richard Branson e Jack Welch publicaram livros, fizeram programas de televisão ou escreveram colunas regulares em jornais respeitados para se promoverem. Schwarzenegger se promoveu como uma marca desde o início, percebendo no começo de sua carreira de fisiculturista que sua própria atitude interior teve um impacto profundo nos juízes. Ele estava convencido de que, se você se vendesse como um vencedor, as pessoas o veriam como um vencedor[406].

Mesmo nos primeiros dias de sua campanha eleitoral para governador em 2003, Schwarzenegger disse aos repórteres que venceria, simplesmente porque sabia vender coisas. Afinal, ele já havia feito sucesso como fisiculturista e, mais tarde, como ator, vendendo-se para as pessoas nos Estados Unidos e em todo o mundo[407]. Enquanto outros que não têm seu talento para autopromoção podem fingir que se vender está abaixo deles, para homens como Schwarzenegger não há nada de indecente em autopromoção. Como Schwarzenegger enfatiza repetidamente em sua autobiografia: "O mesmo com o fisiculturismo, o mesmo com a política: não importa o que eu fizesse na vida, eu sabia que você tinha que vender"[408].

---

406. LOMMEL, Cookie. *Schwarzenegger*. A Man with a Plan. Munique/Zurique, 2004, p. 50.
407. *Ibid.*, p. 120-121.
408. SCHWARZENEGGER, Arnold (com Peter Petre). *Total Recall*. My Unbelievably True Life Story. Simon & Schuster, Nova York, 2012, p. 342.

Como vimos no capítulo 5, os grandes realizadores normalmente têm a coragem de ser diferentes. A mesma coragem é pré-requisito para uma autopromoção bem-sucedida, como bem sabe Schwarzenegger: a coragem de resistir à pressão de se adaptar às convenções, de fazer as coisas como sempre foram feitas. Ele sempre sentiu que a única maneira de deixar uma impressão duradoura é fazer algo de uma forma que nunca foi feita antes[409].

Ele foi constantemente aconselhado a mudar seu nome para algo que os americanos achassem mais fácil de pronunciar. O próprio Schwarzenegger considerava seu nome uma vantagem, justamente por ser único. Muito cedo, ele contratou especialistas em relações públicas para ajudá-lo a divulgar a marca Schwarzenegger na mídia. Seu biógrafo, Cookie Lommel, enfatiza o quanto o respeito do público era importante para ele. Para conquistá-lo, ele contratou uma das principais equipes de gestão de relações públicas dos Estados Unidos[410]. Mesmo como fisiculturista, diz Schwarzenegger, ele estava ciente do poder da imprensa. Ele logo percebeu que a mídia era a melhor maneira de aumentar sua imagem e comerciabilidade[411].

Poucas pessoas são tão conhecedoras da mídia e sintonizadas com a importância da autopromoção profissional quanto ele. "Para mim e para minha carreira, a imagem tem sido tudo", diz Schwarzenegger. "Mais importante que a realidade. A coisa mais poderosa é o que as pessoas percebem e acreditam sobre mim"[412]. O exemplo de Schwarzenegger mostra que as relações públicas são muito mais eficazes do que a publicidade convencional. Como pessoa, ele é uma das marcas mais famosas do mundo hoje, sem nunca ter gastado um único centavo em publicidade. Em vez disso, ele investiu 100% de seu orçamento de marketing em relações públicas.

---

409. LOMMEL, Cookie. *Schwarzenegger*. A Man with a Plan. Munique/Zurique, 2004, p. 126.

410. *Ibid.*, p. 13.

411. *Ibid.*, p. 108.

412. LEAMER, Laurence. *Fantastic*. The Life of Arnold Schwarzenegger. Nova York, 2005, p. 242.

240 | A arte da autopromoção

Warren Buffett também é mais do que apenas um investidor imparcial, uma imagem que ele projeta para o mundo exterior. Todos os anos, no primeiro fim de semana de maio, ele celebra a reunião anual de acionistas de sua empresa, Berkshire Hathaway, com muito mais pompa e circunstância do que a maioria das outras empresas do mundo. Dezenas de milhares de pessoas fazem a peregrinação a Omaha, Nebraska, para ver Buffett e seu amigo íntimo, parceiro e segundo em comando, Charlie Munger, se apresentarem ao vivo. Ele transformou a assembleia de acionistas em uma grande feira comercial para as várias empresas de propriedade total ou parcial da Berkshire. De joias a móveis, tapetes e televisões, ou mesmo doces, os visitantes podem comprar quase tudo o que desejarem. Jeff Matthews, autor de um livro de 300 páginas inteiramente dedicado à reunião anual, comenta: "O contraste com a maioria das reuniões anuais de acionistas não poderia ser maior. As reuniões anuais até mesmo das maiores empresas — e a Berkshire Hathaway está entre os 50 maiores empregadores privados do mundo — são pouco frequentadas pelos acionistas e, em sua maioria, ignoradas pela imprensa nacional, exceto durante uma crise empresarial. No entanto, a reunião anual da Berkshire atrai acionistas, repórteres e câmeras de notícias de, literalmente, todo o mundo"[413].

Buffett usa o relatório da empresa, escrito em um estilo que projeta sinceridade e senso de humor, como uma ferramenta de marketing para sua empresa e para si mesmo como pessoa, uma ferramenta que comunica o núcleo de sua imagem de marca: competência e confiança construídas com abertura, honestidade e autorreflexão crítica.

Buffett conseguiu se transformar em uma lenda viva. Se no início da carreira teve de persuadir outros a investirem no seu negócio, passados poucos anos "a rotina mudou", como comenta o seu biógrafo. "Em vez de pedir um favor, ele o concedia. As pessoas se sentiam em dívida com ele por aceitar seu dinheiro. Fazer as pessoas perguntarem

---

413. MATTHEWS, Jeff. *Warren Buffett*. Pilgrimage to Warren Buffett's Omaha. A Hedge Fund Manager's Dispatches from Inside the Berkshire Hathaway Annual Meeting. Nova York, 2009, p. 67.

o coloca psicologicamente no comando. Ele viria a usar essa técnica frequentemente, em muitos contextos, pelo resto de sua vida"[414].

Só quem sabe se posicionar, não tem medo de polêmicas, e entende a importância das relações públicas e da comunicação profissional na mídia tem a chance de ser notado no mercado atual. Esse mercado é basicamente uma luta constante pela *pole position* aos olhos do público.

O que você fez até agora para se posicionar? Tente desenvolver uma estratégia de marketing para si mesmo, enfatizando e promovendo seus talentos, qualidades e pontos de venda exclusivos. Quanto mais pronunciado for esse posicionamento, melhor. Encontre um nicho para você que não tenha sido ocupado antes. Concentre sua atenção exclusivamente em uma única questão, conforme descrevi no capítulo 4 deste livro.

A maioria das pessoas — e muitas empresas também — comete o erro de querer se destacar em muitas áreas diferentes ao mesmo tempo. Mas, para se promover de maneira eficaz, você precisa ser verdadeiramente — ainda mais importante, *excepcionalmente* — excelente na única coisa que fará você se destacar da multidão.

---

414. SCHROEDER, Alice. *The Snowball*. Warren Buffett and the Business of Life. Londres, 2008, p. 238.

Capítulo 13

Entusiasmo e autodisciplina

A modelo alemã Heidi Klum foi uma das supermodelos mais bem pagas do mundo, e hoje é uma empresária de sucesso na indústria da mídia. Sua receita para 2018 é estimada em 17 milhões de euros, mais do que os CEOs das maiores empresas automobilísticas da Alemanha, Daimler, VW e BMW. Seria a mulher de 40 anos mais bonita do que todas as suas colegas? Quando a própria Klum diz que ela "não é mais bonita do que muitas e muitas — e muitas — modelos por aí", e que ela é "mais baixa do que a maioria delas, e mais pesada"[415], ela não está procurando elogios, mas simplesmente sendo realista. Na indústria da moda, a boa aparência pode colocá-lo a um pé na porta — depois disso, o sucesso ou o fracasso depende de outros fatores.

A mídia tende a retratar as supermodelos sob uma certa luz. Por causa de uma ou duas supermodelos de sucesso que dizem ser difíceis, mal-intencionadas e pouco confiáveis, centenas de milhares de aspirantes ao sucesso acham que não precisam ser disciplinadas, confiáveis, pontuais, amáveis e cooperativas. Esta é uma suposição equivocada, que é provavelmente a razão pela qual tantas mulheres jovens e bonitas que parecem destinadas ao sucesso nunca chegam ao grande momento.

Provavelmente não há outro trabalho no mundo que exija tanta autodisciplina quanto a carreira de modelo. A agenda de uma supermodelo bem paga não é menos cheia de compromissos do que a de um alto executivo de sucesso internacional. A diferença é que ninguém

---

415. KLUM, Heidi (com Alexandra Postman). *Heidi Klum's Body of Knowledge*. 8 Rules of Model Behavior. Nova York, 2004, p. 7.

244 | Entusiasmo e autodisciplina

espera que o alto executivo se mantenha em forma e tenha uma ótima aparência o tempo todo, por mais estressante que seja sua vida.

Não é por acaso que, de todas as táticas que Klum considera essenciais para seu próprio sucesso e aconselha aspirantes a modelos a adotar, "ser pontual" está no topo da lista. Klum acrescenta: "Seja organizada", "Cuidado com seu humor" e "Faça sua lição de casa"[416].

Essas qualidades são naturais em meninas que entram na indústria aos 14 ou 15 anos? Claro que não. Mas se elas são ou não disciplinadas o suficiente para adotá-las é o fator decisivo que determina seu eventual sucesso ou fracasso.

O entusiasmo é um pré-requisito para a autodisciplina. Ninguém terá sucesso se tiver que continuar se forçando a fazer coisas que realmente não quer (embora às vezes seja necessário fazer isso, é claro). A autodisciplina virá mais facilmente quanto mais entusiasmado você se sentir sobre algo. "Felizmente", diz Klum, "eu tinha uma coisa a meu favor além de um rosto e corpo acima da média: "eu queria muito". O desejo, afirma ela, é "o motivador supremo. Faz você trabalhar como um louco e não desistir muito rápido ou muito facilmente"[417].

Tudo começou em 1992, quando a jovem alemã venceu 30.000 concorrentes em um concurso de modelos para ganhar um contrato de três anos no valor de mais de 300.000 dólares. Com dezenove anos, a mesma idade em que Arnold Schwarzenegger decidiu que teria que ir para os Estados Unidos para realizar suas ambições, Heidi Klum também se mudou para Nova York. Ela morava com outras duas garotas alemãs em um prédio infestado de baratas, sem água quente e com vazamentos no teto. "Todos os dias, durante três meses, fui a *castings*, às vezes até dez por dia. Eu era apenas uma das milhares de novas garotas tentando ser modelo em Nova York, e cada uma delas parecia fabulosa. Normalmente, eu esperava na fila e o cliente olhava meu álbum, me agradecia e me mandava embora. Era uma droga ser um peixe tão pequeno em um lago tão grande"[418].

---

416. *Ibid.*, p. 46-47.
417. *Ibid.*, p. 14.
418. *Ibid.*, p. 22-23.

Ouse ser diferente e enriqueça | Rainer Zitelmann | 245

Seu primeiro grande trabalho foi para a capa da *Mirabella*, uma popular revista de moda. Depois disso, ela conseguiu um emprego como modelo para a linha de cosméticos Bonne Bell e, em agosto de 1995, apareceu na capa da revista *Self*. A grande chance de Klum veio três anos depois, quando ela foi capa da edição de moda praia da *Sports Illustrated*, que atinge um público de 55 milhões de pessoas — o sonho de qualquer modelo. Ela sabia que sua vida mudaria completamente a partir de então. Logo depois, ela começou a modelar para a linha de lingerie Victoria's Secret e apareceu nas capas de revistas como *Vogue* e *Elle*.

Mas Klum percebeu que, para ter sucesso a longo prazo, ela teria que se posicionar e criar uma imagem para si mesma, caso contrário, ela logo cairia no esquecimento — apenas mais uma estrela cadente no horizonte da indústria da moda. "Percebi rapidamente que se você não se tornar uma personalidade, mais do que apenas um rosto, se você não se tornar alguém que o público conhece (ou quer conhecer), então rapidamente acabou para você neste negócio. Pode parecer grosseiro, mas você precisa se transformar em alguém para ter uma vida útil mais longa. Caso contrário, você é apenas o sabor do mês"[419].

Não muito diferente de Arnold Schwarzenegger, que foi para a América e fez sucesso várias décadas antes dela, Klum era extremamente ambiciosa e autodisciplinada, e, acima de tudo, ela estava disposta a aprender. Lemas como "Nunca desista!" e "Tente tudo uma vez!" são inegavelmente importantes, mas não são suficientes para chegar ao topo.

A chave para o sucesso, diz Klum, é "reconhecer o que você não sabe e procurar pessoas confiáveis que saibam"[420]. Essa admissão lembra algo que o magnata grego da navegação, Aristóteles Onassis, disse pouco antes de sua morte, quando lhe perguntaram o que faria diferente se pudesse começar tudo de novo. Ele disse que não mudaria nada, exceto por uma coisa: encontraria melhores conselheiros desde o início — os melhores.

---

419. *Ibid.*, p. 28.
420. *Ibid.*, p. 189.

246 | Entusiasmo e autodisciplina

Klum conquistou mais do que quase qualquer outra supermodelo, e hoje vale cerca de 160 milhões de dólares. Sua primeira série de televisão foi lançada nos Estados Unidos em 2004. Ela é uma das 11 produtoras do *Project Runway*, além de apresentar o programa e presidir o júri. Desde 2006, ela também apresentou o *Next Topmodel* da Alemanha, na televisão alemã. Ela atribui seu sucesso a uma combinação de "entusiasmo, desejo e autodisciplina".

Um entusiasmo duradouro é um dos pré-requisitos mais essenciais para alcançar metas ambiciosas. Muitas pessoas se entusiasmam com alguma coisa, mas seu entusiasmo não dura. O entusiasmo por um objetivo pode motivá-lo, mas, para alcançá-lo, você precisará de muita autodisciplina.

Não cometa o erro de subestimar a importância da disciplina, mesmo a extrema disciplina, no cumprimento de prazos. As pessoas que cumprem os prazos são vistas como confiáveis e dignas de confiança. Para quem você preferiria dar um emprego? Alguém que você sabe que provavelmente não entregará no prazo ou alguém que nunca o decepcionou antes?

Cumprir prazos é o mínimo absoluto. Para deixar seus clientes ou seu chefe entusiasmados com seu trabalho, você precisa entregar qualidade de primeira e antes do prazo combinado. Estabeleça uma regra para você: procure sempre entregar seus produtos ou serviços antes — mas nunca depois — do prazo combinado.

Contanto que isso dependa apenas de você, não deve ser problema algum. Os problemas começam quando você dirige uma empresa e alguns de seus funcionários são menos meticulosos no cumprimento de prazos. Claro, você deve sempre certificar-se de que as pessoas que você contrata são confiáveis, e a confiabilidade deve ser sempre um dos valores mais importantes na cultura da sua empresa. Porém, quanto mais sua empresa crescer, mais você terá que lidar com funcionários não confiáveis.

Um amigo meu me contou sobre um de seus funcionários que era intelectualmente superior à maioria dos outros. Ele também trabalhava duro e seu trabalho era de alto padrão. Sua única desvantagem era que ele simplesmente não conseguia cumprir os prazos. Segundo meu amigo, esse era literalmente o único ponto fraco do funcionário, mas foi tão grave que prejudicou sua carreira e, depois de dez anos trabalhando na empresa do meu amigo, levou à sua demissão.

Você não gostaria de colocar alguém no comando de um grande departamento, muito menos de uma empresa inteira, que não consegue organizar sua própria carga de trabalho. Pessoas notoriamente desorganizadas e incapazes de cumprir prazos nunca serão promovidas a uma posição de liderança.

Os trabalhadores criativos na publicidade não são exatamente considerados modelos de boas habilidades de controle de tempo. Pessoas criativas tendem a ser muito sensíveis e a serem governadas por suas emoções turbulentas e não por horários rígidos. É por isso que, na indústria da publicidade, um alto grau de autodisciplina combinado com a criatividade o levará ao topo. O fato de ele ser fanático por pontualidade foi uma das razões do lendário sucesso de David Ogilvy. Em seu livro de memórias *best-seller*, *Confessions of an Advertising Man*, Ogilvy escreve: "Hoje fico vermelho quando alguém da Ogilvy, Benson & Mather diz a um cliente que não poderemos entregar um anúncio ou um comercial de televisão no dia para o qual o prometemos. Nos melhores estabelecimentos as promessas são sempre cumpridas, custe o que custar em agonia ou horas extras"[421]. O código de conduta que ele prega a seus funcionários contém a seguinte advertência: "Admiro pessoas bem organizadas, que entregam seus trabalhos no prazo. O duque de Wellington nunca voltava para casa antes de terminar todo o trabalho em sua escrivaninha"[422].

Os artistas também não são considerados modelos de autodisciplina. Mas os mais bem-sucedidos deles, músicos e atores como Madonna, por exemplo, sempre foram excepcionais nesse aspecto. Susan Seidelman, que dirigiu Madonna em *Desperately Seeking Susan*, fala sobre seu extraordinário autocontrole. "A primeira chamada para os atores seria por volta das 6h30 da manhã. Madonna foi apanhada ainda mais cedo. Antes de aparecer no *set*, ela se levantava às 4 da manhã

---

421. OGILVY, David. *Confessions of an Advertising Man*. Londres, 1963, p. 36.
422. *Ibid.*, p. 42.

248 | Entusiasmo e autodisciplina

para nadar no clube de saúde YMCA. Ela tinha uma autodisciplina incrível"[423]. Beate Uhse, que fez fortuna como empresária na indústria de entretenimento adulto, descreve o segredo de seu sucesso da seguinte forma: "O sucesso certamente tem muito a ver com autocontrole. As pessoas que lidam comigo dizem que tenho uma autodisciplina enorme, e isso definitivamente contribuiu para o sucesso da empresa. Não há elevador para o sucesso, você tem que subir as escadas"[424].

O investidor de sucesso príncipe Alwaleed tem a reputação de ser fanático por cronometragem. Certa vez, quando planejava visitar seis cidades em quatro países em um único dia, ele até mandou um avião substituto menor seguir seu jato particular para garantir que ele não perdesse um compromisso importante devido a circunstâncias imprevistas. "Ele explicou que fez isso como *seguro*, caso seu Boeing enfrentasse algum problema, atrapalhando sua agenda apertada com todas aquelas reuniões de alta potência. Nesse caso, ele simplesmente poderia embarcar no jato menor com uma equipe central de pessoas. Por 30.000 dólares, era um seguro caro"[425].

Marcar um encontro com seu amigo, o ex-presidente Jimmy Carter, em Atlanta, foi uma pechincha em comparação. Preso no trânsito lento, Alwaleed prometeu a seu motorista 300 dólares — o salário de uma semana — para levá-lo ao Carter Center a tempo. O motorista virou a limusine em direção a uma saída da rodovia e, pelas ruas secundárias da cidade, o levou para a reunião com minutos de sobra[426].

Alwaleed tem uma equipe especial de viagens que se encarrega de organizar e coordenar sua agenda apertada, "certificando-se de que cada minuto seja contabilizado em cada dia, especialmente porque o príncipe é meticuloso com a pontualidade e não gosta de perder tempo"[427]. Se ele estiver satisfeito com o planejamento logístico de

---

423. O'BRIEN, Lucy. *Madonna*. Like an Icon. The Definitive Biography. Londres, 2007, p. 96.
424. UHSE, Beate. *"Ich will Freiheit für die Liebe."* Die Autobiographie. Munique, 2001, p. 288.
425. KHAN, Riz. *Alwaleed*. Businessman, Billionaire, Prince. Londres, 2006, p. 223.
426. *Ibid.*, p. 225.
427. *Ibid.*, p. 202.

uma viagem, pagará bônus generosos, às vezes, o equivalente a três ou seis meses de salário, ou mesmo um ano inteiro[428].

Warren Buffett também usou o dinheiro para se disciplinar. Quando sentia que precisava perder peso, ele preenchia cheques não assinados de 10.000 dólares para seus filhos e prometia assiná-los se não chegasse a um determinado peso em uma determinada data. Seus filhos o tentavam com guloseimas, mas Warren Buffett sempre resistia. "Ele preencheu esses cheques repetidas vezes, mas nunca precisou assinar nenhum", relata seu biógrafo[429].

A lenda do xadrez Garry Kasparov enfatiza a importância da disciplina rigorosa. Quando ele tinha dez anos, foi matriculado na academia de xadrez dirigida pelo tricampeão mundial Mikhail Botvinnik, que se tornou seu modelo, treinador e crítico mais severo. "Botvinnik traçou o regime ideal de torneios, estabelecendo um horário rígido para refeições, descanso e caminhadas rápidas, sistema que eu mesmo segui durante toda a minha carreira. Botvinnik não tinha paciência para pessoas que reclamavam que não tinham tempo suficiente. E esqueça de dizer ao grande professor que você estava cansado naquele dia!". Os períodos de sono e descanso foram programados tão meticulosamente quanto qualquer outro aspecto da rotina diária[430]. Kasparov estava acostumado com isso em sua própria casa, onde sua mãe impunha ordem e disciplina rígida. "Se a disciplina parece monótona, ou mesmo impossível no mundo acelerado de hoje", comenta ele, "devemos reservar um momento para considerar quais áreas de nossas vidas podemos programar com sucesso e visar à eficiência. Ter uma boa ética de trabalho não significa ser fanático, significa estar ciente e então agir"[431]. Acima de tudo, diz Kasparov, é vital rever o que você já conquistou para se aproximar de seu objetivo. Ele cita seu ídolo

---

428. *Ibid.*, p. 203.
429. SCHROEDER, Alice. *The Snowball*. Warren Buffett and the Business of Life. Londres, 2008, p. 286.
430. KASPAROV, Garry. *How Life Imitates Chess*. Londres, 2007, p. 81.
431. *Ibid.*, p. 83.

250 | Entusiasmo e autodisciplina

Botvinnik, que certa vez disse: "A diferença entre o homem e o animal é que o homem é capaz de estabelecer prioridades!"[432].

Em particular, a autodisciplina é fundamental para o desenvolvimento de novos hábitos construtivos ou para afastar-se dos antigos e destrutivos. O hábito é seu pior inimigo e seu melhor amigo. Você pode adquirir o hábito de não cumprir prazos, faltar a compromissos e ficar aquém de seus objetivos. Mas você também pode adquirir o hábito de fazer as coisas direito. Acostumar-se a um novo hábito, que o ajuda a atingir seus objetivos, não deve levar mais do que algumas semanas ou meses. Mas durante esse tempo, você precisará de autodisciplina.

Muitas pessoas parecem pensar que pontualidade e disciplina são virtudes antiquadas, que perderam sua importância no mundo moderno. Mas pontualidade é apenas *confiabilidade*, de uma forma diferente. É vital para nossos relacionamentos com os outros e, portanto, para nosso sucesso. Ninguém gosta de trabalhar com pessoas que prometem mais do que cumprem, que só falam e nada fazem. Pessoas não pontuais não são confiáveis.

Na verdade, eles não podem nem confiar em si mesmos. Como posso ganhar confiança para atingir grandes objetivos, se continuo falhando em atingir os menores? Para ganhar autoconfiança, você deve seguir um plano até o fim. Terminar o que você se propôs a fazer sempre o fará se sentir bem — não terminar o fará se sentir mal.

Pontualidade também é sinal de respeito. Lembro-me de uma discussão que tive com o presidente do conselho de uma empresa, que não levava muito a sério a pontualidade e que afirmava que pessoas pontuais dificultavam a vida delas mesmas e de todos os outros. Como éramos amigos, não levei isso para o lado pessoal, mas perguntei a ele: "Se você pudesse escolher, entre todas as pessoas do mundo, com quem jantar hoje à noite — quem seria?". Ele respondeu que seu parceiro de jantar preferido seria o então presidente alemão, Roman Herzog. Pessoalmente, eu poderia ter pensado em muitas pessoas mais interessantes com quem eu preferiria jantar, mas este não era o ponto. "Então, quão tarde você chegaria se estivesse se encontrando com

---

432. *Ibid.*, p. 21.

Roman Herzog? Dez minutos, vinte minutos, ou talvez até trinta? Ele disse: "Oh, não, eu me certificaria de chegar cedo". Foi uma resposta honesta, e rebati: "Bem, eu me considero tão importante quanto Roman Herzog, e, se estou conhecendo alguém, estendo a mesma cortesia e consideração que ofereceria a Roman Herzog".

Sem disciplina você não alcançará seus objetivos, pois sem disciplina os outros não confiarão em você e não o considerarão confiável. A disciplina é particularmente importante para aqueles com uma natureza rebelde, o que, como vimos no capítulo 6, é verdade para muitos empreendedores de sucesso. "Se não consegues seguir as tuas próprias ordens, tens de receber ordens dos outros", e porque nunca gostei de receber ordens, considero a autodisciplina um pré-requisito fundamental para o sucesso.

No entanto, a disciplina é apenas um meio para um fim; não pode substituir o entusiasmo, que é a verdadeira força motriz do sucesso. Se você tiver que se disciplinar para fazer algo de que não gosta, está fadado ao fracasso mais cedo ou mais tarde. É por isso que você precisa encontrar algo que o mantenha interessado e entusiasmado por um longo período.

Dê uma boa olhada em sua vida e pergunte a si mesmo se você realmente se sente empolgado com o que quer que esteja fazendo. O objetivo mais importante que alguém pode definir para si mesmo é encontrar a única coisa pela qual se sente mais entusiasmado, e depois transformá-la em seu trabalho diário. A maioria das pessoas há muito enterrou esse sonho de infância porque muitas vezes lhes disseram para serem "realistas".

Como encontrar aquela coisa pela qual você se sente mais entusiasmado? Eu recomendo que você realize os seguintes experimentos mentais:

1. O que você faria se tivesse apenas seis meses de vida e se tivesse dinheiro suficiente para não ter que se preocupar em "ganhar a vida"?

2. Se você herdasse 10 milhões de dólares amanhã, qual trabalho você faria voluntariamente, mesmo que não precisasse mais trabalhar para viver?

252 | Entusiasmo e autodisciplina

Existe alguma coisa que você goste tanto de fazer que o tempo voa quando você está fazendo? Você já pensou seriamente em tentar transformar seu hobby em uma busca para ganhar o pão? Isso é exatamente o que Arnold Schwarzenegger, Heidi Klum, Madonna, Coco Chanel, Steve Jobs, Bill Gates, Michael Dell e muitos outros apresentados neste livro fizeram: eles fizeram fortunas transformando seus *hobbies* em empregos.

Se você tem um trabalho com o qual se sente entusiasmado, em vez de apenas confortável ou satisfeito, a autodisciplina necessária será fácil. A próxima coisa que você terá que aprender é organizar sua vida e seu trabalho com eficiência. Se você seguir as regras apresentadas no próximo capítulo, que trata de *eficiência*, sua vida correrá automaticamente com muito mais eficiência do que antes.

Capítulo 14

Eficiência

C omo você pode aumentar significativamente sua renda, trabalhando para você ou para outra pessoa? Podemos praticamente excluir dois fatores que determinam sua renda — felizmente, eles não são fatores-chave. Se o seu objetivo é ganhar o dobro do que ganha agora, você não pode se tornar duas vezes mais inteligente do que é agora, nem trabalhar o dobro. Embora inegavelmente útil, a inteligência não é essencial para sua carreira. De qualquer forma, você terá que se contentar com a inteligência com a qual nasceu. Quanto a tentar dobrar sua carga de trabalho, existem limites naturais para o quanto você pode trabalhar em um dia. Se são dez horas agora, você pode adicionar mais três ou quatro horas — às vezes, você pode de fato ter que fazer isso. Mas aumentar sua carga de trabalho não é a maneira mais inteligente de aumentar sua renda. Em princípio, isso deixa apenas duas opções:

1. Aumente seu conhecimento.
2. Aumente a eficiência com que você trabalha.

Ambas as estratégias provavelmente levarão ao sucesso, mas o fator mais crucial e frequentemente subestimado que aumentará sua renda é a eficiência. A maioria das pessoas acredita que trabalha com bastante eficiência, mas na realidade apenas poucas pessoas o fazem. Se você perceber que não tem trabalhado com muita eficiência, isso é uma boa notícia, e não má. Isso mostra que você tem enormes recursos inexplorados à sua disposição.

Eficiência significa alcançar os melhores resultados com o menor gasto possível de tempo e energia. Todos nós passamos a maior parte do tempo fazendo coisas que contribuem de maneiras muito diferentes para o resultado geral. Você já deve ter ouvido falar do princípio 80/20, que o economista italiano Vilfredo Pareto formulou, há cem anos. Em confirmação da Teoria de Pareto, estudos subsequentes em diferentes campos mostraram que "o mundo se divide rotineiramente em algumas influências muito poderosas e na massa de influências totalmente sem importância [...]. Descobrimos que os principais 20% das pessoas, forças naturais, insumos econômicos ou quaisquer outras causas que possamos medir normalmente levam a cerca de 80% dos resultados, produtos ou efeitos"[433].

Depois de determinar quais 20% de suas atividades levam a 80% de seus resultados, você precisa se concentrar nesses 20%. Ser bem-sucedido não é trabalhar duro, parecer ocupado e se gabar. Ser bem-sucedido é trabalhar nas coisas certas, ou seja, nas coisas que lhe darão resultados. Nenhum cliente vai pagar por você passar longas horas procrastinando em seu escritório. Seus clientes vão pagar pelos resultados que você entrega. Para trabalhar com eficiência, primeiro você precisa ter uma ideia clara dos resultados mais importantes que pretende alcançar. De vez em quando, vale a pena reservar um tempo para se sentar e pensar sobre quais 20% de suas atividades levam a 80% de seus resultados. Muitas pessoas acham difícil distinguir entre o que é importante e o que não é. Elas desperdiçam seu tempo e energia em atividades secundárias — em questões que também precisam ser abordadas, mas que têm apenas um impacto menor em seus resultados. Algumas pessoas agem como muito ocupadas porque acham que seus chefes ou colegas ficarão impressionados com seu comprometimento. Outros perdem muito tempo com trivialidades para evitar ter que lidar com tarefas maiores, mais importantes e mais complicadas.

Compare sua própria atitude em relação ao seu trabalho com a de um dos investidores mais bem-sucedidos do mundo, George Soros, que certa vez disse a seu amigo Byron Wien: "O problema com você, Byron, é que você vai trabalhar todos os dias e pensa que porque você vai trabalhar todos os dias, você deveria fazer alguma coisa. Eu não vou trabalhar todos os dias. Só vou trabalhar nos dias em que faz

---

433. KOCH, Richard. *Living the 80/20 Way*. Work Less, Worry Less, Succeed More, Enjoy More. Londres, 2004, p. 11.

sentido ir trabalhar". Mas ele acrescentou: "E eu realmente faço algo naquele dia"[434].

Registre tudo o que você faz ao longo de um dia de trabalho e depois concentre-se nas coisas realmente importantes: naqueles 20% das coisas que levam a 80% dos seus resultados. E os 80% restantes? Em alguns casos, você perceberá que não faz muita diferença se essas coisas são feitas. Outros trabalhos precisam ser feitos, mas não necessariamente por você.

Concentre-se em seus pontos fortes e comece a delegar todo o resto para sua equipe. Sempre pergunte a si mesmo se um determinado trabalho só pode ser feito por você ou se outra pessoa pode ser tão capaz (ou quase tão capaz) de fazê-lo. Se alguém que ganha 75.000 dólares faz trabalhos que poderiam ser executados por sua secretária, que ganha apenas metade disso, então está desperdiçando recursos valiosos. Você já se perguntou com que frequência você assume trabalhos que sua equipe poderia realizar? Se você ganha 75.000 ou 150.000 dólares por ano e ainda reserva seus próprios voos, marca seus próprios compromissos, faz suas próprias fotocópias ou faz suas próprias compras no mercado, você está fazendo algo errado. Você poderia gastar esse tempo fazendo outras coisas, o que não apenas lhe daria maior satisfação, mas também contribuiria muito mais para seus resultados.

Delegar trabalho é a chave para a eficiência. Por que as pessoas acham isso tão difícil? Muitas pessoas dizem: "Explicar o que precisa ser feito para outra pessoa leva muito tempo, é mais rápido fazer eu mesmo". Isso pode ser verdade em muitos casos, mas é um pensamento míope. Inicialmente, você terá que dedicar um tempo para mostrar a outra pessoa o que precisa ser feito, é claro. Mas, em longo prazo, você economizará tempo, que poderá investir em seu próprio desenvolvimento profissional. E, embora possa ser frustrante ter que explicar as coisas para outras pessoas que não as entendem imediatamente, imagine como será muito mais frustrante ter que fazê-las você mesmo pelo resto de sua vida!

---

434. SLATER, Robert. *Soros*. The World's Most Influential Investor. Nova York, 2009, p. 65.

Os perfeccionistas, em particular, relutam em delegar trabalho. Muitos profissionais autônomos, advogados ou contadores, por exemplo, insistem em realizar até mesmo as menores tarefas. Embora haja um lado positivo no perfeccionismo, como vimos no capítulo 10 sobre "A insatisfação como motor", ele também pode causar muitos danos. Se você gasta 50% do seu tempo tentando alcançar os últimos 5% da perfeição, está perdendo tempo e energia. Você tem que aprender a aceitar que certas coisas não serão feitas com 100% de perfeição, mas apenas com 95%. Estar satisfeito com 95% pode muito bem ser mais eficiente do que insistir em 100%.

Lembre-se também de que as tarefas mais complexas podem ser divididas em várias tarefas simples, menores. Em muitos casos, seu conhecimento ou sua criatividade são necessários apenas para 10% de uma tarefa, que você mesmo assume. Os 90% restantes consistem em tarefas comparativamente simples, que você pode delegar, depois de dividir a tarefa complexa em diferentes etapas. Lembre-se sempre: você não pode estar em dois lugares ao mesmo tempo. O tempo que você gasta fazendo uma coisa é tempo que você não pode gastar fazendo outra. É por isso que delegar trabalho é uma habilidade tão essencial.

No entanto, é uma habilidade que você precisa adquirir. Delegar não significa passar o trabalho para um funcionário sem explicar o que precisa ser feito e quando. Certamente não significa dar um emprego a outra pessoa sem garantir que o resultado seja aprovado. "Delegar sem supervisão é *laissez-faire*", como diz o rei alemão da mala direta, Werner Otto[435]. Sem supervisão, você não obterá o resultado esperado, o que, por sua vez, confirmará sua crença de que você precisa fazer tudo sozinho se quiser que seja feito corretamente. Você deve evitar os dois extremos: não tente fazer tudo sozinho. E não passe tarefas para outras pessoas sem treinamento e supervisão adequados.

Werner Otto ficava bravo sempre que via alguém em posição de liderança perdendo tempo com coisas supérfluas. Ele esperava que eles tivessem uma visão mais ampla. "Todas as outras tarefas deveriam ser delegadas a funcionários subordinados, porque, para Otto, saber

---

435. SCHMOOCK, Matthias. *Werner Otto*. Der Jahrhundert-Mann. Frankfurt, 2009, p. 143.

delegar era provavelmente uma habilidade fundamental de liderança [...]. Ele sabia que a preocupação com tarefas menores dificulta a criatividade, que é o motor essencial para qualquer empresa"[436].

John D. Rockefeller acreditava no mesmo princípio, estabelecendo as seguintes regras para um novo recruta em sua equipe: "Ninguém faz nada se conseguir outra pessoa que o faça [...]. Assim que puder, contrate alguém em quem possa confiar, treine-o no trabalho, sente-se, erga os calcanhares e pense em alguma maneira de a Standard Oil ganhar algum dinheiro"[437].

Pessoas com falta de autoconfiança tendem a considerar os outros como concorrentes e, em casos extremos, farão com que nenhum de seus funcionários adquira habilidades e se tornem indispensáveis, recusando-se a permitir que outros se beneficiem de sua experiência. David Ogilvy enfatiza que boa liderança significa exatamente o oposto: "Se você contratar pessoas maiores do que você, a Ogilvy & Mather se tornará uma empresa de gigantes; se você contratar pessoas que são menos do que você, nos tornaremos uma companhia de anões"[438]. Ele insistia em contratar apenas os melhores, mesmo que fossem melhores do que ele. "Pague a eles mais do que paga a si mesmo, se necessário"[439].

Mesmo aqueles que dão a impressão de querer sempre ser o centro das atenções, muitas vezes sabem que não devem assumir tudo sozinhos. O fundador da *CNN*, Ted Turner, é um excelente exemplo. Seu biógrafo afirma: "O talento de Ted para escolher a pessoa certa para o trabalho sempre foi muito subestimado [...]. Ele sabia instintivamente, desde o início, que não poderia fazer tudo sozinho, embora muitas vezes tenha dado a impressão de que gostaria"[440].

Warren Buffett domina a arte de delegar com perfeição. Após o desastre do Salomon Brothers, ele nomeou Deryck Maughan o novo CEO da empresa. Maughan perguntou a ele: "Você tem alguma opinião

---

436. *Ibid.*
437. CHERNOW, Ron. *Titan*. The Life of John D. Rockefeller, Sr. Nova York, 1998, p. 178.
438. OGILVY, David. *An Autobiography*. Nova York, 1997, p. 130.
439. ROMAN, Kenneth. *The King of Madison Avenue*. David Ogilvy and the Making of Modern Advertising. Nova York, 2009, p. 106.
440. BIBB, Porter. *Ted Turner*. It Ain't As Easy As It Looks. Boulder, 1993, p. 74.

sobre quem deve formar a administração? Existe alguma direção que você queira me dar como estratégia?". Buffett deu-lhe pouca atenção. "Se você tem que me fazer perguntas como essa, escolhi o cara errado", ele respondeu secamente, e foi embora[441].

Mary Buffett diz sobre seu ex-sogro: "Se existe uma única habilidade de gerenciamento que é exclusiva de Warren, é sua disposição de delegar autoridade muito além dos limites com os quais a maioria dos CEOs se sentiria confortável [...]. Warren possui mais de oitenta e oito empresas diversas, e ele entregou a gestão dessas empresas para oitenta e oito CEOs altamente competentes"[442]. Quando Buffett comprou a Forest River, ele disse ao CEO da empresa, Peter Liegl, que não queria ter notícias dele mais de uma vez por ano. Ele pede explicitamente aos CEOs de suas empresas Berkshire que nunca escrevam nada destinado apenas a ele. Quando um de seus CEOs perguntou a ele sobre a compra de novos aviões da empresa, Buffett disse: "Essa decisão é sua. É a sua empresa para administrar"[443].

Então, por que Buffett está muito mais disposto a delegar do que a maioria dos proprietários de empresas? Em primeiro lugar, ele percebe que não possui o conhecimento especializado necessário para tomar uma decisão, embora possa muito bem ter uma visão diferente, já que Buffett é extremamente conhecedor de muitos assuntos específicos do setor. Reconhecer os limites de seu conhecimento é uma de suas grandes qualidades. Seu próprio trabalho, segundo ele, é motivar seus executivos, em vez de tomar decisões por eles.

Buffett também acredita que seus executivos não gostariam de tê-lo respirando fundo e questionando seu julgamento. De fato, estudos têm mostrado que a liberdade dos funcionários para tomar decisões e gerenciar sua própria carga de trabalho de forma independente é um dos fatores mais essenciais que contribuem para a satisfação

---

441. SCHROEDER, Alice. *The Snowball*. Warren Buffett and the Business of Life. Londres, 2008, p. 596.

442. BUFFETT, Mary; CLARK, David. *The Tao of Warren Buffett*: Warren Buffett's Words of Wisdom: Quotations and Interpretations to Help Guide You to Billionaire Wealth and Enlightened Business Management. New York, 2006, p. 19-21.

443. *Ibid.*, p. 22.

no trabalho. Funcionários que sentem que seu trabalho está sendo constantemente monitorado percebem que seus chefes realmente não confiam neles. Claro, esta é uma curva de aprendizado: se sua tendência natural é *microgerenciar* sua equipe, você achará difícil abrir mão da responsabilidade de repente, permitindo que seus funcionários tomem decisões que você está acostumado a tomar. Mas é exatamente isso a que você deve se forçar a almejar.

Aprender a delegar tarefas menores para se concentrar em suas responsabilidades principais é de vital importância. Depois de identificar os fatores que contribuem de forma mais significativa para o resultado geral, concentre sua atenção nesses mesmos fatores e não se deixe distrair por nada mais. Quando você está no meio de um trabalho importante, ter que conversar com outras pessoas — colegas que vêm ao seu escritório ou contatos que ligam para você — torna-se uma grande distração que custa tempo e energia. É sua responsabilidade garantir que você se concentre no trabalho em questão, sem se distrair. Não culpe pelas distrações aqueles que lhe distraem: é você que é o culpado por elas.

Os clientes que visitavam minha antiga empresa frequentemente perguntavam sobre as placas em todas as portas, que, como semáforos, mostravam uma figura vermelha ou verde. Eu introduzi esses sinais há muitos anos, para fornecer aos funcionários uma maneira de sinalizar aos colegas se eles estão felizes em serem interrompidos ou não. Desde então, soube que David Ogilvy costumava ter "um conjunto de luzes vermelhas e verdes do lado de fora da porta de seu escritório" para indicar se estava disposto a receber visitas[444].

Você tem que planejar seu trabalho e projetar seu ambiente de trabalho de forma que lhe permita terminar tudo o que começa. Iniciar projetos e não conseguir finalizá-los rapidamente diminuirá seriamente sua eficiência. Há exceções, é claro. Por exemplo, às vezes você pode perceber que nunca deveria ter iniciado um determinado projeto, em primeiro lugar. Em casos como esse, é sempre melhor

---

444. ROMAN, Kenneth. *The King of Madison Avenue*. David Ogilvy and the Making of Modern Advertising. Nova York, 2009, p. 84.

reconhecer seu erro e terminar o trabalho o mais rápido possível, em vez de desperdiçar ainda mais energia que poderia ser gasta com mais eficiência em outras coisas.

Começar um projeto e não terminá-lo rapidamente também estraga a satisfação de um trabalho bem feito. No final do mês, um carpinteiro que fez várias mesas e guarda-roupas ficará mais feliz do que seu colega cuja oficina está cheia de peças inacabadas. Terminar com sucesso um projeto que você iniciou sempre fará você se sentir bem consigo mesmo. Começar muitos projetos ao mesmo tempo e não terminar nenhum deles sempre fará com que você se sinta mal consigo mesmo, sem falar no desperdício de tempo e recursos.

A procrastinação é uma reclamação comum e mais prejudicial do que você imagina. Se você continuar adiando algo que precisa ser feito, criará vários problemas sérios para si mesmo. Em primeiro lugar, seu subconsciente continuará a importuná-lo sobre o trabalho que você deixou de fazer, e você terá que gastar muita energia reprimindo esses lembretes. Em segundo lugar, mais cedo ou mais tarde você terá que explicar ao seu chefe, aos seus colegas ou aos seus clientes por que o trabalho em questão ainda não foi feito. Em terceiro lugar, o trabalho em si se tornará muito mais difícil quanto mais tempo você o deixar inacabado. Por exemplo, é muito mais fácil redigir a ata logo após uma reunião, em vez de uma semana depois. Finalmente, você se sentirá cada vez mais desconfortável quanto mais adiar algo.

Você nunca consegue encontrar tempo para cuidar das coisas imediatamente? Tente chegar ao escritório algumas horas mais cedo de vez em quando. Você ficará surpreso com o quanto pode fazer sem nenhum colega para incomodá-lo e sem a distração de telefonemas ou e-mails. E você também poderá surpreender seu chefe ou seus clientes finalizando um projeto imediatamente, antes do prazo combinado, se possível. Adquiri o hábito de entregar tudo antes do prometido.

Claro, isso só funcionará se você planejar de forma realista. Qualquer planejamento baseado na suposição de que tudo funcionará de acordo com o planejado é irreal. *Espere o inesperado* — se não, sabe o que dizem sobre os melhores planos… Algumas pessoas mantêm *planners* ou agendas nos quais anotam todas as suas reuniões e compromissos como uma coisa natural, enquanto se esquecem de anotar os compromissos que têm de cumprir consigo mesmos. Se eu sei que tenho que terminar um rascunho antes de uma determinada data, sempre anoto na minha agenda, da mesma forma que me lembro de cumprir compromissos com clientes ou funcionários.

O tempo é nosso recurso mais valioso e deve ser usado com sabedoria, como Warren Buffett sabe. "Ele fazia apenas o que fazia sentido e o que queria fazer. Ele nunca deixou as pessoas desperdiçarem seu tempo. Se ele acrescentava algo à sua agenda, descartava outra coisa", relata sua biógrafa Alice Schroeder, acrescentando que ele manteria os telefonemas "calorosos e curtos. Quando ele estava pronto para parar de falar, a conversa simplesmente morria"[445].

Eficiência também é uma questão de fazer as coisas na ordem certa. Muitas vezes, uma etapa de um processo precisa ser concluída antes que você possa iniciar a próxima. A menos que você planeje com antecedência, todo o processo pode se tornar um gargalo por dias, ou até semanas, porque você não conseguiu antecipar a próxima etapa concluindo todas as outras etapas que devem ser concluídas primeiro.

Muita perda de tempo e ineficiência se devem ao fato de as pessoas *esquecerem* de fazer algo. Se um membro da minha equipe me disser que *esqueceu* de fazer algo, isso simplesmente não funciona. Claro, não espero que ninguém se lembre de tudo; ninguém pode, não importa quão fantástica seja sua memória. O que eu espero que eles façam é escrever as coisas. Isso pode parecer simples, mas obviamente não é para muitas pessoas, que preferem confiar mais em sua memória a confiar em uma lista de *coisas a fazer*. Outros podem anotar as coisas, mas não imediatamente. Depois de um telefonema para um cliente, anote o que precisa ser feito; e faça imediatamente ou provavelmente não fará nada. Todos nós já passamos por esta situação: depois de um telefonema, você faz uma anotação mental para escrever algo *o mais rápido possível*. Antes de você chegar lá, o telefone toca novamente ou alguém entra em seu escritório com outro problema. Como você

---

445. SCHROEDER, Alice. *The Snowball*. Warren Buffett and the Business of Life. Londres, 2008, p. 730.

não anotou o que quer que o primeiro cliente lhe pedisse para fazer, você não se lembrará até dias depois. Não sou fã dos pequenos *post-its* amarelos colados nas telas das pessoas ou embaixo de todos os outros papéis em suas mesas. É muito melhor manter uma lista adequada de *coisas a fazer* e riscar cada item assim que você o concluir. Você pode ter uma sensação real de conquista riscando um item após o outro!

A experiência não é necessariamente tão valiosa quanto algumas pessoas afirmam. Elas podem ter adquirido muita experiência ao longo dos anos, mas se aprenderam ou não alguma coisa com sua experiência é outra questão. Algumas pessoas parecem incapazes de tirar as conclusões corretas de suas experiências, o que significa que elas cometem o mesmo erro — ou erros semelhantes — repetidas vezes, o que pode causar muitos problemas. O ponto importante a lembrar é que você precisa ser capaz de abstrações e generalizações para evitar a repetição de erros semelhantes.

Uma criança que toca a boca do fogão quente pode concluir que é um erro tocar na boca do fogão quente, e não fazê-lo novamente. No dia seguinte, a criança toca um ferro quente, e aprende a não tocar nunca mais em ferros quentes. Duas semanas depois, a criança toca uma torradeira quente e aprende outra lição. Uma criança mais inteligente generalizará após o primeiro incidente e saberá que não deve tocar em nada quente a partir de então.

Em outras palavras: depois de cometer um erro, não pense apenas em como evitar cometer o mesmo erro novamente. Pense em quais lições gerais você pode aprender com esse erro, a fim de evitar cometer erros semelhantes no futuro. Eficiência significa ser capaz de abstrair de um erro individual para ver o cenário completo e não perder mais tempo e energia cometendo erros semelhantes. Não se pergunte apenas: "O que posso fazer para garantir que o mesmo erro não aconteça novamente?". Em vez disso, você precisa se perguntar: "O que posso fazer para garantir que erros semelhantes também não aconteçam novamente?".

George Soros acha que seu sucesso se deve em grande parte ao fato de ser melhor do que os outros em aprender com os erros. Soros admite livremente que não é mais infalível do que qualquer outra pessoa. "Mas onde eu acho que me sobressaio é em reconhecer meus erros [...]. E esse é o segredo do meu sucesso"[446].

E não se esqueça de que seus sucessos têm tanto a ensinar quanto seus erros. Qualquer técnico de um time de futebol que se preze aprende tanto com a vitória quanto com a derrota. Muitas pessoas ficam felizes por terem conseguido, sem tentar isolar as razões de seu sucesso. Mas, a menos que você faça exatamente isso, não será capaz de repeti-lo.

O tempo gasto analisando seus sucessos, seus erros, suas ineficiências e quaisquer outros fatores que o impeçam de atingir seus objetivos ainda mais rápido, é um tempo bem gasto.

A chave para aumentar a eficiência é saber quais de suas atividades são cruciais para seus resultados. Concentre-se nessas atividades e tente delegar tarefas rotineiras que exijam menos conhecimento e criatividade. Acima de tudo, você precisa aprender a dividir seus projetos e processos em tarefas que exigem conhecimento, experiência ou criatividade, e outras que não. Este último grupo pode ser delegado a membros menos experientes e menos competentes de sua equipe. Sempre pergunte a si mesmo: "Eu sou realmente a única pessoa que pode fazer isso, ou outra pessoa seria capaz de fazê-lo tão bem ou quase tão bem?".

Você nunca alcançará metas mais altas a menos que aprenda a delegar e a parar de pensar "é melhor eu mesmo fazer isso". Adquira o hábito de se perguntar todos os dias quais das suas atividades realmente contribuem para o seu progresso em direção ao objetivo escolhido, e então comece com elas primeiro. Claro, você só será capaz de fazer isso se o seu dia não estiver entupido com um trabalho *urgente* após o outro, a maioria dos quais nunca se tornaria urgente se você os tivesse feito imediatamente, em vez de perder seu tempo procrastinando.

---

446. SLATER, Robert. *Soros*. The World's Most Influential Investor. Nova York, 2009, p. 68.

Capítulo 15

Velocidade é essencial

Depois de melhorar sua eficiência, sua velocidade também melhorará consideravelmente, um pré-requisito crucial para atingir metas mais ambiciosas. Os computadores, a internet e as telecomunicações modernas como um todo contribuíram para uma aceleração dos processos de trabalho. A velocidade é mais importante hoje do que nunca. As grandes empresas não necessariamente vencem os concorrentes menores: na verdade, os últimos costumam ter uma vantagem competitiva porque, no mundo atual dos negócios, ser mais rápido do que todo mundo é *tudo*.

Quanto mais uma empresa cresce, mais lenta ela tende a se tornar. Cada vez mais inflexíveis, estorvadas pela burocracia e procedimentos administrativos, as grandes empresas podem até se assemelhar a órgãos governamentais ou empresas estatais. Em vez de focar exclusivamente nas necessidades de seus clientes ou consumidores, elas desenvolvem pesados aparatos burocráticos dedicados a tarefas administrativas. Muitos funcionários de nível gerencial e executivo gastam tanto tempo com a *política da empresa* — em outras palavras, garantindo suas próprias posições e tentando enganar os rivais — quanto desenvolvendo novas linhas de produtos ou cuidando de seus clientes.

Assim como os porta-aviões, as grandes empresas têm dificuldade em mudar de rumo. Lendo a fascinante história de vida de Jack Welch, você descobrirá que ele passou seus 20 anos no comando da General Electric, uma corporação global com mais de 301.000 funcionários, lutando contra a burocracia inchada dentro da empresa.

Quando ele assumiu o cargo de CEO em 1980, lembra Welch, a GE era "uma burocracia formal e maciça, com muitos níveis de gerenciamento". Foram necessários mais de 25.000 gerentes para administrar a empresa "em uma hierarquia com até uma dúzia de níveis entre o chão de fábrica e meu escritório. Mais de 130 executivos ocupavam o cargo de vice-presidente ou superior, com todos os tipos de cargos e equipes de apoio por trás de cada um"[447]. Uma caldeira simples em uma de suas fábricas era supervisionada por quatro níveis organizacionais diferentes, e "quase todas as solicitações de significativos gastos de capital" chegavam à mesa de Welch. "Em alguns casos, outras 16 pessoas já haviam assinado, e minha assinatura era a última exigida. Que valor eu estava agregando?"[448]. A sede da empresa era governada por burocratas "agradáveis na superfície, com desconfiança e selvageria agitando-se por baixo. A frase parece resumir como os burocratas tipicamente se comportam, sorrindo na sua frente, mas sempre procurando uma pegadinha nas suas costas"[449].

Welch, que alguns consideram o "melhor gerente do mundo", teve sucesso porque iniciou uma "revolução". Nos primeiros dias, ele diz, "eu estava jogando granadas de mão, tentando explodir tradições e rituais que eu sentia que nos impediam"[450]. Welch desenvolveu um sistema de divisão dos gerentes em três categorias: A, B e C. A cada ano, ele se livrava de 10% dos gerentes de pior desempenho na categoria C. Depois de um ou dois anos, os principais executivos começaram a sabotar seu sistema, classificando os funcionários que já haviam saído da empresa como pertencentes à categoria C. No entanto, Welch manteve suas convicções, porque estava convencido de que essa era a única maneira de a GE recuperar a flexibilidade.

Seu foco principal era cortar estruturas burocráticas e ganhar velocidade. Embora fosse conhecido por suas decisões rápidas, em sua autobiografia ele reflete: "No entanto, 40 anos depois, quando me aposentei, um dos meus grandes arrependimentos foi não ter agido rápido o suficiente em muitas ocasiões". Ele não se lembrava de muitas ocasiões em que havia pensado: "Gostaria de ter levado mais seis meses para estudar alguma coisa antes de tomar uma decisão". Raramente, ou nunca, ele se arrependeu de ter agido; o que ele lamentou foi

---

447. WELCH, Jack; BYRNE, John A. *Jack*. Straight from the Gut. Londres, 2001, p. 92.
448. *Ibid.*, p. 97.
449. *Ibid.*, p. 96.
450. *Ibid.*, p. 97.

não ter agido mais rápido em certas situações[451]. De certa forma, as empresas menores têm mais facilidade. Se forem boas, podem mudar de rumo de um momento para o outro, como lanchas, permitindo que se adaptem às mudanças do mercado. Qualquer erro que cometem torna-se imediatamente perceptível, e então ou elas percebem que se desviaram do curso e corrigem o erro, ou afundam sem deixar vestígios. As empresas maiores têm mais margem de manobra e podem sobreviver a erros, até mesmo erros enormes, porque os clientes confiam em marcas estabelecidas, acreditando que não podem estar muito errados se seu grande nome ainda está de pé. É por isso que as grandes empresas geralmente conseguem se manter à tona por um longo tempo, antes de finalmente falir.

Permanecendo na metáfora, se um porta-aviões sofrer danos extensos em seu casco, ele não afundará imediatamente, enquanto uma lancha, sim. É por isso que as pequenas empresas não podem se dar ao luxo de cometer erros menores, ao passo que é preciso muito para derrubar um gigante corporativo.

A história de vida de Larry Ellison é um excelente estudo de caso sobre a importância da velocidade no mundo dos negócios de hoje. Nos primeiros 31 anos de sua vida, Ellison foi apenas um cara comum que nunca havia conquistado nada digno de nota. E, no entanto, ele é agora uma das dez pessoas mais ricas do mundo: em 2018, ele tinha uma fortuna pessoal de 60 bilhões de dólares. Mas vamos começar do começo e descobrir como uma pequena empresa nova foi capaz de derrotar uma gigante como a IBM, com uma história empresarial ilustre que remonta a 1924.

Ellison nasceu em 1944, em Manhattan. Sua mãe tinha apenas 19 anos, seu pai havia falecido há muito tempo. Ela deu Larry para adoção. Ele não se saiu muito bem na escola, recusando-se a aprender qualquer coisa que não pudesse entender. Na faculdade, ele se sustentava trabalhando como programador. Ele estudava durante o dia e passava as noites trabalhando em computadores IBM para várias empresas.

---

451. *Ibid.*, p. 398.

268 | Velocidade é essencial

Ellison morava em um apartamento de um quarto com sua esposa. Eles possuíam pouco mais do que a cama em que dormiam. Nas sessões de aconselhamento que começaram a frequentar, na tentativa de salvar seu casamento fracassado, a esposa de Ellison o acusou de ser um perdedor que nunca chegaria a lugar nenhum. Ele disse a ela: "Se você ficar comigo, ficarei milionário e você poderá ter o que quiser"[452]. Naquele momento, disse sua esposa, ele fez "um compromisso consigo mesmo de que não seria um fracasso. Esse foi o ponto de virada da sua vida"[453]. Após sete anos de casamento, ela o deixou, de qualquer maneira. Não parecia haver nenhuma indicação de que Ellison algum dia mudaria sua vida.

Em 1974, ele começou a trabalhar para uma empresa de informática chamada Ampex, onde conheceu Bob Miner e Ed Oates, que mais tarde se tornariam cofundadores da Oracle. Ele saiu depois de um tempo para assumir outro emprego na Precision Instrument Company, uma empresa especializada em *hardware*. Eles não sabiam muito sobre desenvolvimento de *software*, então foram forçados a terceirizar todo o trabalho de programação. Foi quando Larry Ellison teve uma ideia que mudaria sua vida. Ele ligou para seus ex-colegas de trabalho Miner e Oates e sugeriu fundar uma nova empresa para solicitar o contrato. Ele próprio permaneceria na Precision Instrument Company como um contato por enquanto, enquanto Miner e Oates desenvolveriam o *software* com outro funcionário.

O que motivou Ellison a dar esse passo foi o fato de ter percebido que ele não foi feito para subir na escada corporativa. Uma carreira em uma empresa estabelecida envolveria se curvar a pessoas em cargos mais altos, algo que ele odiava mesmo quando era estudante. "Se as pessoas me pedissem para fazer coisas que não faziam sentido, eu simplesmente não poderia abrir minha própria escola, mas poderia abrir minha própria empresa"[454].

---

452. WILSON, Mike. *The Difference Between God and Larry Ellison*. Inside Oracle Corporation. Nova York, 2002, p. 38.
453. *Ibid.*
454. *Ibid.*, p. 58.

Em 1º de agosto de 1977, Ellison e seus dois ex-colegas de trabalho fundaram a empresa que mais tarde se tornaria a Oracle, que empregava cerca de 138.000 pessoas em mais de 175 países em 2017. Ele manteve 60% da propriedade da empresa — afinal, tinha sido ideia dele — e ofereceu 20% para cada um do outros. De muitas maneiras, a estrutura da empresa não era diferente da Microsoft e da Apple em seus primeiros anos. Todas as três empresas foram fundadas por um visionário com formação técnica, juntamente com um talentoso programador. Eles eram Bill Gates, Steve Jobs e Larry Ellison, respectivamente, com Paul Allen, Steve Wozniak e Bob Miner se encaixando no projeto como seus ajudantes programadores talentosos.

O sucesso fenomenal da Oracle é impossível de entender sem fazer um balanço dos problemas que as empresas enfrentavam na época. Muitas empresas começaram a introduzir a informática em suas operações, mas os sistemas de banco de dados disponíveis, estruturados hierarquicamente, mostraram-se inadequados às suas necessidades. Os pesquisadores vinham trabalhando há algum tempo em um novo tipo de sistema de banco de dados, que eles chamavam de *relacional*. Em 1970, um membro da divisão de pesquisa e desenvolvimento da IBM publicou um artigo inovador, *A Relational Model of Data for Large Share Data Banks*. Em meados da década de 1970, os programadores do IBM Research Lab, em San José, começaram a trabalhar na aplicação prática dessas ideias.

Ed Oates leu aquele artigo e ficou fascinado com as conclusões a que chegou. "Todos nós sabíamos que o relacional era o ponto central. Todos nós sabíamos especialmente que os bancos de dados de rede e hierárquicos não eram. Essas eram tecnologias antigas"[455]. Ellison, Oates e Miner viram uma oportunidade e a agarraram: eles estavam determinados a usar as ideias nas quais os pesquisadores da IBM estavam trabalhando e encontrar uma solução antes deles.

Embora os fundadores da Oracle tenham começado a trabalhar no projeto muito depois da IBM, eles conseguiram lançar seu *software* cinco anos antes. A gigante de TI era simplesmente lenta demais.

---

455. *Ibid.*, p. 64.

270 | **Velocidade é essencial**

Como a GE, ela acumulou camadas organizacionais demais ao longo das décadas de sua existência. Segundo um ex-programador da IBM, a própria empresa encomendou um estudo sobre as razões de sua lentidão. "O que eles descobriram é que levaria pelo menos nove meses para despachar uma caixa vazia"[456].

O outro problema era que a IBM havia criado um sistema de banco de dados hierárquico comercialmente bem-sucedido, chamado IMS. Por que eles deveriam correr o risco de competir com seu próprio produto, e lançar um novo sistema que jogaria o antigo na lata de lixo da história da computação? O IMS tinha muitos defensores dentro da empresa, que lutaram com unhas e dentes contra o desenvolvimento de um novo sistema.

Embora a IBM tenha originalmente tido a ideia, Larry Ellison foi quem a pegou e a executou. Alguns anos depois, a IBM faria o papel de parteira de outra empresa, que se tornaria a maior empresa de computadores do mundo. Essa empresa era a Microsoft, é claro. Em 1980, a IBM, que vinha produzindo grandes computadores *mainframe*, decidiu entrar no mercado de computação pessoal. A tentativa anterior da empresa de lançar um *microcomputador* (a série 5100) falhou miseravelmente no final dos anos 1970.

A IBM decidiu comprar o *software* de que precisava, em vez de perder tempo desenvolvendo o seu próprio (eles obviamente perceberam como eram lentos). Em particular, eles precisavam comprar um sistema operacional para tornar seus computadores funcionais. As negociações com uma empresa chamada Digital Research não deram em nada.

A IBM também abordou Bill Gates, mas sua empresa, a Microsoft, não conseguiu desenvolver um novo sistema operacional do zero em 12 meses. Tentando encontrar uma solução, Gates negociou a compra de um sistema operacional de outra empresa — a Seattle Computer — e, em novembro de 1980, assinou um acordo com a IBM para desenvolver o *software* e o sistema operacional de disco (DOS) para o computador pessoal que a empresa planejava lançar. Ele acabou pagando 50.000 dólares para a Seattle Computer pelos direitos de licenciamento de

---

456. *Ibid.*, p. 68.

seu sistema operacional 86-DOS, provavelmente o melhor negócio do século XX.

A IBM sugeriu originalmente comprar todas as licenças da Microsoft por uma taxa fixa, que foi o acordo que a Microsoft fez com a Seattle Computer. Mas Bill Gates foi mais esperto do que isso, insistindo em uma porcentagem de cada sistema operacional que a IBM vendia. Em 1981, a IBM lançou seu primeiro computador pessoal, que se tornou um grande sucesso e lançou as bases para o império da Microsoft. No final de 1982, a empresa tinha 200 funcionários e vendas de *software* de 32 milhões de dólares.

De acordo com Larry Ellison, a decisão da IBM de usar o MS-DOS como sistema operacional para seus computadores pessoais foi "o pior erro na história da empresa na Terra", "um erro de cem bilhões de dólares"[457]. Sistemas de banco de dados relacionais e não desenvolver seu próprio produto mais rapidamente foram outro erro que custou caro à empresa, ao mesmo tempo em que fez de Larry Ellison um dos homens mais ricos do mundo.

Não reconhecer o potencial e as ideias dos funcionários, que decidem montar sua própria empresa, é um erro comum das grandes empresas. Mais uma vez, a IBM é um excelente exemplo. Em 1972, cinco ex-funcionários da subsidiária alemã fundaram sua própria empresa, que chamaram de SAP. Hoje, a SAP é uma sociedade anônima, uma das maiores empresas de *software* do mundo, com cerca de 90.000 funcionários, vendas de mais de 23 bilhões de euros e lucros operacionais de 4 bilhões de euros em 2017.

Tudo começou com alguns dos funcionários mais talentosos da IBM sentindo-se cada vez mais frustrados porque conseguiam ler o mercado melhor do que a corporação. Um deles era o Dr. Claus Wellenreuther, que havia começado a trabalhar como consultor de sistemas para a IBM em 1966, logo após a universidade. Sua graduação em negócios o tornou um estranho entre todos os graduados em física, matemática e engenharia. Especializou-se no desenvolvimento de *software* para o departamento de contabilidade. "Contabilidade e

---

457. *Ibid.*, p. 69-70.

272 | Velocidade é essencial

Wellenreuther", reflete Dietmar Hopp, cofundador da SAP, "eram usados como sinônimos"[458].

Até esse ponto, a IBM havia se concentrado quase exclusivamente na venda de *hardware*; por muito tempo, a empresa não percebeu a importância do *software*. Em 1971, a IBM finalmente decidiu centralizar o cavalo de batalha de Wellenreuther, o desenvolvimento de *software* de contabilidade. "Eu esperava ser nomeado gerente de projeto", afirma Wellenreuther, "porque desenvolvi e implementei sistemas de contabilidade financeira o tempo todo"[459]. Ele foi informado, no entanto, que não estava qualificado para um cargo de nível gerencial. Wellenreuther percebeu que estava preso em uma rotina e que não havia futuro para ele na IBM. Ele tirou as férias restantes de dois meses e as usou para pensar seriamente. O resultado foi que ele largou o emprego para montar seu próprio negócio, descrito de forma bastante insípida como "análise de sistemas e desenvolvimento de programas" em seu papel timbrado.

Outro funcionário da IBM, Dietmar Hopp, também pensou um pouco. Seu campo de especialização era a programação de diálogos, o processo que permite que os computadores executem *prompts* imediatamente, em vez de com um atraso de tempo, como era originalmente o caso.

Anteriormente, clientes e consultores desenvolviam seus próprios aplicativos de *software* com o suporte da IBM, o que basicamente significava inventar a roda repetidas vezes, e cobrar de seus clientes por isso. "O que fazemos em cada cliente IBM é sempre o mesmo", percebeu Hopp. "Portanto, pode ser padronizado"[460]. Hopp decidiu desenvolver um *software*-padrão, que poderia ser usado em muitas empresas diferentes. Sua ideia foi a base para a nova empresa que fundou com Wellenreuther, Hasso Plattner e dois outros ex-funcionários da IBM. Eles sabiam que a velocidade era essencial. Se seu empreendimento fosse um sucesso, outras empresas — talvez até a IBM — copiariam

---

458. MEISSNER, Gerd. *SAP*. Inside the Secret Software Power. Nova York, 2000, p. 10.
459. *Ibid.*
460. *Ibid.*, p. 16.

sua ideia. Não bastava ter uma ideia genial para um *software*-padrão e o conhecimento necessário para desenvolvê-lo: eles também precisavam de uma boa estratégia de marketing.

Apresentar sua ideia a especialistas de TI em grandes empresas pode ter parecido a abordagem óbvia, mas eles logo perceberam que era inútil. Os especialistas de TI não apenas estavam relutantes em arriscar a si mesmos e sua equipe cética, mas também temiam que o novo *software* revelasse erros e deficiências em seus próprios sistemas que ninguém na empresa jamais havia notado porque ninguém mais sabia nada sobre computadores.

Assim, a SAP foi direto ao topo, abordando CEOs e CFOs. Essa foi a primeira ideia brilhante de marketing deles. Ainda mais importante, desde o início eles buscaram a cooperação de grandes empresas de auditoria e fabricantes de *hardware*. Afinal, CEOs e CFOs eram muito mais propensos a serem influenciados por um endosso de auditores independentes e consultores em quem confiavam do que por alguns recém-chegados inexperientes tentando vender seu próprio produto.

Isso evitou que a SAP tivesse que promover seu *software* e permitiu que eles se concentrassem em desenvolvê-lo e otimizá-lo. "Consideramos a capacidade de inovar como sinônimo de eficiência", diz Hopp, citando a constante ansiedade de ponderar "se os concorrentes são melhores e podem nos ultrapassar" como uma importante força motriz[461]. Certamente, a SAP não queria seguir o caminho de sua rival Nixdorf, uma empresa que acabou falindo porque se concentrou inteiramente no marketing em detrimento do desenvolvimento do produto.

A SAP era mais consistente e mais rápida que a concorrência justamente porque a empresa investia seus recursos exclusivamente no desenvolvimento de *software*-padrão. "Seus concorrentes, por outro lado, passaram anos indecisos entre desenvolver *software*-padrão e *software* customizado, ou gastar demais em campos especiais"[462]. A SAP rapidamente conseguiu conquistar quase todas as principais empresas alemãs como clientes e, em poucos anos, a empresa praticamente

---

461. *Ibid.*, p. 72.
462. *Ibid.*, p. 30.

monopolizava o mercado alemão. A SAP é agora a maior empresa de *software* da Europa — existem apenas três empresas maiores no mercado, todas nos Estados Unidos. Nada disso teria sido possível se não fosse pelo fracasso da IBM em prever desenvolvimentos futuros, e de não dar aos funcionários talentosos, que os previram corretamente, a oportunidade e a margem de manobra para crescer dentro da empresa.

A IBM não é a única corporação culpada por esse tipo de pensamento míope. Algo bastante semelhante aconteceu com a Xerox, cujo nome se tornou sinônimo das fotocópias às quais a empresa devia seu sucesso. A Xerox administrava um centro de pesquisa altamente sigiloso em Palo Alto, reverentemente conhecido pela comunidade de TI como "Xerox PARC". O fundador da Apple, Steve Jobs, mal podia esperar para ver com seus próprios olhos o que estava sendo desenvolvido nesse local ultrassecreto. Fazendo bom uso de seus consideráveis poderes de persuasão, ele finalmente conseguiu acesso ao santuário interno.

Jobs mal conseguia conter sua empolgação com o que viu ali. Ele estava "andando pela sala, pulando para cima e para baixo e se agitando o tempo todo", lembra o cientista do PARC Larry Tessler[463]. Ele tinha boas razões para estar animado, porque o que Tessler mostrou a ele era nada menos que o futuro da computação pessoal. "O que a Apple viu naquele dia", explica o biógrafo de Jobs, "foi uma tela na qual o usuário fazia seleções, não digitando comandos enigmáticos, mas movendo um ponteiro para designar o objeto desejado. E janelas individuais para diferentes documentos. E menus na tela"[464]. E havia algo mais novo e especial — um *gadget* chamado *mouse*. Hoje, mal podemos imaginar usar um computador sem um, mas na época era uma novidade completa.

Demonstrando suas invenções para Jobs e sua equipe da Apple, Tessler ficou radiante com a empolgação deles e com as perguntas inteligentes que o incomodavam. Você pode imaginar como ele deve ter se sentido, como funcionário de uma grande corporação que

---

463. YOUNG, Jeffrey S.; SIMON, William L. *iCon Steve Jobs*. The Greatest Second Act in the History of Business. Frankfurt, 2006, p. 60.

464. *Ibid.*, p. 61.

tinha plena consciência de que sua equipe havia criado algo especial e significativo, mas que também sabia que sua empresa nunca lhe daria o reconhecimento que ele merecia. Ao final da demonstração, ele disse mais tarde, já havia tomado a decisão de deixar a Xerox e começar a trabalhar para a Apple, onde foi nomeado vice-presidente e cientista-chefe[465].

Todas essas histórias — IBM e Oracle, IBM e SAP, Xerox e Apple — têm resultados semelhantes: uma grande empresa emprega pessoas brilhantes com grandes ideias, mas falha em reconhecer seu potencial e transformar essas ideias em produtos comercialmente viáveis. Em defesa da IBM e da Xerox, é preciso dizer que suas decisões foram motivadas em parte pelo medo de prejudicar sua imagem ao lançar produtos antes de terem sido totalmente testados e desenvolvidos.

Larry Ellison, Bill Gates e Steve Jobs desconheciam esse medo. O lema deles era: é melhor ser rápido do que perfeito. Ou, para ser mais preciso: eles também queriam ser perfeitos — mas não queriam esperar até que seu produto estivesse perfeito para lançá-lo. Se já não fosse perfeito, sempre poderia ser aperfeiçoado levando em consideração o *feedback* dos usuários, o que lhes permitiria lançar novas versões e atualizações de vez em quando e lucrar com as taxas de licenciamento. Como todos os outros fabricantes de *software* faziam exatamente o mesmo, os usuários não tinham escolha, por mais descontentes que estivessem.

Ellison, Jobs e Gates perceberam que ser rápido muitas vezes pode ser mais importante do que ser perfeito. Isso é especialmente verdadeiro no estágio inicial, quando se trata de conquistar a maior fatia possível do mercado o mais rápido possível. Atacado por seus concorrentes por ser muito rápido em lançar produtos prematuramente, Ellison responde: "Quanto custa à Pepsi obter meio por cento do mercado da Coca-Cola uma vez que o mercado esteja estabelecido? É muito caro [...]. Se não corrermos o máximo que pudermos, o mais rápido que pudermos, e depois fizermos de novo duas vezes mais rápido, será um custo proibitivo para aumentarmos a participação no

---

465. *Ibid.*

276 | Velocidade é essencial

mercado"[466]. Bill Gates seguiu uma estratégia semelhante de sempre "antecipar o mercado e ser o primeiro a lançar um novo produto"[467]. No entanto, isso frequentemente colocaria a Microsoft em problemas consideráveis. "Muitas vezes, Gates estabelecia metas irrealistas para o desenvolvimento de produtos. Os prazos foram perdidos, os produtos nem sempre foram bem desenhados e os contratos tiveram que ser revistos devido a obstáculos ou atrasos imprevistos"[468].

Era um preço que Gates estava disposto a pagar. Seu associado próximo, Steve Wood, diz: "A abordagem de Bill, e você ainda pode vê-la agora em coisas como o Windows, sempre foi criar o padrão, para obter a participação no mercado. Ele simplesmente odiava recusar negócios. Se isso significasse que teríamos que baixar nosso preço para conseguir o negócio, ele normalmente estava muito mais disposto a argumentar que faríamos isso […]"[469].

Bill Gates tinha tanta confiança em suas habilidades de resolução de problemas que aceitaria qualquer desafio, por mais impossível que fosse. Wood atesta a atitude positiva predominante na Microsoft: "O.k., ninguém fez isso para um computador pessoal antes, e daí? Nós podemos fazer isso. Nada de mais". Ninguém jamais pensou em perguntar se isso não seria factível. "Nós nos comprometemos demais"[470].

Isso geralmente significava que os produtos não funcionavam muito bem no início, mas Gates não se importava muito com isso. O ex-chefe da divisão de produtos de consumo da Microsoft disse certa vez em uma entrevista: "Com poucas exceções, eles nunca lançaram um bom produto em sua primeira versão. Mas eles nunca desistem e, eventualmente, acertam. Bill está muito disposto a fazer concessões apenas para começar um negócio"[471].

---

466. WILSON, Mike. *The Difference Between God and Larry Ellison*. Inside Oracle Corporation. Nova York, 2002, p. 90.

467. WALLACE, James; ERICKSON, Jim. *Hard Drive*. Bill Gates and the Making of the Microsoft Empire. Chichester, 1992, p. 109.

468. *Ibid.*, p. 120.

469. *Ibid.*

470. *Ibid.*, p. 136.

471. *Ibid.*, p. 237.

Gates não queria ser ultrapassado pela concorrência da Ásia. "Fui para o Japão apenas dois anos depois de fundar a Microsoft sabendo que, em termos de trabalho com empresas de *hardware*, aquele era um ótimo lugar para se estar. Muitas pesquisas excelentes acontecem lá. E, também, era a fonte mais provável de competição além dos próprios EUA"[472].

Qualquer aspirante a empreendedor de sucesso se depara com um conflito entre dois objetivos mutuamente exclusivos: ser rápido e ser perfeito. A *perfeita hesitação* pode muito bem levar ao prejuízo, como aconteceu com a IBM ou a Xerox. Por outro lado, preocupar-se apenas com a velocidade em detrimento da qualidade pode destruir sua reputação.

A história de sucesso da corporação Walmart demonstra a importância de ser mais rápido que a concorrência. Hoje, o Walmart é o maior empregador privado do mundo e a empresa com o maior faturamento do mundo, com cerca de 2,3 milhões de funcionários. Em 2017, a empresa registrou lucros de 13,6 bilhões de dólares. Três membros da família Walton — Jim Walton, Alice Walton e S. Robson Walton — estão listados entre as 20 pessoas mais ricas do mundo. Seu valor combinado estimado totalizou 39 bilhões de dólares em 2018. Seu pai, Sam Walton, abriu o Walmart original em Rogers, Arkansas, em 2 de julho de 1962. Sua história é uma lição prática sobre a importância da velocidade.

Walton abriu sua primeira loja em 1945. Ele comprou uma franquia em uma pequena cidade por 25.000 dólares. Disso, ele conseguiu colocar 5.000 dólares sozinho e o restante foi um empréstimo de seu sogro. Em seu primeiro ano, as vendas chegaram a 105.000 dólares — quase 50% a mais do que os 72.000 dólares que seu antecessor havia feito. Nos dois anos seguintes, esse número subiu para 140.000 e 172.000 dólares, respectivamente. O dono da loja ficou tão impressionado com o sucesso de Walton que se recusou a estender o contrato quando ele expirou, ele queria que seu próprio filho assumisse a lucrativa franquia.

---

472. *Ibid.*, p. 122.

278 | Velocidade é essencial

Walton relembra: "Foi o ponto mais baixo da minha vida profissional. Eu me sentia mal. Eu não podia acreditar que aquilo estava acontecendo comigo"[473]. Ser forçado a desistir do negócio de sucesso que havia construído foi uma experiência traumática, mas provaria ser o fator decisivo para ele. Walton mudou-se para Bentonville, outra pequena cidade de 3.000 habitantes, e abriu uma nova loja, que se tornaria uma das primeiras dos Estados Unidos a ser baseada no modelo de autoatendimento.

Walton, que estava sempre ansioso para experimentar novas ideias, leu um artigo de revista sobre as duas lojas pioneiras no autoatendimento nos Estados Unidos. Ele ficou tão intrigado com o conceito que decidiu colocá-lo em prática. Walton não se importava em ser o primeiro, tudo o que ele queria era ser o mais rápido.

"Quase tudo o que fiz, copiei de outra pessoa"[474], ele prontamente confessa em sua autobiografia. Muitas pessoas são orgulhosas demais para copiar ideias que alguém criou antes delas. Elas acham que uma conquista não vale nada, a menos que seja baseada em sua própria ideia. Walton nunca compartilhou desses escrúpulos.

Ele ficava feliz em entrar nas lojas de seus concorrentes ou na sede da empresa e perguntar qualquer coisa que achasse que precisava saber. Ele disse à sua equipe para seguir seu exemplo e se concentrar apenas no que os concorrentes estavam fazendo melhor, ignorando seus erros. "Verifique todos que são nossos concorrentes", ele dizia. "E não procure o mal. Procure o bem"[475].

Logo depois, abriram as primeiras lojas de desconto nos Estados Unidos, oferecendo produtos a preços bem inferiores aos de seus concorrentes. Walton também copiou essa ideia, percebendo muito antes da maioria que as lojas de desconto eram o futuro. "Realmente tínhamos apenas duas opções: permanecer no negócio de lojas de variedades, que eu sabia que seria duramente atingido pela onda de

---

473. WALTON, Sam. *Made in America*. My Story. Nova York, 1993, p. 38-39.
474. *Ibid.*, p. 47.
475. *Ibid.*, p. 81.

descontos do futuro; ou abrir uma loja de descontos. É claro que eu não estava prestes a sentar lá e me tornar um alvo"[476].

Sua equipe ficou extremamente cética no início, assim como seu irmão Bud. "Eles achavam que o Walmart era apenas mais uma das ideias malucas de Sam Walton. Não foi totalmente comprovado na época, mas era realmente o que estávamos fazendo o tempo todo; experimentando, tentando fazer algo diferente, educando-nos sobre o que estava acontecendo no setor de varejo e tentando ficar à frente dessas tendências"[477]. O primeiro Walmart de Walton provou ser um sucesso, mas seus concorrentes estavam pegando a ideia rapidamente. "Achamos melhor inaugurar as lojas o mais rápido possível"[478].

E assim eles fizeram. Walton comprou um pequeno avião e costumava passar a semana inteira voando por todo o país, procurando locais em potencial para novas lojas. Depois de identificar uma propriedade adequada lá de cima, ele pousaria, encontraria o proprietário e faria uma oferta para comprar o terreno para um novo Walmart. Ele inicialmente se concentrou em cidades pequenas, com as quais muitos de seus concorrentes nem se incomodariam.

O número de lojas Walmart aumentou de 32 em 1970 para 51 em 1972, 78 em 1974, 125 em 1976, 195 em 1978 e 276 em 1980. Hoje o Walmart tem mais de 5.000 lojas nos Estados Unidos e mais de 11.700 lojas no mundo todo.

Sam Walton deve seu sucesso fenomenal à velocidade com que ultrapassou seus concorrentes. No início dos anos 1970, ele formou um grupo de pesquisa com algumas outras redes de lojas de desconto. Os outros membros não podiam acreditar na rapidez com que ele abria uma loja após a outra. "Abríamos cinquenta lojas por ano, enquanto a maioria do nosso grupo tentava abrir três, quatro, cinco ou seis por ano. Isso sempre os confundia. Eles sempre perguntavam: 'Como você faz isso? Não tem como você estar fazendo isso'"[479].

---

476. *Ibid.*, p. 55.
477. *Ibid.*, p. 60.
478. *Ibid.*, p. 59.
479. *Ibid.*, p. 153.

280 | Velocidade é essencial

Claro, o rápido crescimento do Walmart teve um preço. Encontrar funcionários qualificados suficientes para administrar as lojas foi extremamente difícil, e Walton foi forçado a contratar pessoas sem nenhuma experiência em varejo. Ferold Arend, um dos principais gerentes do Walmart, lembra: "Na minha opinião, a maioria deles não estava nem perto de estar pronta para administrar lojas, mas Sam provou que eu estava errado. Ele finalmente me convenceu. Se você pegar alguém que não tem experiência e *know-how*, mas tem o desejo real e a vontade de trabalhar duro para fazer o trabalho, ele compensará o que lhe falta"[480].

Walton não conseguia entender por que seus concorrentes não faziam nada para impedir a expansão do Walmart. "É incrível que nossos concorrentes não tenham nos pegado mais rápido e se esforçado mais para nos parar. Sempre que instalamos uma loja Walmart em uma cidade, os clientes simplesmente sairiam das lojas de variedades e viriam até nós"[481]. A maioria deles, ele percebeu, simplesmente não estava preparada para reduzir as altas margens de lucro a que estavam acostumadas — e aquelas que entraram no mercado de descontos o fizeram sem entusiasmo. "O que aconteceu foi que eles realmente não se comprometeram com descontos. Eles mantiveram seus antigos conceitos de loja de variedades por muito tempo. Eles estavam tão acostumados a obter sua margem de lucro de 45% que nunca desistiram"[482].

O poder da insatisfação, que discutimos no capítulo 10, foi uma importante força motriz para o sucesso de Walton. "Por melhores que fossem os negócios, nunca conseguia deixar tudo em paz e, de fato, acho que minhas constantes brincadeiras e intromissões com o *status quo* podem ter sido uma das minhas maiores contribuições para o sucesso posterior do Walmart"[483]. Ele também enfatiza a importância de mirar mais alto do que seus concorrentes. "Sempre mantive um padrão muito alto para mim mesmo: estabeleci metas pessoais extremamente altas"[484].

---

480. *Ibid.*, p. 154.
481. *Ibid.*, p. 151.
482. *Ibid.*, p. 160.
483. *Ibid.*, p. 34.
484. *Ibid.*, p. 15.

O que Sam Walton fez pelo varejo nos Estados Unidos, os irmãos Albrecht, Karl e Theodor fizeram na Alemanha. Quando Theo Albrecht morreu em março de 2010, ele era o terceiro homem mais rico do país e ocupava o 31º lugar na lista de bilionários da *Forbes*, com um patrimônio líquido estimado em 16,7 bilhões de dólares. Quatro anos depois, seu irmão Karl também morreu, deixando uma fortuna de 29 bilhões de dólares.

Os pais dos irmãos administravam uma pequena mercearia, com não mais de 12 pés quadrados de tamanho, desde 1913. Quando os irmãos voltaram após a Segunda Guerra Mundial, eles começaram a abrir uma loja após a outra em toda a Alemanha, assim como Sam Walton faria nos Estados Unidos duas décadas depois.

Seu conceito de sucesso nasceu de puro desespero. Após a guerra, eles não tinham capital suficiente para estocar uma loja com a variedade usual de produtos. Então eles começaram com um alcance limitado, que planejavam estender assim que tivessem os meios para fazê-lo. Karl Albrecht disse mais tarde: "Estávamos planejando abastecer nossas filiais com uma grande variedade de alimentos, como qualquer outro supermercado. Nunca fizemos isso, porém, porque percebemos que poderíamos ganhar um bom dinheiro mesmo com nossa gama limitada de produtos, e vimos que nossas despesas gerais eram muito baixas em comparação com as de outras empresas, o que se devia em grande parte à nossa limitação de produtos"[485]. Eles deliberadamente estocaram apenas uma marca de cada item. "Tínhamos apenas graxa para sapatos da Erdal, pasta de dente Blendax e apenas graxa para piso Sigella em potes, sempre apenas a marca que vendia melhor", disse Karl Albrecht ao delinear sua política de negócios no início dos anos 1950.

Eles também sabiam que precisavam oferecer algo mais a seus consumidores para compensar sua gama limitada de produtos. A partir de 1950, eles se concentraram consistentemente na relação custo-benefício, em vez de uma ampla variedade de produtos. "Os clientes vêm até nós por causa de nossos preços baixos, e seu fascínio é tão forte que

---

485. BRANDES, Dieter. *Konsequent einfach*. Die Aldi-Erfolgsstory. Munique, 1999, p. 19.

282 | Velocidade é essencial

eles estão dispostos a fazer fila", disse Albrecht[486]. Na época, suas lojas estocavam não mais que 250 a 280 produtos. Tudo estava disposto à vista nos balcões e prateleiras, sem decorações ou enfeites de qualquer tipo. Ao contrário de outros varejistas, os irmãos Albrecht repassavam qualquer economia que pudessem fazer a seus clientes. "Sempre há uma forte tentação de continuar cobrando o mesmo do cliente, mesmo que um item tenha ficado mais barato para comprarmos. Mas isso acabaria em lágrimas mais cedo ou mais tarde, porque o objetivo é fazer os clientes acreditarem que não podem comprar por menos em nenhum outro lugar. Depois de conseguir isso — e estou convencido de que o fizemos —, o cliente está disposto a aceitar qualquer coisa".

Em 1960, os dois irmãos tinham 300 lojas e um faturamento anual de 90 milhões de marcos alemães. Eles renomearam sua empresa Aldi, abreviação de Albrechts Discount, e a dividiram entre si. Theo Albrecht ficou com Aldi North, que compreendia a parte norte da Alemanha, enquanto Karl ficou com Aldi South.

Seus concorrentes logo reconheceram o enorme potencial do mercado de descontos. Outras redes varejistas começaram a copiar o conceito Aldi, algumas delas com muito sucesso. No entanto, Aldi permaneceu líder de mercado no segmento de descontos porque os dois irmãos eram rápidos e ágeis o suficiente para se manterem à frente da concorrência. Mais uma vez, a velocidade provou ser essencial, principalmente no início. Assim que outros *players* em um determinado mercado começarem a perceber como um novo conceito está funcionando bem e quanto lucro está gerando para aqueles que assumiram o risco de ser pioneiros, eles o copiarão. Ser o primeiro a entrar em um novo mercado lhe dá uma vantagem competitiva, mas cabe a você usar essa vantagem para dominar o mercado de forma permanente, como Sam Walton e os irmãos Aldi fizeram, dificultando que os concorrentes desafiem sua posição.

Mesmo com um enorme desembolso financeiro, o Walmart não conseguiu conquistar o mercado alemão de descontos, dominado por empresas como Aldi e Lidl. Em 1997, o Walmart comprou 21 lojas

---

486. *Ibid.*, p. 20.

Wertkauf-SB na Alemanha por 1,5 bilhão de marcos alemães. Um ano depois, a empresa gastou outros 71,3 bilhões de marcos alemães na aquisição de 74 lojas da Interspar. No entanto, depois de incorrer em enormes prejuízos da ordem de 3 bilhões de euros, a corporação global finalmente deixou o mercado alemão para a concorrência em 2006.

Se você está planejando iniciar seu próprio negócio, não há necessidade de ter muito medo de grandes e poderosas empresas estabelecidas. Desde que sua ideia seja boa e você consiga se posicionar corretamente, uma empresa pequena, nova e *faminta* muitas vezes será mais rápida que seus concorrentes, que podem estar sobrecarregados com procedimentos burocráticos. Isso não significa que você pode subestimar a concorrência, muito menos o valor da experiência, tradição de longa data e reconhecimento da marca. O que isso significa é que você precisa estar ciente de sua vantagem competitiva e usá-la a seu favor.

Mesmo se você for funcionário da empresa de outra pessoa, a velocidade é essencial para sua carreira. Surpreenda seus clientes e seus superiores concluindo projetos muito antes do prazo. Uma vez que você tenha melhorado sua eficiência seguindo os conselhos do capítulo 14, aumentar a velocidade com que você termina seu trabalho não deve ser problema algum.

E da próxima vez que seu gerente precisar de alguém para assumir um projeto importante, quem você acha que ele ou ela escolherá: um colega que fica inventando novas desculpas sobre como está ocupado e que pode nem terminar o trabalho até a data de vencimento acordada, ou outra pessoa que pode não estar na empresa há tanto tempo, mas que organizou seu trabalho com tanta eficiência que seu gerente pode ter certeza de que qualquer projeto será concluído muito antes do prazo? Certifique-se de que essa pessoa é você!

Capítulo 16

Dinheiro importa

Este livro analisa as histórias de pessoas cujo sucesso também se manifesta nas enormes fortunas que conseguiram acumular — dezenas ou centenas de milhões de dólares, em alguns casos até bilhões. Quanto importa o dinheiro como uma força motivadora? Existem duas linhas de pensamento sobre isso. A primeira afirma que o dinheiro por si só não é suficiente como força motivadora. As pessoas mais bem-sucedidas, de acordo com esse modo de pensar, são aquelas que fazem o que fazem por si mesmas. Elas amam o que fazem, e o dinheiro é uma consequência incidental, e não um fim em si mesmo, a riqueza chega a elas mais ou menos automaticamente, precisamente porque amam seu trabalho e se destacam nele. A segunda hipótese assume que a ambição de se tornar um milionário, um multimilionário ou mesmo um bilionário é uma força motivadora essencial para grandes empreendedores, e que qualquer pessoa que deseje ser realmente bem-sucedida precisa buscar metas quantificáveis.

Então, quanto o dinheiro importa? Na Europa, e em menor grau nos Estados Unidos, admitir que você é motivado principalmente pelo dinheiro é socialmente inaceitável. Descartar o dinheiro como algo insignificante ou, na melhor das hipóteses, uma consideração secundária é o mais comum. As pessoas que admitem abertamente que são movidas pela ambição de aumentar sua riqueza são consideradas grosseiras, gananciosas e de caráter um tanto duvidoso, têm suas vidas dedicadas à busca de lucros imundos em vez de ideais elevados. Não acredite em um bilionário que afirma não se importar com dinheiro. O homem mais rico da história, o lendário barão do petróleo John D. Rockefeller, que estava constantemente sob pressão por causa de sua riqueza e sucesso, gostava de fingir desinteresse por questões financeiras. "Ao longo de sua vida", relata seu biógrafo, ele "reagiu de maneira

286 | Dinheiro importa

mordaz às acusações de que cobiçava dinheiro quando criança e ansiava por ser fabulosamente rico [...]. Ele contestava as insinuações de que foi motivado pela ganância em vez de um humilde desejo de servir a Deus ou à humanidade. Ele preferia retratar sua fortuna como um acidente agradável, o subproduto não desejado do trabalho árduo"[487].

No entanto, o biógrafo de Rockefeller, Ron Chernow, não dá muita importância a essas afirmações. Chernow culpa o pai pela obsessão de Rockefeller pela riqueza. "O velho tinha uma paixão por dinheiro que chegava quase a uma mania", cita um amigo da família. "Nunca conheci um homem que tivesse tanto amor ao dinheiro"[488]. O próprio Rockefeller estava cheio de admiração pelo hábito de seu pai de "nunca carregar menos de 1.000 dólares, e manter essa quantia no bolso. Ele sabia cuidar de si mesmo e não tinha medo de carregar seu dinheiro"[489]. Mesmo quando jovem, diz-se que ele sonhava com grandes riquezas. Ele não poderia saber que sua riqueza um dia excederia seus sonhos mais loucos, mas mesmo os 100.000 dólares que ele almejava naquela época — vários milhões em moeda de hoje — constituíam uma soma considerável. "Algum dia, algum dia quando eu for homem, quero valer cem mil dólares. E eu vou valer — algum dia", disse ele a um amigo de infância. Existem muitas dessas histórias, de várias fontes[490].

Ganhar dinheiro rapidamente pode não ter sido a principal prioridade de todos os bilionários. No entanto, parece mais do que provável que, em público, muitos deles prefiram citar motivações "mais nobres", consideradas socialmente mais aceitáveis. Nenhum milionário ou bilionário jamais recusou a oportunidade de ganhar dinheiro — se o fizessem, não seriam milionários ou bilionários.

Por outro lado, as pessoas que não tiveram sucesso na vida muitas vezes expressam uma aversão ao dinheiro que beira o desgosto. Alguns anos atrás, em uma reunião de classe, conversei com um ex-colega, um anarquista confesso quando estávamos na escola. Perguntei como ele estava e se sua atitude havia mudado, ao que ele respondeu: "Continuo

---

487. CHERNOW, Ron. *Titan.* The Life of John D. Rockefeller, Sr. Nova York, 1998, p. 33.
488. *Ibid.*, p. 24.
489. *Ibid.*
490. *Ibid.*, p. 33.

lutando pela causa". Perguntei de que causa ele estava falando e ele disse: "A abolição do dinheiro". Arrisquei uma observação irônica: "Parece que isso você conseguiu, pelo menos para você mesmo". Ele não teve escolha a não ser rir — eu adivinhei certo. Pouco depois desse encontro, encontrei um conhecido, um jornalista muito inteligente e corajoso cujas opiniões eu valorizo muito. Ele me disse que tinha nojo de dinheiro. Perguntei a ele quanto dinheiro ele tinha e, embora seja bem pago, ainda não tem dinheiro. Não é de admirar, eu disse a ele — se o dinheiro o enoja tanto, provavelmente o estava evitando na mesma medida em que ele o evitava.

As pessoas que não conseguiram ganhar dinheiro tendem a procurar razões e desculpas para não fazê-lo. A mais simples que eles podem inventar é: "Os ricos são moralmente corruptos; eles conseguiram seu dinheiro por meios impiedosos e duvidosos". Em uma pesquisa de opinião na qual os entrevistados foram questionados por que eles acham que algumas pessoas são mais ricas do que outras, 52% dos alemães disseram que os ricos fizeram fortuna por meios desonestos[491].

Implicitamente, o que eles querem dizer é: "A razão pela qual não tenho dinheiro é porque sou uma pessoa muito boa e moral". Muitas pessoas que não conseguiram ganhar dinheiro vivem e respiram por essa mentira, o que obviamente é um absurdo. Em todas as classes sociais, existem aqueles que têm altos padrões morais e aqueles que não. Eu realmente não acredito que a porcentagem de pessoas com integridade moral seja maior nas camadas mais baixas da sociedade do que entre os ricos e famosos.

Apesar de todas as suas tentativas de justificar a falta de meios financeiros, a maioria das pessoas prefere ser rica a ser pobre. No entanto, sua atitude não é propícia para melhorar sua situação financeira. E mesmo aqueles que ganham muito dinheiro frequentemente se sentem forçados a enfatizar que o dinheiro não é tão importante para eles. Todos nós já nos deparamos com sentimentos do tipo "prefiro ser pobre e saudável a ser doente e rico". Ninguém com um mínimo

---

491. GLATZER, Wolfgang *et al. Reichtum im Urteil der Bevölkerung*. Legitimationsprobleme und Spannungspotentiale in Deutschland. Opladen/Farmington, 2009, p. 65.

288 | Dinheiro importa

de bom senso vai discutir isso. Mas, pessoalmente, prefiro ser saudável e rico a ser pobre e doente. "O dinheiro não pode comprar amor" é outra réplica popular e igualmente difícil de contestar. Mas isso torna o dinheiro menos importante?

O que leva as pessoas a ganhar muito dinheiro? Por que as pessoas querem se tornar milionárias? O que o dinheiro significa para elas?

Dependendo do indivíduo, as respostas a essas perguntas se enquadram em três categorias:

1. O dinheiro como meio de obter aprovação e reconhecimento.

2. Dinheiro como meio de provar seu sucesso ou sua inteligência.

3. Dinheiro como símbolo de liberdade e oportunidade de realizar seus sonhos.

Olhando para as histórias de vida de pessoas muito bem-sucedidas, você descobre que, para a maioria delas, uma dessas motivações predomina, embora em alguns casos elas funcionem em conjunto umas com as outras.

Vamos começar com o primeiro: para homens como o fundador da Oracle, Larry Ellison, o reconhecimento e a aprovação dos outros certamente era uma motivação poderosa. Ellison era o dono do décimo maior iate do mundo, um barco chamado *Rising Sun*, que ele comprou por cerca de 200 milhões de dólares. Ele era conhecido como *playboy* e, para ele, o *status* e o reconhecimento conferidos por sua riqueza eram certamente um fator importantíssimo.

O mesmo vale para Warren Buffett e George Soros, embora nenhum deles esteja nem um pouco interessado em artigos de luxo. Buffett ainda mora na mesma casa que comprou anos e anos atrás e nunca comprou um carro caro, muito menos um iate. Ele definitivamente não se encaixa na imagem de *playboy*. Sua esposa disse uma vez que tudo o que ele precisava para ser feliz era uma lâmpada e um livro. Mesmo quando menino, Buffett queria ganhar dinheiro, muito dinheiro. Para ele, tudo gira em torno de resultados e retornos; ele considera os lucros de seus investimentos uma espécie de parâmetro objetivo, que comprova sua inteligência superior. Só por esta razão, ele nunca iria trapacear, usar atalhos ou lucrar por meios injustos, precisamente porque se orgulha de suas estratégias de investimento superiores.

Estar certo é provavelmente quase tão importante para ele quanto ser rico. É por isso que ele investiu muito tempo e energia para refutar a hipótese do mercado eficiente de Eugene Fama, segundo a qual homens como Buffett não passam de aberrações da natureza, semelhantes a jogadores sortudos ou ganhadores múltiplos da loteria. O mercado, afirmam os proponentes dessa teoria, não pode ser enganado. Para Buffett, o insulto deve ter sido quase insuportável.

Ganhar dinheiro é um fim em si mesmo para Buffett. Tudo o mais é secundário, exceto seus princípios éticos e morais. Estes ele vê como um bem vital, um pré-requisito essencial para o seu sucesso, porque eles ganham a confiança dos outros. Buffett definitivamente não é motivado por um desejo de consumo conspícuo ou conforto. Ele é notoriamente relutante em gastar seu dinheiro e inúmeras histórias atestam sua economia e gostos ascéticos. Depois que eles mudaram de casa no final dos anos 1950, sua esposa comprou móveis de cromo e couro, e pinturas enormes. "A conta de decoração de 15.000 dólares totalizou quase metade do que a própria casa custou, o que quase matou Warren", de acordo com Bob Billig, um amigo do golfe. Ele não percebeu cores ou respondeu à estética visual e por isso ficou indiferente ao resultado, vendo apenas a conta ultrajante[492]. Ele protestaria para a esposa que não via sentido em gastar centenas de milhares de dólares em um novo par de sapatos ou em fazer o cabelo dela. É claro que nem os sapatos nem o cabeleireiro chegaram a tanto, mas Buffett sempre calculou os retornos que teria obtido se tivesse investido e reinvestido o dinheiro ao longo de décadas, em vez de *desperdiçá-lo* de forma tão tola. Quando sua filha lhe pediu um empréstimo para comprar uma cozinha nova (ela já sabia que ele nunca lhe daria o dinheiro), ele a aconselhou a pedir dinheiro emprestado ao banco, como todo mundo.

Depois de se tornar um dos homens mais ricos do mundo, Buffett decidiu doar a maior parte de seu dinheiro. Mas, ao contrário de

---

492. SCHROEDER, Alice. *The Snowball*. Warren Buffett and the Business of Life. Londres, 2008, p. 217.

290 | **Dinheiro importa**

outros bilionários, ele não tinha intenção de estabelecer uma Fundação Buffett, uma Universidade Buffett ou uma Biblioteca Buffett como um memorial para si mesmo. Ele havia chegado à conclusão de que seu amigo Bill Gates, com quem se revezava no topo da lista dos homens mais ricos do mundo, sabia mais sobre caridade do que ele. E Buffett aplicou a mesma máxima para doar dinheiro que o havia servido tão bem para ganhá-lo: encontre a pessoa mais competente para o trabalho e delegue-o.

O colega investidor de Buffett, George Soros, também não era "hedonista", diz seu biógrafo, e "o dinheiro não podia render muito"[493]. Ele nunca planejou se tornar um investidor; quando jovem, ele sonhava em ganhar a vida como um intelectual, apresentando "ao mundo algum *insight* importante, 'como Freud ou Einstein'"[494].

Mas Soros logo percebeu que seus verdadeiros talentos estavam em outro lugar. A princípio, ele tentou escrever tratados filosóficos e livros sobre teorias econômicas, que não foram muito bem recebidos, nem tão brilhantemente argumentados quanto ele pode ter pensado. Hoje, Soros gosta de se referir a si mesmo como um "filósofo fracassado". No entanto, ele tinha um dom notável para prever os mercados e ganhar enormes quantias com essas previsões. Como Buffett, ele considera a fortuna que acumulou como prova de sua inteligência e capacidade de entender contextos políticos e econômicos melhor do que a maioria.

Segundo seu biógrafo, Soros entrou no mundo das altas finanças frustrado por não ter conseguido conquistar o mundo das ideias. "A decisão foi, em certo sentido, fácil. Ele tinha que ganhar a vida de qualquer maneira. Por que não tentar mostrar a todos aqueles economistas que ele entendia o funcionamento do mundo melhor do que eles, ganhando o máximo de dinheiro possível? Soros acreditava que o dinheiro lhe daria uma plataforma a partir da qual ele poderia expor seus pontos de vista"[495].

---

493. SLATER, Robert. *Soros*. The World's Most Influential Investor. Nova York, 2009, p. 12.
494. *Ibid.*, p. 38.
495. *Ibid.*, p. 9.

Soros gosta de brincar que é "o crítico mais bem pago do mundo". Ele afirma: "Minha função nos mercados financeiros é crítica, e meus julgamentos críticos são expressos por minhas decisões de comprar e vender"[496].

Tanto Soros quanto Buffett se inclinam para a esquerda política (Soros ainda mais do que Buffett), o que tem muito a ver com seu desejo de reconhecimento intelectual. Acadêmicos e intelectuais tendem a olhar o dinheiro com desconfiança[497]. Somente professando pontos de vista de esquerda e pontuando reservas sobre o capitalismo um homem como Soros pode ganhar um certo respeito nesses círculos. No entanto, seria errado dizer que o dinheiro nada significava para ele, ou mesmo que ele era indiferente ao seu fascínio. Segundo seu biógrafo, ele tem uma placa na parede de seu escritório que expressa sucintamente seu credo: "NASCI POBRE, MAS NÃO MORREREI POBRE"[498].

A terceira razão pela qual as pessoas estão interessadas em ganhar dinheiro é a liberdade que vem com isso. O dinheiro, muitos ricos sabem, é a moeda da verdadeira independência. Em sua autobiografia, a estilista Coco Chanel reflete sobre a promessa que o dinheiro sempre teve para ela. As duas tias que a criaram depois da morte da mãe não paravam de martelar: "Você não vai ter dinheiro [...]. Vai ter muita sorte se um fazendeiro quiser você". Isso a deixou irritada, tornando-a ainda mais determinada a ficar rica e bem-sucedida. "Muito jovem, percebi que sem dinheiro você não é nada, que com dinheiro você pode fazer qualquer coisa. Ou então, você tinha que depender do seu marido. Sem dinheiro, eu seria forçada a sentar no meu traseiro e esperar que um cavalheiro viesse me encontrar"[499].

Mesmo aos 12 anos de idade, Chanel sabia muito bem que "o dinheiro é a chave para a liberdade"[500]. Ela afirma que o dinheiro significava "nada mais do que o símbolo da independência [...]. Nunca

---

496. *Ibid.*, p. 10.
497. Ver ZITELMANN, R. *The Power of Capitalism*, capítulo 10.
498. SLATER, Robert. *Soros*. The World's Most Influential Investor. Nova York, 2009, p. 2.
499. MORAND, Paul. *The Allure of Chanel*. Londres, 2008, p. 39.
500. *Ibid.*

292 | Dinheiro importa

quis nada, só carinho, e tive que comprar minha liberdade e pagar por ela custasse o que custasse"[501].

Para ela, também, ganhar muito dinheiro era uma medida objetiva de seu sucesso, provava que suas criações e designs não convencionais atingiam um ponto crítico. "O dinheiro que se ganha é apenas uma prova material de que tínhamos razão: se um negócio ou um vestido não dão lucro, é porque não prestam. Riqueza não é acumulação, é exatamente o oposto: serve para nos libertar"[502]. Designers e artistas menos bem-sucedidos gostam de fingir que é o contrário: que o sucesso comercial é a marca registrada do comprometimento artístico, da *venda*. Claro, esta é apenas outra maneira de racionalizar e justificar o fracasso.

O fato de os ricos associarem dinheiro, acima de tudo, a "liberdade e independência", também foi uma das principais conclusões de minha dissertação, *The Wealth Elite*: meus 45 entrevistados super-ricos associaram vantagens muito diferentes em suas vidas a *dinheiro*, isto é, uma grande fortuna. Para entender melhor os motivos dos entrevistados, cada um foi apresentado a seis aspectos que podem ser associados ao dinheiro. Foi pedido que classificassem, com base na importância desses fatores para eles, cada aspecto em uma escala de 0 (totalmente sem importância) a 10 (muito importante).

A ampla variedade de respostas reflete o amplo espectro de motivações. Poder comprar as melhores coisas da vida (nomeadamente carros caros, casas ou férias) foi o mais importante para 13 dos entrevistados, enquanto 10 afirmaram que isso não tem qualquer importância para eles. Para os demais entrevistados, este aspecto não foi nem muito importante nem totalmente sem importância. A segurança foi considerada importante por cerca de metade dos entrevistados, mas também houve nove que disseram que isso não tinha importância alguma para eles.

Houve apenas uma motivação sobre a qual quase todos os entrevistados concordaram. Eles associam riqueza com liberdade e independência. A noção de ser financeiramente independente uniu quase todos os entrevistados. Nenhuma outra motivação foi avaliada

---

501. *Ibid.*
502. *Ibid.*, p. 119.

com tanta frequência. Apenas cinco dos entrevistados avaliaram esse aspecto com uma nota que não estava na categoria mais alta entre 7 e 10. Dos entrevistados, um total de 23 chegou a classificar esse aspecto com a maior pontuação possível de 10.

Por qualquer razão, o dinheiro é um motivador importante para muitos grandes empreendedores. Outros não poderiam se importar menos com isso. O fundador do McDonald's, Ray Kroc, pertencia ao segundo grupo. "Embora tenha se tornado um dos homens mais ricos do país, com um patrimônio estimado em 600 milhões de dólares quando morreu, em 1984, ele nunca falou em acumular riquezas. Ele não foi movido pela aquisição de dinheiro. Ele nunca analisou um negócio por sua demonstração de lucros e perdas e nunca se deu ao trabalho de entender a planilha de negócios de sua própria empresa"[503]. Essa atitude levou o McDonald's à beira da falência. "O que converteu o McDonald's em uma máquina de fazer dinheiro não teve nada a ver com Ray Kroc ou os irmãos McDonald, ou mesmo com a popularidade dos hambúrgueres, batatas fritas e *milkshakes*. Em vez disso, o McDonald's ganhou dinheiro com imóveis e com uma fórmula pouco conhecida desenvolvida por um gênio financeiro chamado Harry Sonneborn[504]. O próprio Kroc teve de admitir: "Sua ideia foi o que realmente tornou o McDonald's rico"[505].

Mesmo em uma empresa eminentemente bem-sucedida como o McDonald's, o fundador ou diretor da empresa pode não ser movido pelo desejo de ganhar dinheiro. No entanto, deve haver outra pessoa no alto escalão da empresa — embora geralmente menos exposta aos olhos do público — para quem o dinheiro é uma consideração importante.

Enquanto os investidores tendem a buscar o dinheiro de forma abstrata, por si só, a maioria dos empreendedores é muito mais propensa a ser motivada por seu entusiasmo por uma certa ideia de negócio, pela paixão por seu trabalho e por um desejo constante de crescer,

---

503. LOVE, John F. *McDonald's*. Behind the Arches. Revised Edition. Nova York, 1995, p. 151.
504. *Ibid.*, p. 152.
505. *Ibid.*, p. 153.

294 | **Dinheiro importa**

aprender, desenvolver-se e expandir, para experimentar coisas novas, para se destacar e triunfar sobre os outros.

A publicidade tornou David Ogilvy famoso e incrivelmente rico, permitindo-lhe comprar um castelo na França. Ele era apaixonado por querer mudar a maneira como as coisas eram feitas no mundo da publicidade. No entanto, o fato de ele ter a missão de substituir o puro entretenimento por informações baseadas em fatos não significa que o dinheiro não fosse importante para ele. Pelo contrário, ele era "obcecado por dinheiro", diz seu biógrafo[506]. "Embora tenha entrado na publicidade para ganhar dinheiro, Ogilvy se interessou pelo próprio negócio"[507].

Ogilvy era um leitor voraz de livros sobre empresários de sucesso. Ele estava muito interessado em descobrir como eles haviam ganhado seu dinheiro e o que faziam com ele. Seu biógrafo relata: "Seja devido à pobreza na infância ou por outros motivos, o dinheiro nunca esteve longe da superfície com Ogilvy. E ele podia ser surpreendentemente direto"[508]. Ele sondava profissionais de sucesso que acabara de conhecer: "Quanto você ganha? Quanto você vale? Você ganha um bom dinheiro?"[509].

Não há conflito de interesses entre querer ganhar dinheiro e sentir paixão por determinado trabalho ou assunto. "Muitas das maiores criações do homem foram inspiradas pelo desejo de ganhar dinheiro", afirmou Ogilvy. "Se os alunos de graduação de Oxford fossem pagos por seu trabalho, eu teria realizado milagres de bolsa de estudos. Não foi até que experimentei o lucro na Madison Avenue que comecei a trabalhar seriamente"[510].

Se você está insatisfeito com sua própria situação financeira, aconselho-o fortemente a rever sua atitude em relação ao dinheiro. Sentimentos negativos subconscientes sobre dinheiro podem muito bem ser a razão pela qual você não tem dinheiro ou não tem o suficiente. Se você inveja os que têm mais dinheiro do que você, definitivamente

---

506. ROMAN, Kenneth. *The King of Madison Avenue*. David Ogilvy and the Making of Modern Advertising. Nova York, 2009, p. 16.
507. *Ibid.*, p. 57.
508. *Ibid.*
509. *Ibid.*
510. *Ibid.*, p. 110-111.

precisa rever sua atitude. Sempre que encontro alguém que está significativamente melhor do que eu, sinto admiração por essa pessoa, desde que tenha ganhado dinheiro com trabalho duro e honesto. Eu vejo essa pessoa como um modelo, alguém com quem posso aprender; a inveja não entra nisso.

Se você deseja construir uma fortuna, deve buscar orientação e inspiração nas histórias de sucesso dos homens e mulheres apresentados neste livro. A única coisa que você nunca deve fazer é escolher uma área ou um emprego apenas porque é bem pago ou porque acha que ficará bem em seu currículo.

Warren Buffett é inflexível neste ponto. "Acho que você está louco se continua aceitando trabalhos de que não gosta só porque acha que vai ficar bem no seu currículo. Não é como guardar sexo para a velhice?"[511].

Falando pessoalmente, toda a minha vida sempre trabalhei em atividades que gostava de fazer — fosse como historiador, editor sênior em uma editora, jornalista, especialista imobiliário, consultor de relações públicas ou autor. Você não alcançará o sucesso na vida a menos que faça algo que ame e que se adapte aos seus talentos.

---

511. BUFFETT, Mary; CLARK, David. *The Tao of Warren Buffett*: Warren Buffett's Words of Wisdom: Quotations and Interpretations to Help Guide You to Billionaire Wealth and Enlightened Business Management. Nova York, 2006, p. 66.

Capítulo 17

Tensão e relaxamento

A velocidade, a intensidade e a quantidade de tempo que as pessoas bem-sucedidas dedicam ao seu trabalho são incríveis. Em sua biografia de Bill Gates, Jeanne M. Lesinski escreve: "Ninguém na Microsoft trabalhou mais do que Bill Gates. Ele estava tão preocupado com seu trabalho que muitas vezes se esquecia de cuidar de sua aparência ou de comer. Às vezes, quando sua secretária chegava para trabalhar pela manhã, ela encontrava seu chefe dormindo no chão de seu escritório"[512].

O príncipe Alwaleed também lida com uma carga de trabalho incrível todos os dias. Segundo seu médico pessoal: "Com ele é sempre ação, não é ficar parado, é estar na ponta dos pés. Você não pode simplesmente se sentar e relaxar como nas minhas férias, onde posso ficar duas três horas sem fazer nada, mas com ele, a gente faz isso, a gente faz aquilo, a gente vai lá [...] é sempre em ação com ele"[513].

Alwaleed, relata seu médico, não se permite regularmente mais do que quatro ou cinco horas de sono. Ele está sempre em movimento. Já fez reuniões de negócios em 10 países africanos diferentes no intervalo de cinco dias, com uma agenda cheia de atividades da manhã à noite. "Às vezes ele exagera, como nas viagens, quando vai das seis da manhã às onze, meia-noite, depois volta para o hotel e fica no saguão até as quatro da manhã. Ele quer ler os jornais, quer ver as revistas, quer comer alguma coisa, quer que as pessoas estejam perto dele"[514]. Todas as noites, depois da meia-noite, Alwaleed lê as últimas edições do *The New York Times*, *The Wall Street Journal*, *The Washington Post* e *The International*

---

512. LESINSKI, Jeanne M. *Bill Gates*. Minneapolis, 2007, p. 34.
513. KHAN, Riz. *Alwaleed*. Businessman, Billionaire, Prince. Londres, 2006, p. 191.
514. *Ibid.*, p. 192.

298 | Tensão e relaxamento

Herald Tribune e de revistas como *Newsweek, Times, Business Week* e *The Economist*, bem como outras publicações e livros sobre finanças.

John D. Rockefeller era outro *workaholic*. "Ele se preocupava incessantemente com sua empresa e, abaixo da superfície, estava constantemente nervoso", diz seu biógrafo. O próprio Rockefeller, não um homem propenso a insistir em suas fraquezas, e certa vez admitiu que "por anos a fio nunca tive uma boa noite de sono, preocupando-me com o que aconteceria [...]. Eu me revirava na cama noite após noite, preocupado com o resultado [...]. Toda a fortuna que fiz não serviu para compensar a ansiedade daquele período"[515].

Seu modo de vida estava fadado a cobrar seu preço. Quando chegou aos 50, Rockefeller sofria de fadiga e depressão constantes. "Por várias décadas", escreve seu biógrafo, "ele gastou energia sobre-humana na criação da Standard Oil, dominando uma miríade de detalhes. Por todo o tempo, a pressão havia aumentado constantemente, sob o repouso da superfície. Podia-se agora ver em seu rosto a melancolia contida de um homem que se sacrificara demais pelo trabalho"[516].

Eventualmente, sua doença não especificada, que hoje em dia provavelmente seria classificada como *burnout*, piorou tanto que ele não conseguiu ir ao escritório por vários meses. Resolveu então tirar os sábados de folga e tirar férias mais longas — tudo em vão. Por fim, ele seguiu o conselho do médico e tirou férias de oito meses. Sua equipe estava sob ordens estritas para contatá-lo apenas em emergências. Rockefeller começou a pedalar muito e a trabalhar ao lado de seus ajudantes de campo. Em julho de 1891, ele escreveu em uma carta: "Estou feliz em afirmar que minha saúde está melhorando constantemente. Eu mal posso dizer o quão diferente o mundo começa a parecer para mim. Ontem foi o melhor dia que vi em vários meses"[517].

Nos anos seguintes, ele raramente ia ao escritório e, aos 56 anos, aposentou-se completamente do negócio para se concentrar em seu trabalho de caridade. Ele começou a prestar atenção ao seu estilo de

---

515. CHERNOW, Ron. *Titan*. The Life of John D. Rockefeller, Sr. Nova York, 1998, p. 122.
516. *Ibid.*, p. 319.
517. *Ibid.*, p. 323.

vida, elaborando um regime que o ajudaria a viver até os cem anos. "Extremamente meticuloso com dieta, descanso e exercícios, ele reduziu tudo a uma rotina e repetiu a mesma programação diária, obrigando outras pessoas a seguirem seu cronograma. Em carta a seu filho, Rockefeller creditou sua longevidade à sua disposição de rejeitar demandas sociais"[518]. Ele quase conseguiu, perdendo seu objetivo por pouco mais de dois anos — Rockefeller morreu sete semanas antes de completar 98 anos.

Atletas de ponta dedicam-se ao esporte com igual intensidade. O goleiro mundialmente famoso Oliver Kahn diz sobre sua vida como jogador de futebol profissional: "Eu me tornei uma máquina, um motor que girava constantemente no limite vermelho da escala"[519]. O sucesso era como uma droga para ele. "Como um viciado *real*, você se isola do ambiente. E tudo começa a girar cada vez mais rápido, você fica preso na corrida dos ratos"[520].

Esse tipo de compromisso tem um preço. Kahn lembra da época logo depois de ter sido eleito o goleiro número um do mundo, em 1999. Com isso, ele alcançou o grande objetivo que se propôs desde o início. Mas foi o começo de um período terrível para ele. "Eu me sentia vazio, exausto, completamente esgotado, terrivelmente cansado por dentro. De repente, eu não conseguia mais sentir nada. Mesmo subindo as escadas para o quarto, eu já estava completamente arrasado". Pela manhã, mal tinha energia para se vestir e a alegria havia sumido de tudo[521].

Kahn se viu incapaz de desacelerar. Ele fala sobre ficar deitado na cama horas antes de um jogo, encharcado de suor e totalmente sem controle sobre seus pensamentos. "Os pensamentos continuam correndo pela minha cabeça. Como uma tempestade. É como se houvesse relâmpagos e trovões na minha cabeça"[522]. Ele não sentia mais nada, exceto a tensão e o medo que o atormentavam. Mas ele ainda tentou lidar: "Se esse é o preço para perseguir o sucesso, então

---

518. *Ibid.*, p. 405.
519. KAHN, Oliver. *Ich*. Erfolg kommt von innen. Munique, 2008, p. 322.
520. *Ibid.*, p. 326.
521. *Ibid.*, p. 321.
522. *Ibid.*, p. 328.

300 | Tensão e relaxamento

terei que pagar. Espero que ninguém perceba o que está acontecendo dentro de mim quando eu me juntar à equipe"[523].

Kahn estava experimentando os sintomas clássicos da síndrome de *burnout*: "Exaustão e fadiga tornaram-se meu estado normal de ser, dores de cabeça, medo, tensão, irritabilidade e sentimentos de culpa são meus companheiros constantes. Sentimentos de frustração quando o sucesso não se materializa. Na 'fase final', você fica assombrado pelo desespero e a sensação de que tudo é inútil, e o menor esforço me deixava exausto"[524].

Kahn superou sua experiência de esgotamento e continuou a alcançar um sucesso fenomenal. Ele foi eleito o melhor goleiro da Alemanha e o melhor goleiro da Europa mais três vezes e o melhor goleiro do mundo mais duas vezes. Esses sucessos seriam inatingíveis se ele não tivesse aprendido a manter um equilíbrio entre tensão e relaxamento. Ele também teve que aprender a redefinir o conceito de disciplina: "É essencial aprender com a experiência em que ponto a disciplina se torna uma compulsão e pode se tornar contraproducente, até mesmo destrutiva". Disciplina é um requisito necessário, mas Kahn agora tinha uma ideia melhor do que a disciplina realmente significava. "É a disciplina do *nada em excesso*"[525].

Perceber o quão importante é internalizar a *disciplina do nada em excesso* de Kahn pode ser um processo doloroso para atletas de ponta, executivos, empreendedores e outros grandes realizadores. Em sua autobiografia, o ex-tenista Boris Becker descreve a rotina diária de um atleta de nível mundial: "Os treinos intermináveis, as semanas de preparação para um *Grand Slam* — era como estar na prisão. Matar o tempo, lidar com a monotonia, mil *forehands*, mil *backhands*, até você não pensar mais e virar uma máquina"[526]. Nas duas semanas entre 19 de outubro e 2 de novembro, quando Becker tinha apenas 19 anos, ele venceu três torneios em três continentes diferentes. Seu corpo, disseram os médicos, estava em estado de exaustão completa e

---

523. *Ibid.*, p. 329.
524. *Ibid.*, p. 327.
525. *Ibid.*, p. 219.
526. BECKER, Boris. *The Player*. The Autobiography. Londres, 2004, p. 64.

absoluta. "Os mecanismos de defesa do meu sistema imunológico estão drasticamente reduzidos, por isso estou sofrendo de bronquite, total falta de energia e febre ligeiramente elevada [...]. A menor corrente de ar pode me resfriar"[527].

O treinamento duro, os torneios, as muitas horas e dias que ele passou cumprindo suas obrigações contratuais com seus patrocinadores — tudo isso poderia ser suportável se não fosse pela extrema pressão sob a qual ele estava. Um atleta de alto nível tem que ter "uma consciência aguda dos seus limites, físicos e mentais, para ir além deles. É por isso que qualquer tipo de ajuda que seja legal é bem-vinda — pelo menos foi assim para mim"[528].

Becker fala sobre seu vício em pílulas para dormir porque não conseguia encontrar outra maneira de relaxar. "Eu usei esse material por vários anos. Eventualmente, comecei a acordar no meio da noite porque o efeito começou a desaparecer depois de três ou quatro horas, então dobrei a dose"[529]. Sem pílulas para dormir, ele nem conseguia mais fechar os olhos. "Obviamente, tive que reduzir a dosagem antes das partidas; pelo menos tive que tentar. O resultado seria que eu não conseguiria dormir"[530]. Às vezes ele acordava de manhã e não fazia ideia de onde estava.

Como os atletas de classe mundial, os altos executivos são um grupo de alto risco de dependência de medicamentos prescritos, álcool, antidepressivos ou substâncias ilegais. Como os atletas, eles estão sujeitos a uma pressão enorme, que mais cedo ou mais tarde podem se ver incapazes de enfrentar. A síndrome de *burnout* é uma condição que afeta principalmente pessoas muito ambiciosas e orientadas para objetivos. Insônia, suscetibilidade a resfriados e outras doenças menores, irritabilidade extrema e até depressão e doenças psicossomáticas são sintomas que indicam que o equilíbrio entre tensão e relaxamento foi perturbado.

---

527. *Ibid.*, p. 230-231.
528. *Ibid.*, p. 73.
529. *Ibid.*, p. 74.
530. *Ibid.*, p. 75.

302 | Tensão e relaxamento

Se esse fosse realmente o preço do sucesso, ser bem-sucedido não seria desejável. Uma vida insuportável sem antidepressivos ou outras drogas está muito longe de ser um sucesso real.

No entanto, você não precisa pagar esse preço. Na verdade, você não terá sucesso a longo prazo, a menos que aprenda a lidar com o estresse. Um corpo em forma e saudável pode suportar esse tipo de abuso por um tempo, mas não para sempre. Se você deseja permanecer bem-sucedido nas próximas décadas, precisa encontrar maneiras de relaxar.

Muitos grandes empreendedores não percebem que têm problemas de abuso de substâncias até que seja tarde demais. O que torna o vício tão perigoso é que quem sofre dele não pode ou não quer admitir, ou o faz apenas depois de causar e experimentar muita dor e miséria. Muitas pessoas de sucesso sofreram com o vício porque não conseguem mais lidar com a enorme pressão sob a qual estão — Elvis Presley, Britney Spears e Whitney Houston, para citar apenas alguns.

Encontrar o equilíbrio certo entre tensão e relaxamento é uma das chaves para o sucesso. Não estou falando aqui sobre quaisquer noções da moda sobre "equilíbrio entre vida profissional e pessoal". Essa expressão é problemática em si porque implica que a vida é o que acontece fora do local de trabalho. Pessoas de sucesso amam seu trabalho. O trabalho é o *hobby* deles, e o *hobby* deles é trabalhar. Para pessoas como eles, trabalhar duro e por muitas horas não é o problema. O estresse geralmente é o resultado, não de muito trabalho, mas de um trabalho que não é satisfatório.

Você provavelmente conhece a sensação: tudo está indo bem, você está gostando do seu trabalho e obtendo ótimos resultados, um sucesso após o outro. Você está em harmonia consigo mesmo e com as pessoas ao seu redor. Em dias como este, você pode facilmente trabalhar por 14 ou até 16 horas sem se sentir cansado. Outro dia, nada está funcionando do jeito que você quer. Você fica bravo com sua equipe e consigo mesmo, tudo que pode dar errado, dá. Depois de apenas três ou quatro horas disso, você já está exausto. Obviamente o que causa estresse e exaustão não é a quantidade, e sim a qualidade do trabalho.

O publicitário David Ogilvy, que tinha a reputação de *workaholic* e esperava o mesmo de sua equipe, escreve: "Aprovo o provérbio escocês: trabalho duro nunca matou um homem. Os homens morrem de tédio, conflitos psicológicos e doenças. Eles não morrem de trabalho duro. Quanto mais as pessoas trabalham, mais felizes elas são"[531].

No entanto, as coisas nem sempre funcionam tão bem e harmoniosamente quanto você gostaria. Os altos executivos são solucionadores de problemas, acima de tudo. Quaisquer problemas importantes que outros não conseguiram resolver acabam em suas mesas. É para isso que eles estão recebendo grandes salários. E embora seja verdade que o estresse não é uma questão de quantidade de trabalho, há limites para a quantidade de trabalho que uma única pessoa pode suportar. Intensidade e duração estão em proporção inversa entre si. É como correr: algumas pessoas são corredoras de longa distância, outras são velocistas. Os velocistas correm com muito mais intensidade, mas só conseguem manter seu desempenho por 9 a 15 segundos, em vez de minutos ou mesmo horas. Quanto mais intensamente você trabalhar, mais frequentemente precisará de fases de relaxamento nas quais concentrará toda a sua atenção em desacelerar, da mesma forma que se concentra no trabalho.

A menos que você consiga integrar *oásis de relaxamento* regulares em suas rotinas diárias, semanais e anuais, você não terá sucesso a longo prazo, porque não será capaz de lidar com a intensidade que seu trabalho exige.

Todo mundo tem que encontrar sua própria solução. Você pode optar pelo treinamento autogênico, como eu. Ou tranque-se em algum lugar em uma sala silenciosa por meia hora para praticar ioga ou exercícios de relaxamento semelhantes. Você *não pode perder tempo* para fazer isso? Bem, nesse caso, certifique-se de ter tempo para visitar médicos e hospitais mais tarde na vida.

O fundador da Virgin, Richard Branson, diz: "Meu cérebro está trabalhando o tempo todo quando estou acordado, produzindo ideias. Como a Virgin é uma empresa mundial, acho que preciso ficar

---

531. OGILVY, David. *An Autobiography*. New York, 1997, p. 130.

304 | Tensão e relaxamento

acordado a maior parte do tempo, então é uma sorte que uma das coisas em que sou muito bom é tirar uma soneca, dormir uma ou duas horas por vez". Branson ainda enfatiza que, de todas as habilidades que adquiriu ao longo dos anos, ele considera esta uma habilidade *vital*. "Churchill e Maggie Thatcher eram mestres da soneca e eu uso o exemplo deles em minha própria vida"[532].

Como disse Winston Churchill: "Você deve dormir algum tempo entre o almoço e o jantar e sem meias medidas. Tire a roupa e vá para a cama. Isso é o que eu sempre faço. Não pense que você trabalhará menos porque dorme durante o dia. Essa é uma noção tola de pessoas que não têm imaginação. Cochilos regulares, disse ele, aumentaram tanto sua produtividade que ele poderia fazer dois dias de trabalho em um. "Quando a guerra começou, eu tinha que dormir durante o dia porque era a única maneira de cumprir minhas responsabilidades"[533]. O campeão mundial de xadrez Garry Kasparov também elogiou os benefícios de cochilos regulares. Bill Gates é conhecido por sua capacidade de dormir em qualquer lugar e a qualquer hora. Na faculdade, "Gates nunca dormia sobre lençóis. Ele desmaiava em sua cama desfeita, puxava um cobertor elétrico sobre a cabeça e adormecia instantânea e profundamente, independentemente da hora ou da atividade em seu quarto". Mais tarde na vida, ele manteve a capacidade de dormir instantaneamente. "Quando ele voa, muitas vezes coloca um cobertor sobre a cabeça e dorme durante todo o voo", escrevem seus biógrafos[534].

Uma pesquisa realizada pela agência espacial americana NASA confirma que mesmo uma soneca de 40 minutos aumenta o desempenho em 34% e a concentração em 100%. Cientistas da Universidade de Harvard descobriram que as cobaias cujo desempenho diminuiu

---

532. BRANSON, Richard. *Screw It, Let's Do It*. Lessons in Life and Business. Londres, 2007, p. 88-89.
533. SCHWARTZ, Tony; LOEHR, Jim. *The Power of Full Engagement*: Managing Energy, Not Time, Is the Key to High Performance and Personal Renewal. Nova York, 2003, p. 61.
534. WALLACE, James; ERICKSON, Jim. *Hard Drive*. Bill Gates and the Making of the Microsoft Empire. Chichester, 1992, p. 55.

50% ao longo do dia foram capazes de trazê-lo de volta para 100% cochilando por uma hora[535].

Mesmo durante a semana, é preciso tirar um tempo para relaxar e esquecer o trabalho. Isso é algo que muitas pessoas acham difícil de fazer. Em vez disso, eles levam seus problemas para casa com eles. Claro, às vezes pode ser necessário fazer isso — o ponto aqui é não exagerar. Se você trabalha até tarde da noite, é grande a probabilidade de ficar acordado pensando nos problemas que encontrou durante o dia. É por isso que é importante criar uma zona intermediária entre o trabalho e a hora de dormir — o exercício funciona para mim.

Grandes empreendedores geralmente acham difícil desligar e não fazer nada sem sentir culpa por isso. Levam consigo os problemas relacionados ao trabalho aonde quer que vão, até mesmo nas férias. Um amigo meu, que é presidente do conselho de uma empresa, certa vez me contou como sua esposa fez as malas após três dias de férias. Ela disse que não adiantava ficar, porque tudo o que ela fazia era observá-lo ao telefone com o escritório dele várias horas por dia. Eles chegaram a um acordo de que ele não passaria mais de uma hora por dia respondendo a e-mails e fazendo ligações.

Acho que até uma hora é demais. Nas férias, você precisa deixar de lado o trabalho diário. Se sua empresa parou de funcionar porque você está de férias por duas semanas sem telefonar a cada poucos minutos, você escolheu as pessoas erradas para trabalhar para você. Também não é muito lisonjeiro para sua equipe se você não confia neles para lidar com os problemas sozinhos por duas semanas. Como eles devem ganhar confiança para pensar e agir de forma independente? Depois de trabalhar intensamente e arduamente durante um ano inteiro, você precisa de tempo para pensar em outras coisas, ler livros, fazer exercícios e realizar atividades que nada têm a ver com o trabalho.

Qualquer telefone celular para de funcionar se a bateria não for carregada regularmente. O mesmo vale para a mente e o corpo humanos: você precisa recarregar os seus todos os dias, todas as

---

535. SCHWARTZ, Tony; LOEHR, Jim. *The Power of Full Engagement*: Managing Energy, Not Time, Is the Key to High Performance and Personal Renewal. Nova York, 2003, p. 61.

semanas, todos os anos. Um importante psicólogo esportivo uma vez me explicou como muitos atletas de ponta aprendem a se desligar encontrando outra atividade física de que gostem, como pesca, arco e flecha ou golfe. Ele falou sobre mundos paralelos nos quais você deve mergulhar para reabastecer.

Altos executivos e empresários fariam bem em adotar a dieta e o estilo de vida de atletas de classe mundial, porque ambos os grupos estão sujeitos a tensões físicas e mentais semelhantes. Se você abusa do seu corpo comendo de forma pouco saudável, fumando e não permitindo que ele relaxe e reabasteça, não pode esperar que ele atinja o melhor desempenho ao longo de várias décadas.

Isso também significa que você deve se permitir ficar doente de vez em quando. Muitos altos executivos se consideram tão indispensáveis que simplesmente não podem ficar na cama por uma semana se estiverem doentes. Certa vez, conheci um importante executivo que morreu de uma inflamação do miocárdio após ter ignorado uma pequena infecção.

Na minha opinião, não permitir que seu corpo tenha o tempo necessário para superar uma doença é um sinal de fraqueza e falta de disciplina. Você realmente acha que vai conseguir menos na vida se passar alguns dias — ou mesmo quinze dias ocasionais — em casa para se recuperar de uma infecção? Ao dar ao seu corpo tempo suficiente para superar uma doença menor, você evitará problemas de saúde mais sérios a longo prazo.

É importante desenvolver uma atitude mental que lhe permita distanciar-se dos problemas relacionados ao trabalho. Já vi pessoas deixarem uma empresa porque não conseguiam mais lidar com o estresse. Eu disse a eles: "Se você encontrar um novo emprego em outra empresa onde tenha que assumir responsabilidades, provavelmente nada vai mudar para você. Você ainda será a mesma pessoa com a mesma atitude mental. Mudar suas circunstâncias geralmente faz menos por você do que mudar sua atitude".

A questão é quão perto você permite que seus problemas cheguem até você. Pensar nos problemas é bom, mas se preocupar com eles, não. Mais fácil dizer do que fazer, eu sei. Quanto mais ambicioso você for, mais difícil será desligar completamente e desconectar o tempo todo. Mas você deve estar ciente de que, a menos que aprenda a fazer exatamente isso, não conseguirá atingir o desempenho máximo. Este livro é sobre como definir objetivos altos para você. Mas, para isso, você deve encontrar o equilíbrio certo entre tensão e relaxamento. Caso contrário, almejar objetivos elevados irá esmagá-lo.

As pessoas mais bem-sucedidas na vida são aquelas que sabem se desapegar e se tornar dispensáveis. Não importa se você pretende ser promovido a uma posição gerencial de liderança ou se dirige sua própria empresa: você não terá sucesso se permitir ser sugado pela corrida dos ratos ou acreditar que precisa fazer tudo sozinho.

Werner Otto sempre dizia que a tarefa mais importante que qualquer gestor tinha que resolver era formar uma boa equipe em seu departamento. Nenhuma empresa poderia crescer sem uma "base de primeira classe", ele acreditava firmemente. "Forme uma boa equipe. Em nossa empresa, você só chegará ao topo apoiando-se em colegas de trabalho capazes", afirmou o fundador da maior empresa de mala direta do mundo[536].

Depois de trabalhar por conta própria e formar sua própria empresa, você pode se considerar um empreendedor. Mas você está realmente fazendo o trabalho de um empreendedor? O trabalho de um empreendedor é desenvolver uma *estratégia* para a empresa e construir o *valor* da empresa. Qualquer empresário que se preze deve almejar tornar-se dispensável a longo prazo.

Mas em muitas pequenas e médias empresas, a situação é bem diferente: o fundador da empresa está fazendo o trabalho que seus gerentes e funcionários deveriam fazer. Em vez de trabalhar para a empresa ou no desenvolvimento da empresa, como deveria estar fazendo, ele trabalha principalmente dentro da empresa. Na verdade, muitas pessoas que se autodenominam empreendedoras abordam seu trabalho como se fossem profissionais autônomos, como médicos ou advogados, que lidam sozinhos com a maior parte da carga de trabalho.

---

536. SCHMOOCK, Matthias. *Werner Otto*. Der Jahrhundert-Mann. Frankfurt, 2009, p. 227.

308 | Tensão e relaxamento

Se você decidir abrir uma empresa, no começo terá que fazer muito ou mesmo a maior parte do trabalho sozinho. No entanto, certifique-se de que você está ciente do perigo de se acostumar com esse estado de coisas e perder de vista seu verdadeiro objetivo, que é tornar-se gradualmente dispensável.

Se você fizer tudo sozinho porque não consegue delegar tarefas nem construir uma equipe de gerenciamento competente e sistemas e processos que funcionem bem, você não criará valor para a empresa. Qual é o valor de uma empresa que não vale nada sem você administrá-la? Não muito. Assim que você tentar vender sua empresa, qualquer potencial comprador desejará saber se você instalou processos que funcionam bem e uma equipe de gerenciamento capaz, ou se o sucesso da empresa depende apenas de você. Depois que vendi minha empresa para meu melhor funcionário em 2016, o negócio continuou como antes, mesmo na minha ausência. Com os alicerces sólidos que estabeleci, a empresa poderia continuar a florescer sem mim.

Então, o que você deve fazer depois de terminar este livro? Eu recomendaria que você tirasse férias de duas semanas, durante as quais você não telefonaria para o escritório nem uma vez e não responderia a um único e-mail. Em vez disso, você deve reler este livro, começar a pensar em seus objetivos e colocá-los no papel.

Este livro forneceu a você o equipamento necessário para colocar em prática as ideias que você considerava grandes e irrealistas demais para sonhar em transformá-las em realidade. Agora é hora de você criar coragem para seguir seu próprio caminho, para ser diferente dos outros! Não tenha medo de pensar de forma independente e nadar contra a maré! Aprenda a combinar resistência e experimentação. E lembre-se sempre de permanecer honesto e confiável; sem a confiança dos outros, você nunca será capaz de atingir seus objetivos. Acima de tudo: pare de esperar o *momento certo* chegar. O momento certo para começar a realizar seus sonhos é *hoje*.

Bibliografia

ALDENRATH, Peter. *Die Coca-Cola Story*. Nuremburg, 1999

ANDREWS, Nigel. *True Myths*. The Life and Times of Arnold Schwarzenegger. Nova York/Londres, 1995.

AVANTARIO, Vito. *Die Agnellis*. Die heimlichen Herrscher Italiens. Frankfurt/Nova York, 2002.

BECKER, Boris. *The Player*. The Autobiography. Londres, 2004.

BEHAR, Howard; GOLDSTEIN, Janet. *It's Not About the Coffee, Lessons on Putting People First from a Life at Starbucks*. Nova York, 2007.

BETTGER, Frank. *How I Raised Myself from Failure to Success in Selling*. Nova York, 1949.

BIBB, Porter. *Ted Turner*. It Ain't As Easy As It Looks. Boulder, 1993.

BLOOMBERG, Michael. *Bloomberg by Bloomberg*. Nova York, 1997.

BRANDES, Dieter. *Konsequent einfach*. Die Aldi-Erfolgsstory. Munique, 1999.

BRANSON, Richard. *Losing My Virginity*. The Autobiography. Londres, 1998.

BRANSON, Richard. *Screw It, Let's Do It*. Lessons in Life and Business. Londres, 2007.

BRANSON, Richard. *Business Stripped Bare*. Adventures of a Global Entrepreneur. Londres, 2008.

BUFFETT, Mary; CLARK, David. *The Tao of Warren Buffett*: Warren Buffett's Words of Wisdom: Quotations and Interpretations to Help Guide You to Billionaire Wealth and Enlightened Business Management. Nova York, 2006.

CARNEGIE, Dale. *How to Win Friends and Influence People*. Londres, 1936.

CHARLES-ROUX, Edmonde. *Chanel*. Her Life, Her World, the Woman Behind the Legend. Nova York, 1975.

CHERNOW, Ron. *Titan*. The Life of John D. Rockefeller, Sr. Nova York, 1998.

CLARK, Duncan. *Alibaba*. The House that Jack Ma Built. Nova York, 2016.

COLLINS, Jim. *Good to Great*. Why Some Companies Make the Leap and Others Don't. Nova York, 2001.

310 | Bibliografia

COLVIN, Geoff. *Talent is Overrated*. What Really Separates World-Class Performers from Everybody Else. Londres/Boston, 2008.

COVEY, Stephen M. R. (com Rebecca R. Merrill). *The Speed of Trust*. The One Thing That Changes Everything. Nova York, 2006.

CSIKSZENTMIHALYI, Mihaly. *Flow*. The Psychology of Optimal Experience. Nova York, 1990.

DOUBEK, Katja. *Blue Jeans*. Levi Strauss und die Geschichte einer Legende. Munique/Zurique, 2003.

EXLER, Andrea. *Coca-Cola*. Vom selbstgebrauten Aufputschmittel zur amerikanischen Ikone. Hamburgo, 2006.

FRIEDMANN, Lauri S. *Business Leaders*. Michael Dell. Greensboro, 2009.

FÜRWEGER, Wolfgang. *Die Red-Bull-Story*. Der unglaubliche Erfolg des Dietrich Mateschitz. Viena, 2008.

GATES, Bill. *Impatient Optimist*: Bill Gates in His Own Words. Londres, 2012.

GERBER, Robin. *Barbie and Ruth*. The Story of the World's Most Famous Doll and the Woman Who Created Her. Nova York, 2009.

GLATZER, Wolfgang *et al. Reichtum im Urteil der Bevölkerung*. Legitimationsprobleme und Spannungspotentiale in Deutschland. Opladen/Farmington, 2009.

HILL, Napoleon. *Think and Grow Rich*. (Revised and Expanded by Arthur R. Pell). Londres, 2003.

HUJER, Marc. *Arnold Schwarzenegger*. Die Biographie. Munique, 2009.

ISRAEL, Lee. *Estée Lauder*. Beyond the Magic. An Unauthorized Biography. Nova York, 1985.

JUNGBLUTH, Rüdiger. *Die Oetkers. Geschäfte und Geheimnisse der bekanntesten Wirtschaftsdynastie Deutschlands*. Frankfurt/Nova York, 2004.

JUNGBLUTH, Rüdiger. *Die 11 Geheimnisse des Ikea-Erfolgs*. Frankfurt, 2008.

KAHN, Oliver. *Ich*. Erfolg kommt von innen. Munique, 2008.

KASPAROV, Garry. *How Life Imitates Chess*. Londres, 2007.

KHAN, Riz. *Alwaleed*. Businessman, Billionaire, Prince. Londres, 2006.

KLUM, Heidi (com Alexandra Postman). *Heidi Klum's Body of Knowledge*. 8 Rules of Model Behavior. Nova York, 2004.

KOCH, Richard. *Living the 80/20 Way*. Work Less, Worry Less, Succeed More, Enjoy More. Londres, 2004.

LANFRANCONI, Claudia; MEINERS, Antonia. *Kluge Geschäftsfrauen*. Maria Bogner, Aenne Burda, Coco Chanel, u.v.a. Munique, 2010.

LEAMER, Laurence. *Fantastic. The Life of Arnold Schwarzenegger*. Nova York, 2005.

LEE, Suk; SONG, Bob. *Never Give Up*. Jack Ma In His Own Words. Chicago, 2016.

LESINSKI, Jeanne M. *Bill Gates*. Minneapolis, 2007.

LINDEMANN, Hannes. *Autogenes Training*. Der bewährte Weg zur Entspannung. Munique, 2004.

LOCKE, Edwin A.; LATHAM, Gary P. (ed.). *A Theory of Goal Setting & Task Performance*. Englewood Cliffs, Nova Jersey, 1990.

LOCKE, Edwin A.; LATHAM, Gary P. (ed.). *New Developments in Goal Setting and Task Performance*. Nova York/Londres, 2013.

LOMMEL, Cookie. *Schwarzenegger*. A Man with a Plan. Munique/Zurique, 2004.

LOVE, John F. *McDonald's*. Behind the Arches. Revised Edition. Nova York, 1995.

MATTHEWS, Jeff. *Warren Buffett*. Pilgrimage to Warren Buffett's Omaha. A Hedge Fund Manager's Dispatches from Inside the Berkshire Hathaway Annual Meeting. Nova York, 2009.

MEISSNER, Gerd. *SAP. Inside the Secret Software Power*. Nova York, 2000.

MENSEN, Herbert. *Das Autogene Training*. Entspannung, Gesundheit, Stressbewältigung. Munique, 1999.

MEZRICH, Ben. *The Accidental Billionaires*. The Founding of Facebook, a Tale of Sex, Money, Genius and Betrayal. Nova York, 2009.

MORAND, Paul. *The Allure of Chanel*. Londres, 2008.

MURPHY, Joseph. *The Power of Your Subconscious Mind*. Englewood Cliffs, 1963.

O'BRIEN, Lucy. *Madonna*. Like an Icon. The Definitive Biography. Londres, 2007.

OGILVY, David. *Confessions of an Advertising Man*. Londres, 1963.

OGILVY, David. *An Autobiography*. Nova York, 1997.

OTTO, Werner. *Die Otto Gruppe*. Der Weg zum Großunternehmen. Düsseldorf/Viena, 1983.

PETERS, Rolf-Herbert. *Die Puma-Story*. Munique, 2007.

PLATTHAUS, Andreas. *Von Mann & Maus, Die Welt des Walt Disney*. Berlim, 2001.

RIES, Al; RIES, Laura. *The Fall of Advertising & the Rise of PR*. Frankfurt, 2003.

ROMAN, Kenneth. *The King of Madison Avenue*. David Ogilvy and the Making of Modern Advertising. Nova York, 2009.

SCHMOOCK, Matthias. *Werner Otto*. Der Jahrhundert-Mann. Frankfurt, 2009.

SCHROEDER, Alice. *The Snowball*. Warren Buffett and the Business of Life. Londres, 2008.

SCHULTZ, Howard; YANG, Dori Jones. *Pour Your Heart Into It*: How Starbucks Built a Company One Cup at a Time. Nova York, 2007.

312 | Bibliografia

SCHULTZ, Johannes H.; LUTHE, Wolfgang. *Autogenic training*: a psychophysiologic approach in psychotherapy. Nova York, 1959.

SCHWARTZ, Tony; LOEHR, Jim. *The Power of Full Engagement*: Managing Energy, Not Time, Is the Key to High Performance and Personal Renewal. Nova York, 2003.

SCHWARZENEGGER, Arnold (com Peter Petre). *Total Recall*. My Unbelievably True Life Story. Nova York, 2012.

SLATER, Robert. *Soros*. The World's Most Influential Investor. Nova York, 2009.

SNOW, Richard. *I Invented the Modern Age*. The Rise of Henry Ford. Nova York, 2013.

STURM, Karin. *Michael Schumacher, Ein Leben für die Formel 1*. Munique, 2010.

TIMMDORF, Jonas (editor). *Die Aldi-Brüder*. Warum Karl und Theo Albrecht mit ihrem Discounter die reichsten Deutschen sind. Ilhas Maurício, 2009.

TRACY, Brian. *Goals!* How to Get Everything You Want — Faster Than You Ever Thought Possible. São Francisco, 2003.

TRACY, Brian. *Time Power*. A Proven System for Getting More Done in Less Time Than You Ever Thought Possible. Nova York, 2007.

UHSE, Beate. *"Ich will Freiheit für die Liebe."* Die Autobiographie. Munique, 2001.

VISE, David A.; MALSEED, Mark. *The Google Story*. Nova York, 2005.

WALLACE, James; ERICKSON, Jim. *Hard Drive*. Bill Gates and the Making of the Microsoft Empire. Chichester, 1992.

WALTON, Sam. *Made in America*. My Story. Nova York, 1993.

WELCH, Jack; BYRNE, John A. *Jack*. Straight from the Gut. Londres, 2001.

WELCH, Jack; WELCH, Suzy. *Winning*: The Answers. Confronting 74 Of the Toughest Questions in Business Today. Londres, 2006.

WILSON, Mike. *The Difference Between God and Larry Ellison*. Inside Oracle Corporation. Nova York, 2002.

WOLFF, Michael. *The Man Who Owns the News*. Inside the Secret World of Rupert Murdoch. Londres, 2008.

YOUNG, Jeffrey S.; SIMON, William, L. *iCon Steve Jobs*. The Greatest Second Act in the History of Business. Frankfurt, 2006.

ZITELMANN, Rainer. *The Wealth Elite*. A Groundbreaking Study of the Psychology of the Super Rich. Londres, 2018.

ZUCKERMAN, Gregory. *The Greatest Trade Ever*. How John Paulson Bet Against the Markets and Made $20 Billion. Londres/Nova York, 2009.

Sobre o Autor

O Dr. Rainer Zitelmann não apenas escreve sobre o sucesso, mas também teve um sucesso notável em muitas áreas da vida. Ele completou seus estudos de história e ciência política com distinção e recebeu seu doutorado *summa cum laude* em 1986, com uma dissertação de doutorado sobre *Hitler — As políticas de sedução*. Seu livro atraiu atenção e respeito em todo o mundo.

No final dos anos 1980 e início dos anos 1990, trabalhou no Instituto Central de Pesquisa em Ciências Sociais da Universidade Livre de Berlim. Ele então se tornou editor-chefe da *Ullstein-Propyläen*, que era o terceiro maior grupo editorial da Alemanha. De 1992 a 2000, ele chefiou vários departamentos no grande jornal diário *Die Welt*, antes de se tornar autônomo, em 2000. Fundou a Dr.ZitelmannPB.GmbH, que tem sido a consultoria líder de mercado para o posicionamento de empresas imobiliárias na Alemanha desde então. Ele vendeu a empresa em 2016.

Zitelmann enriqueceu como empresário e investidor no setor imobiliário. Em 2016, ele recebeu seu segundo doutorado por sua tese sobre a psicologia dos super-ricos, que foi posteriormente publicada como *The Wealth Elite*. Até o momento, Zitelmann escreveu e publicou 25 livros, que obtiveram sucesso global em vários idiomas. Este livro, *Ouse Ser Diferente e Enriqueça*, foi publicado em dez idiomas e é particularmente bem-sucedido na Ásia.

Mais informações sobre a vida do Dr. Rainer Zitelmann podem ser encontradas em: *www.rainer-zitelmann.com*.

A LVM também recomenda

Como Pensar a Economia de Forma Simples é definitivamente o livro que irá explicar os principais conceitos econômicos e desmistificar as mais recorrentes dúvidas e críticas sobre as ciências econômicas, sem se apegar a chavões acadêmicos e terminologias eruditas. Per Bylund conseguiu alcançar o raro limiar entre o acessível e a profundidade, e assim entregar um livro de economia para leigos e entusiastas, estudantes e curiosos, ou seja, para todos.

A LVM também recomenda

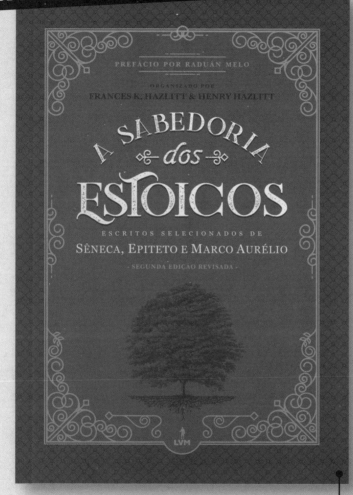

Hoje o estoicismo invade os consultórios médicos oferecendo resiliência, os altos escritórios business de São Paulo, ensinando constância e organização, e também a casa simples de um operário, convidando-o à prática virtuosa da abnegação moral e social. Assim como o estoicismo, este é um livro para todos, do imperador Marco Aurélio ao servo Epiteto, do dono de indústrias aos seus empregados; todos deviam ler o que se encontra aqui.

A LVM também recomenda

Investimento: A Última Arte Liberal, do famoso autor bestseller Robert G. Hagstrom, examina os principais modelos mentais em Física, Biologia, Ciências Sociais, Psicologia, Filosofia, Literatura e Matemática e como conhecê-los pode ajudar a ser um melhor investidor. O objetivo é apresentar uma nova forma de pensar e um entendimento mais claro de como mercados e a economia funcionam. Hagstrom é um dos maiores especialistas na área dos investimentos, seu livro "O Jeito Warren Buffett de Investir", é um best-seller do The New York Times, com mais de um milhão de cópias vendidas e sucesso mundial.

A LVM também recomenda

Liderança segundo Margaret Thatcher é o exemplo crucial de como as ideias liberais e conservadoras são matérias efetivas e sustentos reais de práticas de sucesso no cotidiano. Na era onde a representatividade feminina se tornou o mantra progressista, com certeza vale lembrar como uma conservadora inglesa, a primeira primeira-ministra da história do Reino Unido, tornou-se um dos líderes ocidentais mais fortes e imponentes do século XX e como isso pode ajudar a pensar questões de liderança e empreendedorismo nos dias de hoje.

A LVM também recomenda

"A eficiência continua a ser importante, mas a capacidade de adaptar-se à complexidade e à mudança tornou-se um imperativo". Com base na experiência do General Stanley McChrystal, combatendo a Al Qaeda e liderando tropas de vários países, *Time de Times* adapta as táticas de guerra ao mundo dos negócios, demonstrando como a vivência combatendo grupos terroristas é perfeitamente adaptada aos negócios e a todas as áreas onde a gestão de pessoas é vital. Um livro imprescindível para gestores, diretores e empreendedores em geral.

A LVM também recomenda

> "A análise mais brilhante e lúcida sobre virtude e bem-estar em toda a literatura da psicologia positiva."
>
> MARTIN E.P. SELIGMAN
> autor de *Authentic Happiness*

a hipótese da FELICIDADE

encontrando a VERDADE MODERNA na SABEDORIA ANTIGA

JONATHAN HAIDT

Vivemos momentos tensos, sobretudo após a Covid-19, e mais do que nunca as pessoas estão atrás de um estado mental: a felicidade. Mas o que é felicidade? Qual é a razão da felicidade? Ela muda de pessoa para pessoa? Por meio de pesquisas científicas, o psicólogo social Jonathan Haidt vai nos responder com base na teoria dos fundamentos morais, que tenta explicar as origens evolucionárias do raciocínio moral humano com base em sentimentos inatos e viscerais, em vez de na razão lógica.

Acompanhe a LVM Editora nas Redes Sociais

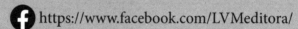 https://www.facebook.com/LVMeditora/

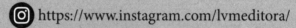 https://www.instagram.com/lvmeditora/

Esta edição foi preparada pela LVM Editora e por Décio Lopes,
com tipografia Baskerville e Clarendon BT,
em abril de 2023.